★二战将帅传记丛书★

EISENHOWER's BIOGRAPHY

艾森豪威尔全传

史清源 著

華中科技大學出版社
http://press.hust.edu.cn
中国·武汉

图书在版编目(CIP)数据

艾森豪威尔全传 / 史清源著. -- 武汉 : 华中科技大学出版社, 2018. 5 (2023. 7 重印)

ISBN 978 - 7 - 5680 - 3665 - 8

Ⅰ. ①艾… Ⅱ. ①史… Ⅲ. ①艾森豪威尔(Eisenhower, Dwight David 1890 - 1969) - 传记 Ⅳ. ①K837. 127 =5

中国版本图书馆 CIP 数据核字(2018)第 032772 号

艾森豪威尔全传
Aisenhaoweier Quanzhuan

史清源 著

选题策划:亢博剑

责任编辑:康 艳

封面设计:今亮後聲 HOPESOUND 2580590616@qq.com · 小九 白今

责任校对:何 欢

责任监印:朱 玢

出版发行:华中科技大学出版社(中国 · 武汉) 电话:(027)81321913

武汉市东湖新技术开发区华工科技园 邮编:430223

印 刷:鑫艺佳利(天津)印刷有限公司

开 本:710mm × 1000mm 1/16

印 张:19. 5

字 数:345 千字

版 次:2018 年 5 月第 1 版第 1 次印刷 2023 年 7 月第 1 版第 2 次印刷

定 价:88. 00 元

本书若有印装质量问题,请向出版社营销中心调换

全国免费服务热线:400 - 6679 - 118 竭诚为您服务

#【序言】

了不起的盟军统帅

在美军历史上，德怀特·戴维·艾森豪威尔是一个充满传奇色彩的人物，他一生中获得过很多个第一：晋升五星上将“第一快”，美军统率最大战役“第一人”，担任北大西洋公约组织盟军最高统帅“第一人”，退役美军高级将领任哥伦比亚大学校长“第一人”，五星上将担任总统“第一人”。所有这些，充分表明了他卓越的军事、政治和外交才能。而家庭出身可谓“第一穷”的艾森豪威尔，又是如何通过自己的努力，一步步走向人生巅峰的呢？

1890 年 10 月 14 日，艾森豪威尔出生于美国得克萨斯州丹尼森市的一个普通劳动者家庭。21 岁那年，他踏入西点军校，开始了自己的军旅生涯。然而，从军多年，他一直没有得到发挥自身才华的机会。其间发生了第一次世界大战，许多同学都被派去法国参战，而他却被留在国内从事训练工作，无缘战事。此后，他组建过美国陆军第一所战车训练营，到利文沃斯堡指挥与参谋学校、麦克奈尔堡陆军大学深造过，担任过陆军部部长助理，后来又随麦克阿瑟到菲律宾工作，但始终升迁无望，以至于到 49 岁仍默默无闻。不过，他从未放弃为军人的使命与国家的荣誉而奋斗。他最大的愿望是成为一名师长，在战场上冲锋陷阵，建功立业。

机会总是留给有准备的人。艾森豪威尔从菲律宾回国后，在陆军第 3 师任中校参谋长。1941 年夏天，他在一次大规模的军事演习中表现出色，指挥有方，得到了时任陆军参谋长马歇尔的关注。演习过后，艾森豪威尔调任第 3 军参谋长，并晋升为准将。

1941 年 12 月“珍珠港事件”爆发后，因战事需要，艾森豪威尔被调到陆军部工作，先任战争计划处副处长，负责向太平洋战场增调防御力量。不久计划处升格为作战厅，他被任命为作战厅厅长，几个星期后便升为少将，从此开始了他与马歇尔长期而融洽的合作。

当时，美国军政界在开辟战场时是“先欧后亚”还是“先亚后欧”，抑或“欧亚并举”等问题上摇摆不定。受马歇尔委派，艾森豪威尔前往伦敦进行了实地考察，最后提出了“先欧后亚”的战略方针，主张集中兵力于英国，尽快在西欧开辟第二战场，沿最近路线攻入德国本土。

马歇尔很欣赏艾森豪威尔的能力，认为让他当一名参谋实在是屈才，决定让他出任赴欧作战的美军总指挥。这是一个令人意外的决定，就连艾森豪威尔自己都不敢相信，但马歇尔在给罗斯福的提名报告中写道：“艾森豪威尔不仅具有军事方面的学识和组织方面的才能，还善于让别人接受他的观点，善于调解不同意见，使人感到心情舒畅，并真心地信赖他。而这些品德和长处，又恰恰是我们驻欧洲部队统帅所必须具备的素质。”很显然，马歇尔是经过深思熟虑才决定任用艾森豪威尔的。他深信艾森豪威尔是一位非常内行的高级将领，性格冷静、沉稳，是一位能够让人产生好感的将军，是解决英国和美国将军之间复杂问题的合适人选。

1942 年 6 月 24 日，52 岁的艾森豪威尔飞赴伦敦，担任欧洲战区美军司令，成为美国历史上继潘兴上将之后第二位远征欧洲的统帅。

联盟作战并不仅仅是军事行动，还涉及政治、外交等许多层面，因此，作为盟军统帅不仅要有战术指挥能力，更重要的是要有协调各国矛盾的外交能力，在这两方面，艾森豪威尔都堪当大任。

当时，盟军由多国军队组成，有各自的指挥机构，又受民族、语言、地域、文化等因素的影响，很容易产生分歧甚至误解。艾森豪威尔认为，英美两国的友谊是取得最终胜利的必要条件，因此，他采取了一系列的措施，力求改善美军与英国军民的关系：安排美军到英国受德国空袭最严重的地区去考察，以此激发美军对纳粹德国的仇恨及对英国人民的同情；严明军纪，对美军进行教育工作，甚至不惜采取坚决措施，将那些有伤英国人民感情的美国军官送回美国；通过报界宣传盟国团结的思想……他的努力改变了英国人对美军的态度，为美军博得了好印象。

赴欧之前，艾森豪威尔从来没有单独指挥过作战，但他就任北非远征军总司令后的第一次重大行动却取得了圆满成功——英美联军顺利在北非登陆。随后，他出任地中海战区盟军总司令，先后组织指挥盟军实施突尼斯战役、西西里岛登陆战役、意大利南部战役，在作战过程中，他精于计划、善于协同、指挥果断、处事有方，表现出卓越的组织领导能力。而担任盟国欧洲远征军最高司令，组织实施诺曼底登陆战役，更是使他的声望达到了顶峰。

当然，艾森豪威尔也遇到过一些失败和挫折，并因此受到了英国将领布鲁克、蒙哥马利等人的尖刻批评。面对来自各方的压力，他不断对失败进行总结，听取多方面的意见，极力促成英美合作。当时联盟作战有一个敏感的问题，即指挥权交付。艾森豪威尔根据战事需要，在选用指挥官上做到了客观公正，令盟军将士心悦诚服。在1943年年初的北非突尼斯战役中，艾森豪威尔决定把参战美军交给英国将领、北非盟军副司令亚历山大统一指挥。美军将领对此颇有微辞，认为艾森豪威尔犯了一个不可饶恕的错误。但事实证明，艾森豪威尔的决定是明智的，他在北非战场上让了英国人一步，为后来在欧洲开辟第二战场赢得了英国人的配合。

艾森豪威尔善于权衡利弊，懂得妥协的艺术，但面对原则问题，他也毫不让步。

在筹备“霸王”行动时，为了取得诺曼底地区的制空权，艾森豪威尔要求英国空军应处于他的控制之下，但英国战略空军司令哈里斯却表示反对。对此，一向处事谨慎、为人随和的艾森豪威尔十分恼火，表示如果这个问题不能得到满意的解决，他将辞职。在这种情况下，英国只得同意把战略空军交给艾森豪威尔指挥。

1944 年 6 月，美英盟军实施诺曼底登陆向法国纵深进攻时，丘吉尔态度强硬地要求将准备在法国南部登陆的盟军调往地中海去解放法国，并以辞去首相职务相要挟。艾森豪威尔审时度势，认为从欧洲大陆抽调兵力不仅会打乱盟军的作战计划，而且有可能使诺曼底登陆行动前功尽弃。为此，他与丘吉尔反复斡旋，摆事实讲道理，苦口婆心地做工作，最终使丘吉尔放弃了原来的主张。

作为一名卓越的军事统帅，艾森豪威尔软硬结合，艺术地处理了盟军之间的各种矛盾，为欧洲战场的反法西斯战争的最后胜利做出了重要贡献。蒙哥马利评价艾森豪威尔说："他不仅是一位了不起的最高统帅，而且是一位出色的军事家、政治家。在我看来，没有人能用他这样的方式，把盟军组合成这样一支能征善战的威武之师，并且在许多冲突和干扰成分之间保持足够的平衡。这些成分一直威胁着我们这艘航船。"

战争结束后，艾森豪威尔先后担任美国驻德国占领军总司令、美国陆军参谋长。1948 年年初，他退出军界，担任哥伦比亚大学校长。两年后他再次服现役，任北大西洋公约组织武装力量最高司令，并很快成为政坛上的一颗新星。他一生以军人自居，从不过问政治，但在花甲之年却成功当选为美国总统并获得连任。在他担任总统的 8 年时间里，美国一直安享和平与繁荣，这也使他被誉为 20 世纪四位最伟大的美国总统之一。

本书全面介绍了艾森豪威尔不平凡的一生，带您去探究一位伟大的将军总统的内心世界。他沉着冷静的个性，他成熟老练的处世风格，他在危急时刻所表现出的敏锐的应变能力，以及对当今世界所造成的无可替代的影响，等等，无不吸引着世人的目光。

目　录

Contents

第一章　贫寒的少年时代

“我后来发现自己家其实很穷。”1952年6月4日，艾森豪威尔在阿比林市艾森豪威尔博物馆（在其旧居的街对面）的奠基仪式上说，“但美国的光荣之处在于，我当时并不知道这一点。我们一直记得勇气过人的父母曾经说过的话，‘机会处处有，只要肯争取’。”

德国人的后裔

1890年10月14日，德怀特·戴维·艾森豪威尔出生在得克萨斯州丹尼森市铁路旁边的一处出租木屋里。他是戴维·艾森豪威尔和艾达·斯托弗的第三个儿子，戴维·艾森豪威尔在铁路部门工作，收入微薄，夫妻俩艰难地维持着生计。谁也不会想到，这个小男孩日后会成为“二战”期间最著名的将领之一，最后还一跃成为美国总统。更具有讽刺意味的是，这位打败德国法西斯的一代名将其实是德国人的后裔。

艾森豪威尔的祖先原本居住在德国莱茵地区，后来迁入瑞士，1741年又迁往北美宾夕法尼亚州。到艾森豪威尔的祖父雅科布·艾森豪威尔这一代，家境已相当殷实。雅科布·艾森豪威尔是当时门诺教派的分支——江河教友会的首领，这个教派因为居住在河边而得名，绝大多数成员是普通农民，生活俭朴，视战争如同最深重的罪孽。在美国内战的硝烟中，雅科布·艾森豪威尔的妻子为他生下了戴维·艾森豪威尔，也就是德怀特·戴维·艾森豪威尔的父亲。内战结束后，随着国家建设的恢复，铁路线不断向西部大平原延伸。1878年，受西部移民的影响，雅科布·艾森豪威尔一家也随着迁徙的人潮前往遥远的堪萨斯州，定居在斯莫基希尔河南岸肥沃的土地上。

在堪萨斯州，土地是每个家庭的主要收入来源。雅科布用积蓄买了一座占地 160 英亩[①]的农场，建了一幢房子、一座谷仓和一架风车，购置了一些生活用具。为了使农场获得好收成，他每天起早贪黑地干活。这一年戴维正好 14 岁，他厌恶这种又脏又累、收入微薄的农活，唯一让他感兴趣的是修理机器。于是，他决定当一名正式的工程师以脱离农场。他向父亲提出想要上大学。雅科布最初表示反对，说种田是上帝的活儿，硬要把戴维留在农场里。但在戴维的反复请求下，最后他屈服了，让戴维进入堪萨斯州兰康普顿的一所学校，这所学校是江河教友会开办的，在当地被称为兰恩大学。1883 年秋季，戴维进入兰恩大学，时年 20 岁。

入校第二年，戴维邂逅了 22 岁的艾达・斯托弗，很快两人就坠入爱河。艾达的出身与戴维相似，也是从欧洲迁到美洲的新教徒，同时也是江河教友会的会员。她家于 1730 年由德国莱茵迁至北美，定居在宾夕法尼亚州的边区。艾达幼年父母双亡，跟叔叔毕利・林克一起生活。她从小就非常懂事，而且天资聪敏，信仰虔诚，把大部分时间都花在读书和背诵经文上。艾达 21 岁时，叔叔毕利・林克把她父亲遗留下来的一小笔财产交给她。她用其中的一些钱买了火车票来到堪萨斯州，剩下的钱用来支付兰恩大学的学费。与当时保守的女子不同，艾达凭借聪明的头脑和坚毅的性格成为兰恩大学最早的女学生之一。在兰恩大学，她认识了戴维，并深深爱上了他。这对年轻人的感情十分真挚，很快就谈婚论嫁，并于 1885 年在兰恩大学的教堂里结了婚。

他们婚后的生活非常甜蜜，艾达性格开朗，跟戴维的父母和朋友也相处得非常融洽。艾达最大的精神寄托是音乐和宗教，她用遗产中剩下的最后一笔钱购置了一台乌木钢琴，戴维非常喜欢听她弹奏。为了祝贺这对年轻的夫妇，雅科布・艾森豪威尔送给他们 160 英亩土地和 2000 美元现金，这在当时算是相当丰厚的结婚礼物。为了让妻子过上更好的生

---

① 1 英亩≈4046.9 平方米。

活，戴维变卖了父亲赠送的土地，加上 2000 美元，与别人合伙做起了生意。不幸的是，两年后的一天早晨，戴维一觉醒来，发现他的同伙携带大部分存货和余款逃跑了，留下了一大堆债务，就这样，戴维破产了。为了养家糊口，他不得不在铁路部门谋了一个工资微薄的差事。

德怀特・艾森豪威尔出生时，可谓家徒四壁，穷苦至极。戴维微不足道的工资已经很难维持全家人的生计，因为德怀特・艾森豪威尔前面已经有了两个哥哥，一个是 1886 年 11 月 11 日出生的阿瑟，一个是 1889 年 1 月 18 日出生的埃德加。事实上，德怀特・艾森豪威尔的降生，并没有给这个贫困的家庭带来多少快乐。这一方面是由于经济原因，另一方面，也是更重要的一点，已经有了两个儿子的戴维夫妇想要一个女儿，因而对这次“又生了儿子而大失所望”。

迁居阿比林

生活似乎处处充满了不如意，所幸不久有个朋友给戴维介绍了一份薪水较高的工作，工作地点在阿比林。迫于生活的压力，戴维立即辞去在铁路部门的工作，于 1891 年偕家人迁到了阿比林。

如今的阿比林是一个非常繁华的大都市，街道上商店林立、车水马龙，一派欣欣向荣的景象，并处处透露着总统故里的特征。艾森豪威尔故居、艾森豪威尔雕像，甚至艾森豪威尔节，吸引了越来越多的游客。阿比林的居民无不为这位声名显赫的“老乡”而感到自豪。然而，当戴维一家迁到这里的时候，却是另一番景象，到处都是垃圾、臭水沟，房子也非常简陋，与落后的农村没有什么区别。不过，随着经济的发展，阿比林也在逐步走向现代化，铺设了街道，建起了发电厂，居民还用上了自来水，电话也渐渐流行起来，有人甚至添置了汽车。

1892 年 3 月，戴维进入贝尔・斯普林乳制品厂，当了一名机械维护工程师。他每天要在工厂里工作 12 个小时，其中包括高强度的体力劳动——维护机械和蒸汽设备。尽管收入比在铁路部门时要多一些，但是因为需要供养的人口越来越多，戴维一家的生活并没有得到多大改善。在德怀特（下称艾森豪威尔）出生后，他的母亲又先后生下了 3 个儿子，其中，罗伊出生于 1892 年，厄尔出生于 1898 年，米尔顿出生于 1899 年。供养这样一个大家庭，确实不是一件易事。直到 1898 年之前，艾森豪威尔全家一直住在阿比林城南部一座简陋的住所里，为生计而苦苦挣扎着，所幸全家人都能知足常乐。

在阿比林这个穷乡僻壤，艾森豪威尔慢慢地成长着。在 19 世纪 90 年代，阿比林是一个典型的美国中西部小城镇，与外界的交流沟通仅限于每日火车的往来。这里土地肥沃，为贫穷而勤劳的人们提供了赖以生存的根基，但夏天气温通常在 40℃ 以上，倾盆大雨往往使城市的街道变得无法通行，飓风也时常毁坏庄稼、掀掉屋顶；到了冬季，这个位于广袤草原上的小城市被笼罩在 -20℃ 的严寒之中。在阿比林，各家各户自行照料老弱病残。这个民风质朴的小城里没有警察——因为市镇极小，居民们彼此熟悉信任，几乎不需要动用警力。尽管阿比林有着种种不足，但它对戴维家的孩子们来说却是童年的乐土，一个安全可靠、友爱平等的地方。

戴维夫妇过着贫穷的生活，但是他们都是受过良好教育的人，对孩子的学习十分重视，将全部希望都寄托在儿子们身上。他们言传身教，要求孩子们诚实、正直地做人，希望孩子们能够离开阿比林或堪萨斯州，在更为广阔的天地中取得成功。每天早晚，全家人都会祈祷。饭前，戴维会诵读《圣经》，祈求上帝的赐福。饭后，孩子们洗完碗，就会围着父亲，听他诵读经文。“在生活中，妈妈对我们的影响最大。”艾森豪威尔回忆道。艾达监督孩子们做家务，准备一日三餐，缝补他们的衣服，对他们或哄或夸，努力营造一个轻松愉快的家庭氛围。最小的儿子米尔顿说：“父母两人性情互补。母亲为人随和开朗，总是显得很乐观，而父亲则比较威严。”在这个拥有 6 个男孩的家庭里，戴维夫妇总是激励他们力争上游，而孩子们也个个不甘落后，经常相互比拼，一争高下。

有一天，艾达正在厨房里做饭，艾森豪威尔和埃德加在房间里打了起来。哥哥埃德加身体较为强壮，很快就骑在艾森豪威尔身上，给了他一顿乱拳，然后喊道：“投不投降?”艾森豪威尔喘着气说：“不投降!”埃德加抓住艾森豪威尔的头发，把他的脑袋往地板上撞。厄尔急忙跑进来帮艾森豪威尔。但站在烤炉前的艾达头都没回，只是冲厄尔吼了一句：“别理他们!”

尽管孩子们在家里争斗不断，但戴维通常不准他们在外面跟别人打架。艾森豪威尔记得，父亲很不愿意见到自己的孩子打架吃亏。

一天下午放学后，艾森豪威尔在回家的路上被一个同龄的男孩追打。那个男孩长得非常壮实，艾森豪威尔不敢反抗，于是就跑为上计。快到家门口时，他远远望见了父亲的身影，不由得松了一口气。终于可以摆脱那个讨厌鬼的纠缠了，他心里想着，脚步也加快了。突然，他听见父亲生气地嚷道：“胆小鬼！你干吗被人追得满大街跑?”

艾森豪威尔一时愣住了，脸涨得通红。接着，他鼓起勇气，扔下书包，握紧拳头，朝追他的男孩冲过去。那个男孩见状，慌忙夺路而逃。

艾森豪威尔穷追不舍，并很快就追上了他，一把抓住他的领子，朝着他那吓得苍白的胖乎乎的脸上打了一拳。那个男孩惨叫一声，瘫倒在地上，双手抱着头，一动也不敢动。

艾森豪威尔没想到对方这么快就认输，轻蔑地说：“如果你再找我的麻烦，我就每天揍你一顿!”说完，他扔下躺在地上的失败者，带着胜利的微笑回家了。

1898 年的一天，戴维提前下了班，高兴地跑回家宣布道：“我们有房子了！我们有房子了！我们终于可以搬家了!”正在洗衣服的艾达听了非常疑惑，放下手里的活，迎上前去：“什么房子，坐下来，慢慢说!”戴维一口气喝光艾达递过来的茶水，抹了抹头上的汗，喘着粗气说：“我弟弟亚伯拉罕在东南第 4 大街有一幢房子。亚伯拉罕打算搬到西部去，但父亲一直住在他们家里，需要有人照顾。亚伯拉罕提出把房屋出租或卖给我们，条件是由我们来照料父亲。”艾达激动得手中的托盘差点掉在地上，泪流满面地扑进丈夫的怀里。

亚伯拉罕是艾森豪威尔很喜欢的一位亲戚，他性格活泼开朗，身兼多职，有时是一名传教士，有时为马戏团卖票，有时是一个无忧无虑的“吉卜赛人”。他经常驾着一辆庞大而笨重的有盖马车，到堪萨斯州西部和俄克拉荷马州去。他总是大喊“这儿有通往天堂之路”来吸引陌生人，然后开始向他们布道。多年以后，艾森豪威尔曾对朋友说，他“一点也听不懂”叔叔布道的寓意，但是，他知道“这位老人对自己以及自己提升听众精神境界的方式感到十分自豪”。

在年仅 8 岁的艾森豪威尔及其兄弟们看来，这幢房屋不亚于一座豪华宫殿。它有一个宽敞的地下室，一个宽得可以跳舞的客厅，很多大小不一的卧室，还有一个小小的阁楼。让艾达兴奋的是，她心爱的钢琴终于有了一个固定的居所。她把乌木钢琴擦得闪闪发光，放置在客厅里，从此，客厅里便不时回荡起优美的钢琴声。

美国堪萨斯州阿比林城，艾森豪威尔和他的兄弟在家门外合影

迁入新居后，艾森豪威尔一家的生活条件得到了很大改善。他们买了一匹马用以耕地和拉车，买了两头母牛用来产奶，还养了些家禽提供蛋类和肉食。3 英亩的土地除去种植饲料外，余下的空地足够开辟出一块很大的菜地。这些家庭事务主要由艾达负责，她把水果、蔬菜

和肉类装罐贮藏。除了盐、面粉等必需品外，他们用不着经常上食品杂货店去了。他们自食其力，乐于助人，依靠自己的辛勤劳动还清了一切债务。戴维夫妇对孩子管教很严，时常教育他们要热爱劳动，不能好逸恶劳。

艾森豪威尔干的第一项家务是为炉子收集柴火并把柴火劈成小块。他经常放声大哭，企图引起别人的注意，徒劳地希望父母会同情他、免除他的劳动。但啼哭从来没有奏效。埃德加曾威胁说要离家出走，结果，父亲给他建议了几条出走路线，母亲则主动为他准备随身带的午餐。

夏天的时候，家里所有的男孩除了要到附近的玉米地和农田里干活，还要照看果园。艾森豪威尔成了一个熟练的园丁和精明的商人——他专门种那些需求量最大的农作物（通常是黄瓜和玉米），然后拿到街上去卖。孩子们帮母亲分担了许多家务和农活，包括做饭、刷碗、洗衣、挤奶、喂鸡、把干草放到大谷仓里、播种、翻地、照看果园和玉米地、收获和储藏各种作物果实。

除了参加劳动，孩子们还要轮流做饭。每到星期天，艾森豪威尔和埃德加从附近江河教友会教堂的主日学校放学回家以后就得准备做饭，其他人则去做礼拜。有一次，他们认为做个馅饼会很好玩，于是揉了一团面，还拿面团当棒球相互扔着玩。尽管面团掉到地上好几次，但兄弟俩最后做了一个非常可口的馅饼，只是颜色有点不对。艾森豪威尔不论做什么都非常认真，所以很快就成了第一流的厨师，并从中得到了许多乐趣。在后来的岁月里，他这项宝贵的手艺被证明是非常有用的。

戴维夫妇教给儿子们的最重要的一课是：他们必须为了自己思考和转变。埃德加说："独立自主、决心改变我们卑微的出身、努力有所成就，这些东西深深地扎根在我们心中。""贫穷没什么可耻的，富贵也没什么光荣的"成了孩子们绝对的信念，对他们来说，重要的是一个人的信仰和勤奋工作。

在父母的言传身教下，艾森豪威尔和兄弟们都没有轻视贫穷的倾向。虽然衣服都是一个兄弟穿不上了再传给另一个穿，但他们总是穿得很整齐干净。由于衣服和鞋需要经常改制和修补，等传到家中最小的兄弟厄尔和米尔顿的时候，经常都磨白了。什么都不会被浪费。他们很珍视自己的鞋，天气暖和的时候，他们经常光脚上学。艾达还教会了每个孩子自己补袜子。这样的家庭氛围，使孩子们养成了一种尊重金钱和财产的健康价值观。

艾达不仅肩负着操持家务的重担，而且还腾出时间来帮助更加困难的人。有的宗教团体的成员经常来敲艾森豪威尔家的大门，诉说发生在自己身上的不幸，要艾达出个主意和给予帮助。艾达从不拒绝。艾森豪威尔回忆说："我晚上起来过许多次，在暴风雪和下雨天，提着灯和母亲到患病和需要帮助的邻居家里去。"

艾森豪威尔一家笃信宗教。每天早晚两次，全家都会双膝跪下祈祷。孩子们长大后，就由大家轮流读经书，艾达弹着钢琴领唱。

朗读《圣经》在这个家里被视为一种荣誉，但是，朗读者只要念错一次，就得把这项特权让给别的孩子。艾森豪威尔认为，朗读《圣经》使他在老师和同学面前大声朗读变得很简单。

到 12 岁时，艾森豪威尔已经读完了整本《圣经》，到 1911 年离开阿比林，他已经把《圣经》读了两遍，而且记得其中的大部分内容，第二次世界大战期间，他在很多场合都能根据记忆引用《圣经》中的话。他的助手们对此感到十分惊奇。

但直到当选美国总统，艾森豪威尔都没有去过教堂。他的兄弟们也都没有追随父母的宗教信仰，不过，他们显然都深受影响。战争期间，艾森豪威尔经常恳求得到上帝的指引，以便做出正确的决定。

戴维夫妇从不吸烟或饮酒，不打牌，不骂人，也不赌博，但他们并不强求孩子们和他们一样。

戴维做事认真负责，一丝不苟。他身教胜过言教，为孩子们定下了严明的纪律。有人说，戴维是位典型的德国父亲，是毋庸置疑的一家之主。他神情严峻，脾气急躁，令人望而生畏，但他从不打骂孩子。孩子们回忆说，他们从未听到过父母互相大声呵斥，甚至连提高嗓门说话也没有过。艾森豪威尔说，他从未听到父母在家庭、社会或经济问题上有过争论。

后来，艾森豪威尔回忆自己所喜爱的家乡阿比林说："阿比林提供了健康的户外生活场所与工作环境。这两个条件保证了阿比林这样一个小社会的存在，它在消除财富、种族和宗教信仰所造成的偏见，坚持鼓励正直、作风正派和关心他人的价值标准方面，超过我们见过的任何社区。我们学校的民主精神同样有助于强调对工作和成就的尊重。有机会在一个开明的乡村地区度过青年时代是幸运的。"

在成长的过程，艾森豪威尔与家乡的关系一直很亲密，后来即使离开了阿比林，他也始终没有丢失这种与家乡的亲密感。童年时他有两个梦想：一个是做一名火车司机，开着火车穿越平原，在汽笛的长鸣声中驶进阿比林；另一个是做一名棒球投手，在第 9 局的后半局，在 500 名观众的欢呼声中击败对手。少年时期他崇拜的英雄是汤姆 · 史密斯，很喜欢听当地有关史密斯的传说，并如饥似渴地阅读令人激动不已的西部流行小说。

而他少年时期崇拜的身边的英雄是一位阿比林居民，名叫鲍勃 · 戴维斯，他们大概相识于 1898 年。戴维斯是个 50 多岁的单身汉，日常以打鱼、做向导及设陷阱捕捉野兽为生。对艾森豪威尔来说，戴维斯既是导师，又是父亲。他教艾森豪威尔怎样钓鱼、设陷阱、用一支桨划船、射野鸭，以及怎样用篝火做饭。在他的教导下，艾森豪威尔成了家中最好的射手。高中时，他从二哥埃德加那里得到了一把 16 毫米口径、推拉枪栓式温切斯特猎枪，并用这把枪打过狼和大耳兔。他十分热衷于打猎，还经常组织大家到阿比林以南 32 公里的里昂河去打猎。

戴维斯虽然不识字，但他还教会了艾森豪威尔怎么打扑克，怎样才能赢牌。他帮助艾森豪威尔培养了一种基于机会和可能的牌感。艾森豪威尔原来就擅长数学，在老于世故的戴维斯教导下，他后来成了一位打牌高手。凭借这一手绝活，他从牌桌上赚了不少钱来贴补自己微薄的薪水。

勇敢的拳击手

在成长的过程中，性格倔强、争强好胜的艾森豪威尔总是不甘落后。当别人比他强时，他总是想方设法地超过他们；跟别人产生矛盾时，他常常会不顾一切地跟别人争斗，就像一头好斗的小牛犊。

由于兄弟众多，有时他们难免会用拳头来解决纠纷。而艾森豪威尔是兄弟几个当中精力最充沛、最好斗和最难以管教的。与他打架最多的是埃德加，两人常常因为一些鸡毛蒜皮的小事就扭打起来。

埃德加在很多年后说："也许就是我俩在一起走着，他想绊我一跤，我随手揍他一拳，接着就大打出手……或者是他从我这里拿走了不属于他的东西，这样，两人又会打起来。"这样的打斗多数是扭打、摔跤而不是拳击，最后往往以埃德加占上风而告终。"打归打，我俩从不记仇。"不过，艾森豪威尔有一个原则：当别的孩子来挑战时，他便与哥哥同仇敌忾，直到打得外人苦苦求饶才肯罢休。而每当打完一场"家族之战"，他与哥哥之间的感情又深了一层。

有一年圣诞节前夕，父母答应阿瑟和埃德加到郊外去远足。艾森豪威尔也想跟着去，于是直截了当地提出请求："爸爸，哥哥们要去郊游，我也想去。"母亲看了他一眼，微笑着说："你年纪还小呢！"艾森豪威尔涨红了脸，很不服气。父亲有些生气了："不能去就是不能去！"艾森豪威尔气愤极了，觉得这个家给他的不是温暖，而是冷酷；不是平等，而是偏见。他一跺脚冲到院子里，捏紧拳头就往苹果树上猛击。

他一面哭一面狠狠地击打着苹果树，鲜血沿着他小小的拳头流了下来，不一会儿，双拳便血肉模糊了。父亲见状冲出门去，使劲地抓住他的双肩，才制止了他疯狂的举动。艾森豪威尔委屈极了，回到屋里便一头扑倒在床上，把脸埋在枕头里放声大哭起来。母亲走进房间，小心翼翼地拿起他的双手，细心地为他涂上止痛药膏，缠上绷带。在母亲的抚慰下，艾森豪威尔渐渐平静了下来。母亲拿开枕头，双眼盯着他，直到他抬起头来。最后，母亲温柔地说："能控制自己感情的人，比能拿下一座城市的人更加伟大。”

母亲这句看似寻常的话，跟随了艾森豪威尔的一生。他在 76 岁时提笔写道：“那次谈话给我留下了极深的印象。的确，能控制自己感情的人，比能拿下一座城市的人更加伟大。那一直是我一生中最为珍贵的时刻之一。”

艾森豪威尔和兄弟们都承认父亲对他们的成长影响很大，但母亲艾达更让他们感到敬畏。无论是在顺境还是逆境之中，她就像一根纽带，使一家人紧密地联系在一起。艾森豪威尔十分敬重母亲。第二次世界大战期间，身负重任的他时常想起母亲，因为母亲的存在和智慧能给他带来平静与自信。1942 年 3 月，他写道：“我想，母亲是我见过的最好的人。”后来，谈到自己深爱的母亲，他又说：“作为她的儿子，我们能在她的陪伴下度过童年真是幸运，记忆是永不磨灭的……直到今天，母亲仍然深深影响着我们的生活。”

在艾达眼中，每一个孩子都是独特的个体，都需要认真地对待。她告诫他们，不要因为不敢违抗才去做什么事情，而应该因为自己做得对而去做。她从来不会偏心哪一个孩子，有一次，记者问她怎么评价她那位最出色的儿子，她说：“你问的是哪一个？”

事实上，艾森豪威尔兄弟七人，除老五幼年夭折外，其余 6 人都在各自的事业上取得了成功。老大阿瑟成了银行家，老二埃德加是位律师，老四罗伊是个药商，老六厄尔当了工程师，老七米尔顿当了大学校长。艾森豪威尔排行第三，做了美国总统。他们都把自己的成就归功于母亲的培育。

艾森豪威尔 9 岁的时候，开始到他家对面的林肯小学读书。那时小学的课程无非是一些死记硬背、枯燥乏味的东西，一般孩子对这些东西非常厌倦，把坐板凳当成一件苦差事，叫苦不迭。渴望知识的艾森豪威尔则非常专注地聆听老师的诵读。他把自己融入知识的海洋，恨不得把老师传授的所有知识都装进小小的脑袋里去。他对拼字比赛和数学很感兴趣。拼字比赛激发了他争强好胜、力求完美的心理，而数学这门课讲究逻辑，直截了当，答案对错分明，也很对他的胃口。

不过，书法对艾森豪威尔是件麻烦事，他一直耐不下性子去练习当时精美的维多利亚体。后来他说："我的手生来更适合用斧或枪而不是笔。"他的笔迹一直不太容易辨认，当他成为将军以后，辨认他的笔迹就更困难了，有时连他自己都认不出自己写的是什么。他的助手凯文·麦卡恩曾把他的笔迹比作是在餐桌转盘上写的东西。他的好友、同僚阿尔弗雷德·格伦瑟①也说他的笔迹是世界上最糟糕的。

1902 年，艾森豪威尔转入加菲尔德中学，在这里念完了 7 年级和 8 年级。上学第一天，课间休息的时候，有个流氓威胁要咬掉艾森豪威尔的耳朵，追得他到处跑。后来阿瑟赶来，警告那人最好把"兴趣放到别人身上"，才救下了艾森豪威尔。后来，艾森豪威尔意识到，那个流氓只是想戏弄他，但他仍然害怕流氓和他们的威胁，直到他长得足够强壮可以保护自己为止。这一天到来后，他再也没有在别人的挑战面前退缩过，也没有畏惧过任何战斗。

1904 年，艾森豪威尔 14 岁，开始步行很远的路程到城镇北边新建的阿比林中学读书。每天四五点他就从床上爬起来，揣上两块前一天剩下的硬干粮，背上书包，蹑手蹑脚地打开门，沿着小路往学校走去。

阿比林中学有一个奇特的"传统"，每年入学的新生都要举行一次拳击比赛，由来自南边和北边的学生分别推选一名代表参加。铁路把阿比林分成了"北边"和"南边"，与此相对应的贫富差距也把孩子们分成了两派。铁路北边是商人、律师、医生和银行家住的地方，宽敞明亮的维多利亚式宅第里有着富丽堂皇的长廊、高大的杨树及一片片绿油油的草坪；铁路南边是铁路职工、木匠、修理工以及艾森豪威尔一家居住的地方，房子低矮简陋，周围杂草丛生。对艾森豪威尔来说，捍卫南边荣誉的时刻到来了。北边的选手韦斯利·梅里菲尔德非常强壮结实，反应灵敏，出拳准确，曾获北边拳击冠军。相比之下，艾森豪威尔显得有些矮小、瘦弱，大家都觉得他获胜的希望不大。

---

① 阿尔弗雷德·格伦瑟（1899—1983）：美国陆军上将，"二战"期间历任第 3 集团军参谋长、驻伦敦盟军司令部副参谋长、第 5 集团军参谋长、第 15 集团军群参谋长。战后担任过欧洲盟军最高司令部参谋长、北约盟军最高司令。

然而，情况出乎所有人的预料。在一大群孩子的层层包围下，拳击比赛开始了。在观众的呐喊声中，艾森豪威尔频频出拳，但都被梅里菲尔德准确地挡了回来，并回以重拳。梅里菲尔德力量很大，打在艾森豪威尔身上的拳头发出“砰”的一声闷响。艾森豪威尔被震得左右摇晃，但他并没有泄气，而是咬紧牙关，竭力进攻。突然，梅里菲尔德一记重拳打在艾森豪威尔的脸上，在观众的惊呼声中，艾森豪威尔蹲了下去。当他咬着牙站起来的时候，眼睛青紫，眼眶高高地肿了起来，鼻血也流了出来。喧闹的人群突然安静下来，所有人都认为这个南边选手要放弃了。

但艾森豪威尔仍咬牙坚持着，他感到自己浑身疼痛，但是骨子里不服输的精神支撑着他的意志，不一会儿，他又重新挥拳投入了战斗。人群中爆发出雷鸣般的掌声，大家都在为这个倔强的小个子叫好。起初只有来自南边的孩子喊“艾森豪威尔，加油！艾森豪威尔，加油！”后来，越来越多的人开始为艾森豪威尔加油。

比赛继续进行着，两位拳击手都气喘吁吁、嗓音嘶哑、鼻青脸肿，但双方都没有认输。即使周围的观众劝说他们停止打斗，他们也不肯退出比赛。梅里菲尔德小声地对艾森豪威尔说：“艾森豪威尔，我打不赢你！”艾森豪威尔回道：“我也赢不了你！”最后，这场比赛以平局收场。

比赛结束后，艾森豪威尔跌跌撞撞地跑回家，一下子瘫倒在床上。父母没有训斥他，也没有惩罚他。担惊受怕的母亲得知他参加的是正当的拳击赛，也就放心了，而且她对这件事还是支持的，认为这能使孩子的性格得到锻炼。后来，艾森豪威尔的哥哥提到他时，一脸敬佩地说：“他像父亲，尽管被打得皮开肉绽，但从不屈服。他像父亲一样执拗。”

俗话说“不打不相识”，艾森豪威尔与梅里菲尔德这对赛场上的对手并没有成为敌人，相反成了要好的朋友。艾森豪威尔后来在回忆录中写道：“拳击比赛没有在我们之间留下任何不愉快的后果，稍晚一些的时候，我见到了韦斯利·梅里菲尔德，回想起那场拳击，我们两个都不禁笑了起来。”

艾森豪威尔从小就崇拜英雄。在他家对面住着一个名叫达布利的单身汉，据说曾是著名警察局局长比尔的助手，他对往事的讲述简直把艾森豪威尔迷住了。艾森豪威尔常常和达布利以及市警察局局长亨尼·恩格尔一起到郊外去，看他们练习射击。有时他得以实现许多孩子的夙愿——用真枪射击。

而在整个青少年时代，艾森豪威尔最感兴趣的课也是军事史。他沉浸在军事史的阅读中，竟疏忽了家务和学校的功课。

在古人当中，艾森豪威尔最崇拜的英雄是汉尼拔①，这不仅是因为汉尼拔的军事胆略过人，也因为汉尼拔精通当时的逻辑学。尽管很多历史学家和传记作者都对汉尼拔不太友好，但汉尼拔仍然成了一个历史偶像，艾森豪威尔对此感到十分惊讶。他心目中的英雄还有恺撒②、苏格拉底、伯里克利③、特米斯托克利④，而大流士⑤、布鲁图⑥、薛西斯⑦和邪恶的罗马皇帝尼禄则被他视为坏人。

另外，艾森豪威尔还阅读了大量有关华盛顿、拿破仑、古斯塔夫斯·阿道弗斯等名将的书籍，甚至终身记得读过的一些战役的细节，这使他的同僚非常吃惊。

艾森豪威尔对军事的喜欢，为他日后参军埋下了伏笔。

---

① 汉尼拔（前247—前183）：迦太基统帅，军事家。迦太基将领哈米尔卡·巴卡之子。

② 恺撒（前100—前44）：史称恺撒大帝，罗马共和国（今地中海沿岸等地区）末期杰出的军事统帅、政治家，并且以其卓越的才能成了罗马帝国的奠基者。

③ 伯里克利（约前495—前429）：古希腊奴隶主民主政治的杰出代表者，古代著名的政治家之一。

④ 特米斯托克利（前524—前460）：古希腊政治家、军事家，曾任希腊执政官，为民主派重要人物，后被贵族派流放，终死于小亚细亚。

⑤ 大流士（前550—前486）：波斯帝国君主，曾随冈比西斯二世远征埃及，被任命为万人不死军的总指挥。

⑥ 布鲁图（前85—前42）：罗马共和国晚期的元老院议员，组织并参与了对恺撒的谋杀。

⑦ 薛西斯（约前519—前465）：波斯帝国国王，晚年纵情酒色，亲信小人，导致波斯帝国内乱。

与死神擦肩而过

成为一名军人，前提是身体素质要过硬。艾森豪威尔在这方面显然不存在问题。他活泼好动、性格刚毅，很喜欢体育，尤其是橄榄球和垒球运动。

高中时期，艾森豪威尔感兴趣的依次是运动、劳作和学习，最后才是女孩子。和女孩子在一起，他会害羞。他觉得过于关注女生难免有点娘娘腔，而他希望自己成为同班男生心目中容易相处的好哥们。他不注重穿着，经常顶着一头蓬松的乱发。他试着去参加舞会，但跳得实在太差。

在学习上，他倒是游刃有余，很轻松地便从良好进入了优等生的行列。高中一年级时，他选修了英语、自然地理、代数和德语，所有课程都得了 B。第二年，他的表现更突出了。到三、四年级时，他的英语、历史和几何都得了 A 或 A⁺，只有拉丁语得了 B。

除了上课以外，艾森豪威尔在运动上花的时间最多，虽然他不一定是最好的运动员，但是他喜欢通过运动磨炼自己的性格。在这个过程中，他还初次发现了自己的领导和组织能力。他经常想方设法组织周六下午的橄榄球或棒球比赛。高中时，他成了阿比林高中体育协会的组织者之一。这个协会独立运作，不受教育系统的管理控制。

对艾森豪威尔来说，所有体育类活动都有着超强的吸引力，他无法想象生活中没有这些体育活动会是什么样子，但一次玩耍时的意外遭遇差点危及他的性命。

有一天，艾森豪威尔和伙伴们找到了一处好玩又刺激的地方。在阿比林附近的一小片树林旁边，他们肆意地打闹着，老远就能听见他们的叫喊声和欢笑声。“艾克，该你了，跳下来！快跳下来！”“好的，我马上就来。”艾森豪威尔站在一个废弃的木台子上答应着。

台子有一人多高，下面是松软的土地，长满了野草。艾森豪威尔站在台上，伸展手脚，正准备“勇敢”地跳下去，不料却从台上跌了下来，重重地摔在地上。“艾克，你没事吧?”孩子们围了上来。“没问题，该死的苔藓滑了我一下。”艾森豪威尔若无其事地站起来，强忍着疼痛，没有让在眼眶中打转的眼泪掉下来，“只是一点小伤。”他摸了一下膝盖，膝盖被草丛里的石子碰破了一块皮，周围有一些红肿。摔破膝盖对他是常有的事，他只是心疼那条新裤子。由于没有流太多的血，他没有包扎伤口，完全没把这事放在心上。

第二天早上，他微微感觉伤口有些疼痛，但还是背着书包上学去了。晚上放学回到家，他感觉很不舒服，躺在沙发上昏昏沉沉地睡着了，并且开始发烧，膝盖受伤处也开始肿胀。那个时代，疾病是孩子们的最大威胁。当时还没有发明抗生素，白喉、猩红热，甚至感冒、冻疮都有可能夺去一个人的性命。艾森豪威尔的一个弟弟就是死于猩红热。

艾达感觉不对劲，赶忙把艾森豪威尔扶到床上，发现伤口已经感染了。她知道事情不妙，赶紧请来了医生，医生诊断为血毒症。然而，医生的药物并无回春之效，艾森豪威尔膝盖上的伤口在不断扩大。在接下来的两个星期里，他数度晕厥，医生每天都要跑来两三次。艾达静静地守候在他身边，含着眼泪给他的伤口一遍遍地涂消炎药。但伤势还是没有好转的迹象，病菌在他体内肆虐着，炎症继续从腿部向腹部可怕地蔓延。

艾达忧心忡忡，问医生为什么儿子的病情没有任何好转。医生极力解释，最后想出了一个办法，用低沉的语调说：“如果再不好转，挽救这个孩子的路只有一条——截肢。”戴维生气地说：“不行，没有腿，我儿子今后怎么生活？你必须想办法，要不我饶不了你。”艾达的眼泪“哗”地一下子流出来了：“难道除了截肢就没有别的办法了吗?”医生一脸无奈地说：“如果病情加重了，不给他截肢，那你们就是谋杀。”艾森豪威尔在昏昏沉沉中听见了他们的对话，他拼尽全身的力气喊道：“不，我不要截肢！没有腿，还不如让我死了。”医生摇摇头说：“要知道，病情继续恶化，如果胃部也感染上病菌，你就没命了。”

艾森豪威尔见医生如此坚定，只好恳求哥哥埃德加“无论出现什么情况，也不能让他们锯掉我的一条腿”，并请求他寸步不离地守在自己床边，阻止医生在他昏迷时进行截肢手术。尽管医生再三警告艾森豪威尔的父母，延误时间必然导致死亡，但埃德加说：“我们没有权利使他成为残疾人。如果我违背诺言，他将永远不会原谅我。”看到这种情形，艾达心软了，她含着热泪对医生说：“我们不能代替儿子做出决定。让我们共同祈祷上帝，祈祷奇迹的发生吧！”埃德加晚上甚至睡在门槛旁的地板上，防止医生趁自己熟睡时溜进弟弟的房间。最后，奇迹真的发生了，到第二个周末，炎症开始渐渐减轻，烧也完全退了，艾森豪威尔的神志渐渐清醒过来，他笑着对母亲说：“我看到了上帝。”艾达一把搂过儿子，泪如雨下。

这次逢凶化吉，让艾森豪威尔的内心变得更加强大了。而艾达更多的是在感谢上帝。在这个家里，宗教是神圣的。由于出生并成长于信仰基督教的传统家庭中，艾森豪威尔自然而然地笃信上帝，对于这一点，他曾经说过：“我是我所认识的人中最信仰上帝的人。”养病并没有让他感到沮丧，但是他不得不因此休学一年。

1909 年，艾森豪威尔以优异的成绩毕业了。由于数学、历史和英语成绩特别好，在当年 31 名毕业生中，他的总成绩名列第三。然而，他对自己将从事什么样的工作并没有明确的目标。

当时，每天放学后以及放暑假的时候，艾森豪威尔都会去做一些兼职，包括摘苹果、到木材厂和煤厂打工，还在一家生产钢制储粮罐的小工厂里当助理工头。为了每天挣 50 美分，他曾经从早到晚地收割小麦。

1910 年，艾森豪威尔在贝尔·斯普林乳制品厂得到了一份工作，待遇还算不错。他的主要职责是操纵一台制冰机，用钢钳把 300 磅[①]重的冰块拽出来，通过一条倾斜槽把冰送到储藏室里，然后再装到马车或货车上。

很快，艾森豪威尔便被提升为锅炉工，负责往锅炉里加煤，把煤渣运走、掩埋。这个工作又热又脏，而且十分乏味。他平均每天要卸 3 吨煤，一天下来，他满身污秽、疲惫不堪。后来他回忆说：“在这个小地狱里，生活失去了它迷人的光彩，但是这个工作使我又一次得到升迁。”

这一次，他成了一名副机械师，每个月能赚 60 美元。但挣得多，

---

① 1 磅≈0.45 千克。

付出也多，他每天要在制冰车间从早上 6 点工作到晚上 6 点，平均每周要工作 84 个小时。

在乳制品厂工作期间，也就是 1910 年夏天，艾森豪威尔和镇上一名医生的儿子斯韦德成了好朋友，后来两人终身保持着这份友谊。斯韦德当时正在报考安纳波利斯的美国海军军官学校①，但是在 1910 年 6 月的一次考试中，他的数学不及格，没有被录取。于是，他回家苦读一年，准备第二年 6 月再次参加考试。斯韦德建议艾森豪威尔报考海军军官学校，这所学校实行免费教育，这对艾森豪威尔来说，可以解除一笔沉重的经济负担。

1910 年 8 月，艾森豪威尔主动写了一封信给参议员约瑟夫 · 布里斯托。他在信中写道："我很希望能进入安纳波利斯海军军官学校或西点军校……我是一名中学毕业生，今秋年满 20 岁……若阁下能提名我进上述两校之一，将不胜感激。"很快艾森豪威尔便得到了答复，信中让他去参加报纸上刊登的军官学校的选拔考试。艾森豪威尔毫不犹豫地报了名，并根据考试科目准备考试，考试成绩在 8 名候选人中名列第二。

因为超过了海军军官学校的入学年龄，1911 年 1 月，艾森豪威尔参加了西点军校的入学考试，并顺利地通过了，这对他来说无疑是一次命运的转折。他高兴极了，赶紧把这个消息告诉父母。他的父母都是和平主义者，不喜欢儿子当兵，但他们并不打算阻止儿子的选择。父亲还特意请了假，给他饯行。他与兄弟们一一握手告别。艾达提着衣箱，在一旁默默地看着，眼睛里充满了泪水。

艾森豪威尔踏上了前往西点军校的火车，火车慢慢地驶出他熟悉的阿比林。他心里五味杂陈，充满了对故乡的留恋及对未来生活的希冀。

在晚年的回忆录中，艾森豪威尔写道："少年时代，我和许多孩子一样，认为生活单调乏味、一成不变，一切该做的事早已命中注定。对我来说，最大的成功莫过于升入八年级读书，或者成为学校棒球队一名身手不凡的队员，因为这可使我声名显赫。"

---

① 美国海军军官学校：又称美国海军学院、安纳波利斯军校，是美国海军培养初级军官的一所重点学校。

第二章　不得志的军旅生涯

艾森豪威尔曾经意味深长地说："一个军官不管他多么优秀，也不管他的工作做得多好，他的提升都会受到资历的严格限制。在过去的29年里，我一直受到上级的表扬，但却没有得到任何晋升，直到50多岁才成为上校，而这个年龄获得星级军官的机会几乎等于零。"他甚至悲观地告诉儿子约翰，他将以这个军衔退休。

踏入西点军校

艾森豪威尔从家乡阿比林坐了三天三夜的火车才来到西点军校。踏入西点军校，成了他生命中最重要的转折点。

西点军校位于纽约市北郊哈德逊河上"肘状"的三角岩石坡地上，这块坡地被当地人称为"西点"，西点军校由此得名。西点军校在哈德逊河"S"弯之中，在河岸两边，占领者只需两挺机枪就可以封锁整个"S"弯河段，是一个很好控制的军事要冲。该地三面环水，一面傍山，景色宜人。美国独立战争期间，"大陆军"总司令华盛顿发现了西点的价值，把它建成了要塞，以阻扼英国舰队。西点军校就是在这个要塞的基础上创建起来的。自创建之日起，西点军校就一直被视为美国陆军军官的摇篮，培养了许多著名的优秀将领。

1911年的西点军校已经步入成熟期，一座全新的体育馆即将建成，世界上最大的跑马场也在修建之中。灰色的学员大教堂刚竣工不久，高高地矗立在山上，镶着彩色玻璃的窗户在阳光下闪闪发光，厚实坚固的大理石拱门透露出一股典雅古朴的味道，色彩斑斓的战旗迎风飘扬。

在过去两年里，艾森豪威尔的体重增加了20磅，但没有一点赘肉。他身高近6英尺[①]，体重150磅，由于常年从事体育运动和繁重的体力劳动，他的身体非常结实。他的头发呈浅棕色，蓝色的眼睛大而清澈，鼻子和嘴巴显得有点大，但与他的大脑袋却很般配。他看东西时目光专注，喜欢咧嘴浅笑，有一种让人难以抗拒的魅力。他的脸部表情也很丰富，生气时满脸通红，高兴时容光焕发，与人意见不一致时则显得脸色凝重。

最重要的是，他非常了解自己和自身的能力。当他登上东去的列车时，丝毫没有年轻人常有的迷茫和失落，而是信心十足。

当他来到西点军校时，新学员正分别办理入学手续及接受严格的队列训练。在炙热的阳光下，学员们在操场上排成方阵，跟着教官的口令认真操练。迟到的学员穿梭于各幢大楼缴费、领被褥，气氛严肃而有条不紊。艾森豪威尔知道自己不能再像个肆意妄为的孩子了，他决心跟以往的自己告别，做一个合格的美国军人。

这一年的新生有650人，组成一个营，从A到F，分成6个连，每个连由一名军官指挥。其中1911年入学的有287名新学员（是当时西点人数最多的一年），但实际毕业的只有162人——淘汰率达44%。

西点军校的管理制度非常苛刻，让初来乍到的艾森豪威尔吃了不少苦头。而他眼前的西点军校也令他非常失望，根本不是他想象的那样富丽堂皇，只不过是一所坐落于荒凉闭塞的山沟里的学校而已，它比阿比林更为闭塞，与世隔绝的程度更深，但两者又有着相似的自满思想，对于既有的真理有着充分的信仰，而这种真理又坚定了艾森豪威尔在成长过程中学到的信念。

一年级的学员被按照身高分配到新兵连。艾森豪威尔身材很高，被分到了F连。按照惯例，当天下午稍晚的时候，1911级的全体学员穿戴整齐，在著名的“西点平原”集合，参加第一次检阅。伴随着礼炮和乐队演奏的军歌，这些年轻人笨拙而骄傲地齐步前进，然后宣誓正式

---

① 1英尺=0.3048米。

成为军校的学员。

在接下来的 3 个星期里，新学员们领教了“野兽兵营”的滋味。他们住在“西点平原”边上修建的帐篷城里，接受基本的军事技能和仪式训练，每天都有无数的操练、执勤、检阅。后来，艾森豪威尔回忆 1911 年夏天时说：“没有任何一种动物比无所不在的新生教员更讨厌、更有害。”所幸阿比林的童年生活练就了艾森豪威尔吃苦耐劳的品性，因此，面对高温、呵斥、最陈腐的命令、经常性的训练以及高年级学员的骚扰等，他都一一熬了过来。

对于新学员来说，首先在西点学到的一个规矩是，向所有的军官敬礼，而且来不得半点含糊：不要犹豫，只管敬礼。在这件事上，艾森豪威尔还遇到了一件趣事，当时学校的乐队经过一条街道，他遇到了一个他所见过的穿戴最漂亮的人。他犹豫了一秒钟，接着就立正，举手敬礼，但是对方并没有回礼。于是，他又敬了一个礼，但对方依然如故。等到敬第三个礼时，他才意识到那人原来是个鼓手。

对于西点军校，艾森豪威尔的第一印象是好坏参半，其中很大部分原因是一些高年级学员对低年级学员进行戏弄和侮辱。他们强迫新学员做供他们取笑的各种动作及背诵无聊的故事和诗篇，有些老生简直让人无法忍受。艾森豪威尔同寝室一位来自加利福尼亚州的新学员，同样是怀着一颗报国心来参军的，他在来的第一天晚上便哭泣不已，以后夜夜如此。艾森豪威尔劝他说，别人能经受住考验，他也理应能经受住考验，但那位室友哽咽着说：“我再也受不了了！”不久他便离开了西点军校。

艾森豪威尔痛恨西点军校里折磨新生的陋习，他是新学员时如此，成为二年级学员后也仍然如此。只有一次他忍不住想收拾新学员，当时他刚升入三年级，被一个正在执行命令的新学员在街上撞了一下，结果对方反而跌倒在地。他假装“又惊又怒”地大吼一声，用嘲弄的口气问道：“笨蛋加德先生，你以前服过什么苦役吗?”接着又讽刺地说：“你看上去像是理发师嘛。”新学员回过神来，轻声答道：“长官，我以前的确是理发师。”

艾森豪威尔脸红了，他一声不响地回到自己的房间，对室友霍奇森说道："这辈子我再也不欺负新学员了，除非他们再在街上把我撞倒。我刚才做了件无法饶恕的蠢事，有个人凭自己的手艺谋生，我却想拿这件事来取笑他。"

渐渐地，艾森豪威尔适应了西点军校的生活。他发现这所学校致力于向学生灌输崇拜西点英雄的历史现实感。尤利西斯·格兰特[①]、罗伯特·李[②]、威廉·谢尔曼[③]、温菲尔德·斯科特[④]、乔治·卡斯特[⑤]都在这里待过。这一切令热爱军事史的艾森豪威尔如痴如醉。他经常利用宝贵的空余时间在大操场上徘徊，静静地思考西点军校在美国革命中的重要作用。在这个过程中，西点军校给他留下了另一个深刻的印象：礼仪，传统，让人感受到了军人的英姿。学员们穿着笔挺的军服，踏着军乐的节拍，威武地行进着。在宣誓效忠祖国，成为美国陆军的一分子时，他感到"美利坚合众国"这几个字对他来说有了新的含义，自那时起，他将为自己的祖国服务。

不过，艾森豪威尔并非人们想象中的好学生，恰恰相反，他在西点军校时极为叛逆。当时，美国普通大学正在摆脱 19 世纪各种清规戒律的束缚，但西点仍沿袭自 1817 年建校以来的传统。学校对学员的培养目标首先是要养成军人品质，一切行动都要循规蹈矩。从清晨吹响起床号到晚上闭上眼睛进入梦乡，一天的活动都排得满满的。即使是功课，也只需要学生背诵现成的答案和解题步骤。

艾森豪威尔能够忍受冬天像冰窖、夏天像火炉的住房，也能够忍受

---

① 尤利西斯·格兰特（1822—1885）：美国陆军上将、第 18 任美国总统，美国南北战争后期任联邦军总司令。

② 罗伯特·李（1807—1870）：美国南北战争期间任南方联盟军总司令。1865 年在联盟军弹尽粮绝的情况下投降。

③ 威廉·谢尔曼（1820—1891）：美国陆军上将，南北战争期间任联邦军西部战区司令，战后任美国陆军司令。

④ 温菲尔德·斯科特（1786—1866）：美国历史上任期最长的军队统帅，1861 年内战爆发后出任联邦军总司令。

⑤ 乔治·卡斯特（1839—1876）：美国南北战争期间联邦军将领，战绩卓著。美国历史上最有名的第 7 骑兵团就出自其手。

粗糙无味的饮食和无休止的操练，但实在无法严格遵守各项规章制度，对于向往自由的他来说，违反规定似乎是家常便饭。

学校严禁吸烟，而他偏偏学吸烟。他抽的是自己手卷的烟。他的室友不喜欢他弄得寝室里乌烟瘴气，不像个军人寝室。其他新学员也为他提心吊胆，但他仍然我行我素，结果好几次被军官逮住，罚做几个小时的步操或关禁闭。此后他还是屡教不改，就像在跟军官较劲似的。这只是他诸多叛逆之举的冰山一角而已。在同届毕业的 164 名学员中，他的品德名次排在第 125 名，但他毫不在乎。他后来说道："我不喜欢那些终日为记过和成绩差而担心的同学。""二战"爆发后，他得知自己的同学晋升将军，还笑话说："天啊，他一直以来都是个胆小鬼，不敢违反任何一条规定。"

有一次，艾森豪威尔参加舞会时遇到了一位女孩，他们都很喜欢快速旋转。但是，女孩穿着长裙在旋转的时候露出了小腿，结果被校领导视为"有伤风化"，并警告他不许再犯。

几个月以后，艾森豪威尔和那个女孩在另一个舞会上又遇见了，他把上一次的警告忘了个精光。这一次，他被校长痛骂了一顿，斥责他不但舞姿放肆，而且无视训诫。之后，他被从中士降为二等兵，还得"在军营中禁闭一个月，其间每周三、日下午罚做正步操练"。

还有一次，艾森豪威尔和一个新学员因违规而被抓，班长命令他们熄灯后"着正装"到他的办公室听训。但他们不服管教，只穿了上装就去班长那里报到。班长勃然大怒，命令他们必须身着全套军服，扛上枪，扎上皮带回来听训。如果少穿一样东西，就让他们一周之内天天晚上来这里。最后他们不得不妥协，但能够捉弄一下班长，他们觉得很开心。

艾森豪威尔从小就非常喜欢橄榄球，到西点军校后也不例外。体育是他生活中的重要组成部分。他后来表示，他"除了体育之外，对别的活动几乎没有什么兴趣，只是想简单地完成大学教育了事"。他在学校的棒球队里得到了一个位置，但教练不喜欢他打球的风格，因此，他从未打完过一场完整的比赛。因为跑步很快，他还被选进了学校的健身球队。总的来说，在西点军校的第一年，他在体育上并不称心如意。

刚到西点军校时，他的体重是 150 磅，为了让自己更加强壮，以加入橄榄球队，整个冬天他都在努力多吃一些。到 1912 年秋天，第二年春季，他的体重达到了 174 磅，在速度、体能和身材方面都进步明显。他决心成为校橄榄球队的一员。在第一场练习赛中，他表现出色，斗志昂扬。不久，陆军队的明星球员杰弗里·凯斯在首次比赛前受伤，艾森豪威尔抓住了这次机会，代替杰弗里·凯斯参加比赛，并率领陆军队首战击败史蒂文斯理工学院队，第二周又率队战胜拉特格斯队，成为明星。

《纽约时报》认为艾森豪威尔是“东部橄榄球队中最有前途的后卫之一”，并登载了他凌空射球的大幅照片。战胜科尔盖特队后，西点军校年刊称“艾森豪威尔在第四节的比赛中无人能挡”。可惜好景不长，在与塔夫斯队的一次比赛中，艾森豪威尔扭伤了膝盖，不得不退出比赛。他在医院接受了数日治疗，希望自己能够尽快康复，以参加本赛季与海军的决赛。但是，他在马术厅练习“猢狲跳”（从飞奔的马背上跳下再跳上）又出了意外。

据一位同学回忆说：“当时，他（艾森豪威尔）的腿上还打着石膏。他说教官同意他不参加行进训练，但没有说不参加骑术训练的事。”于是，他和其他同学一起参加了骑术训练。因为不知道艾森豪威尔行动不便，教官要求他参加包括下马在内的全部训练内容。艾森豪威尔没作任何解释，坚持完成了训练任务，整整一个下午，他反复练习上下马动作，“膝盖的疼痛，随着每一次运动而加剧，但他咬紧牙关，一声不吭，直到他眼前发黑，什么都看不见为止”。

医生告诉他不能再打橄榄球了。这使他深陷抑郁之中，甚至萌生了退学的想法，室友几经苦劝才使他打消这个念头。他后来回忆道：“生活索然无味，壮志雄心丧失殆尽。”他的学业也因此受到了影响。之前他在班里 212 人中名列第 57 位，但到二年级膝盖受伤后，他在 177 人的班上仅排第 81 位。

有段时间，为了将来有一天能够超过埃德加，艾森豪威尔还钻研科学拳击法，没想到他那扭伤过的膝盖又受伤了，于是再一次躺到了医务室里。他的伤一直没有痊愈，而且在他后半生一直折磨着他，直到他去世。他把这个新的残障视为耻辱，它改变了他的生活，还剥夺了他从事体育运动的机会。他曾试图通过跑步来帮助膝盖恢复，但是被告知他的膝盖承受不了跑步的压力，否则很容易再次撕裂。

橄榄球和其他体育活动都远离了艾森豪威尔的生活，为此他十分沮丧。之后在同学们的劝说下，他最终恢复了理智。他曾悲痛地说："生活似乎失去了意义。一种超越的需要消失了。"

最终，艾森豪威尔还是保持了与自己深爱的橄榄球之间的亲密关系。他开始研究错综复杂的球赛，之后又担任低年级代表队的教练。他在工作中兢兢业业，获得了众人的认可，不但向校队输送了多名球员，而且率队赢得了大部分比赛。可以说，教练生涯展示了他最优秀的品质：组织能力强，精力充沛，知人善任。

"二战"期间，有些同僚认为艾森豪威尔的军事指挥跟优秀的教练在场边来回走动，催促球队向前进攻的做法非常相似。在与军队指挥官进行私下谈话时，他经常使用大量的橄榄球术语，要求部下"实施迂回""直接进攻""突破防线"，直至"达阵得分"。他在去世之前写道："我相信，和其他运动相比，橄榄球更能培养人们吃苦耐劳、团结合作、自信与勇于奉献的精神"。

在西点军校，一切都要按照规章制度来执行。西点的首要目标是培养军人品质，起床、睡觉、运动的时间都是固定的，甚至连上楼梯也规定了必须一步迈两级台阶。西点军校就是要把出身不同、性格迥异的各地学员锤炼成为职业军人的固定模式，把他们所有的棱角和个性都无情地削掉、磨平。在西点军校，任何人都不能有个人英雄主义，任何人都不能奢望做一个"特殊学员"，哪怕他是总统的儿子。

艾森豪威尔非常喜欢灵活的军事课程，对教条类的课程并不感冒。而教员都毕业于美国军事院校，接受过严格的军事训练，但同时也造就了他们拘泥、死板的性格。艾森豪威尔最擅长的学科是数学。有些学员要花上几天时间，绞尽脑汁才能解的一道题，他在半个小时内就能算出来。

有一次，艾森豪威尔在数学课上走神，教员罚他在黑板上计算一道又长又复杂的数学题。教员此前讲过这道题，并且有解题的思路和答案。艾森豪威尔没有认真听讲，因为他知道教员完全是在生搬硬套。当他被点到名字时，“根本不知道从哪里下手”，经过思考，他尝试了一种新的解法，令人惊奇的是，这种解法完全可行。教员最初没有理解，艾森豪威尔还为他解释了一下。事实证明，新解法的确比答案提供的解法更为简捷。但教员非常生气，认为艾森豪威尔先记住了答案，然后写一大堆毫无意义的数字和步骤来糊弄人。

艾森豪威尔无法忍受别人这样冤枉他，于是大声抗议，眼看就要因为不服从上级而被开除，这时，一位长官听到了他们的争吵，走进来追问发生了什么事。艾森豪威尔从头到尾解释了一遍。那位长官看了看艾森豪威尔解的题，表示新解法要优于系里原先采用的答案，于是下令将这一解法应用到数学系的教材之中。

这件事只是个例，在西点军校大部分的课程中，极少采取这种灵活、宽容的处理方法。多数情况下学员只能死记硬背，根本没有讨论或分析的余地。死记硬背对艾森豪威尔来说并不难，他不费吹灰之力便名列班里的中上游。而对其他科目，他则甘居中游。他喜欢与同学们展开竞争，这些同学和他很相像，大都是生于农村或小城镇的白人，出身中产阶层，聪明而健壮。

另一方面，西点军校这种军事化的僵化管理也造就了一大批军事奇才。艾森豪威尔所在的班后来成为西点军校历史上最著名的班，“可谓将星云集”。在 164 名学员中，获得准将或更高军衔的有 59 人，其中 3 人为四星上将，2 人成为五星上将。这些人包括弗农·普里查德、乔治·斯特拉特迈耶、查尔斯·赖德、斯塔福德·欧文、约瑟夫·麦克纳尼①、詹姆斯·范弗利特、休伯特·哈蒙和奥马尔·布莱德雷②。艾森

① 约瑟夫·麦克纳尼（1893—1972）：美国陆军上将。历任马歇尔将军的副参谋长、北非美军司令、地中海美军司令、驻欧洲美军司令。

② 奥马尔·布莱德雷（1893—1981）：美国著名军事家、统帅，陆军五星上将。“二战”期间美军在北非战场和欧洲战场的主要指挥官。“二战”结束后担任过美国陆军参谋长、参谋长联席会议主席。

豪威尔和他们都很熟悉，也很喜欢他们。布莱德雷更是和他意气相投，两人成了很要好的朋友。

美国陆军五星上将 布莱德雷

1915 年 6 月 12 日是艾森豪威尔毕业的日子。转眼 4 年过去了，根据惯例，艾森豪威尔的父母被邀请参加毕业典礼。这 4 年是艾森豪威尔为今后的军旅生涯打下坚实基础的 4 年，在这里他接受了系统的军事教育，从一个不谙世事的少年成长为一名果敢威武的军人。

在西点军校，艾森豪威尔认识到，一名优秀的军官是具有高尚动机的人，是把自己的一生奉献给祖国的人，是能够审时度势、当机立断、善于决策的领袖。荣誉感和军人意识迫使他努力做到诚实和真诚，而憎恶欺诈、模棱两可或者闪烁其词。作为一名军人，他重视军阶的权力和责任，对自己的职业感到自豪。

西点军校考试委员会决定授予艾森豪威尔美军少尉军衔，但老师们对他在学校的表现很不满意，认为他是个麻烦生，所以没有极力推荐他，这使他在军队里的前途不太乐观。有人甚至认为，最好的解决办法是将他送到阿根廷，当一名 20 世纪的牛仔。这一方面是因为他的学习成绩比其他同学差，另一方面是因为医生怀疑他那受伤的膝盖能否适应继续服役。

当时美国的军队只有 12 万人，西点军校和其他军校每年的毕业生大大超出了部队所需要的军官人数。如果因病提前退役，政府就不得不发放抚恤金，为此，政府非常慎重，一般不会委派身有残障的人。

毕业前夕，西点军校的医务所所长肖上校和艾森豪威尔作了一次谈话。

肖上校开门见山地说："艾森豪威尔同学，我必须告诉你，由于你的腿伤，即使你取得毕业文凭，也不适合在军队中服役。"说到这里，肖上校又安慰他说："对此我感到很遗憾，但是你也知道，目前我们的军队无法提供更多的职位。"

艾森豪威尔听了，很平静地说："谢谢上校先生，我也感到非常遗憾。不过，我觉得我还可以做很多事情。"

"噢?"肖上校饶有兴致地看着他，问道，"你准备干什么呢?"

"一直以来，我都对阿根廷很感兴趣，它就像美国古老的西部一样神秘莫测。如果有机会，我很乐意去那里见识一下，甚至住上几年。"艾森豪威尔说，"在那里当一名 20 世纪的牛仔，也很不错嘛。"

艾森豪威尔的乐观和勇敢感动了肖上校，使他产生了帮助艾森豪威尔的想法："这样吧，如果你同意不申报骑兵，我很乐意向校方建议派你下部队。"

就这样，艾森豪威尔选择了步兵。尽管如此，他仍非常乐观，觉得自己应该被委派去菲律宾，甚至能得到去热带服役所需要的白色制服。然而，他的希望落空了，他被派到了得克萨斯州圣安东尼奥的萨姆 - 休斯敦堡服役。

与玛米·杜德结缘

在正式服役之前，艾森豪威尔回到家乡跟家人一起生活了一段时间，其间他认识了一个名叫格拉迪斯·哈定的女孩。格拉迪斯性格开朗，皮肤白皙，他们见面几次后就彼此有了好感。

1915 年 8 月，艾森豪威尔前往得克萨斯州的萨姆－休斯敦堡赴任。

萨姆－休斯敦堡有着优美的砖石建筑、著名的四方形广场，以及宽松的气氛，是最受军官们欢迎和向往的任职地之一。

和平时期，在一处颇具声望的军事要塞中服役是件很舒服的事情。自 1845 年得克萨斯加入美国以来，萨姆－休斯敦堡一直是一座军事要塞。它最初被叫作“圣安东尼奥要塞”，1890 年，为纪念得克萨斯之父而改名为萨姆－休斯敦堡。因为许多军官都在这里结了婚，所以后来萨姆堡（萨姆－休斯敦堡非正式的名称）有了一个外号，叫“陆军的丈母娘”。总体而言，这里的生活节奏并不快，除了完成军事任务以外，有很多时间可以开展体育活动和社交。

这段时间，初次陷入爱河的艾森豪威尔给格拉迪斯写了不少情书。他在信中写道：“我现在最希望听到的是你对我说那三个字……因为我爱你，也希望你能明白我的心，像我一样，对爱深信不疑，像信任你父亲那样信任我。”“你的爱就是我的整个世界。其他的一切都微不足道。”读到格拉迪斯的信，他又写道：“我的眼中充满泪水，我只想停下来一遍遍轻呼你的名字。格拉迪斯，我爱你。美丽的姑娘，我现在要把你的信再读一遍。我要在梦中与你相见。不管是在梦里还是在现实中，你都是我最亲爱、最亲密的朋友，你是我的甜心，永远的爱人。”

但是，他们最后并没有走到一起。格拉迪斯的父亲明确告诉自己的女儿，“那个当兵的”并不适合她。

那时的美国人普遍认为在陆军服役没有前途，工资微薄，当兵的都是那些与社会格格不入的人。正如巴顿的岳父把军队看成小偷和杀人犯的庇护所，当兵的人粗鲁、无法无天一样，格拉迪斯的父亲显然也抱有类似的看法。

另一个让格拉迪斯无法忽视的是艾森豪威尔的火爆脾气。有一次，艾森豪威尔和几个朋友一起喝了很多私酿的威士忌，之后他们来到一家咖啡店，艾森豪威尔试图教他的朋友们几首他在西点军校学到的歌曲，但是他唱得实在太糟糕了。店主屡次劝他别唱了，否则就把他赶出去。艾森豪威尔生气地威胁说看谁敢动他。接着，他一拳打穿了咖啡店的墙壁，结果手被卡在了墙里。最后人们用刀把墙挖开，才把他的手弄出来。

可能是由于父亲的反对，也可能是格拉迪斯想当一名职业钢琴师，她开始敷衍艾森豪威尔。艾森豪威尔无奈之余只得作罢，后来他们有了各自的婚姻，过着不同的生活。艾森豪威尔成为总统后，格拉迪斯将他的情书与一支凋谢的玫瑰放在一起交给了自己的儿子。

在得克萨斯州服役期间，周围的一切让艾森豪威尔备感亲切，这里有着一望无际的原野，有着和阿比林一样的牛仔、气候和景观。他在军务之余喜欢在广阔的草原上纵马奔驰。与同僚的交往和喜爱的桥牌，暂时缓解了失恋对他造成的打击。服役意味着享福。有点能力的军官在中午前或更早些就可以完成当天的任务，在余下的时间里愉快地参加社交活动：参加舞会、进行正式或私人拜访、参加单身汉联欢会、玩扑克牌。这些恰好与艾森豪威尔爱好交际的性格不谋而合。他结交了沃尔顿·沃克①、伦纳德·杰罗②和韦德·海斯利普③等终身挚友，后来这些人都荣升为四星上将，成为艾森豪威尔军事生涯中不可缺少的伙伴。

因为在西点军校的时候担任过橄榄球教练，所以艾森豪威尔一到萨姆－休斯敦堡就有人慕名而来，请他出任当地一所军事学校的橄榄球教练，比赛季节薪金为 150 美元。艾森豪威尔推脱说军官上午要执行任

---

① 沃尔顿·沃克（1889—1950）：美国陆军上将。“二战”期间，美军第 20 军在他的指挥下推进迅速，有“幽灵军”之称。

② 伦纳德·杰罗（1888—1972）：美国陆军上将。“二战”期间，美国第 1 集团军第 5 军军长，参加过诺曼底登陆战、阿登战役。

③ 韦德·海斯利普（1889—1971）：美国陆军上将。“二战”期间，担任第 15 军军长，参加过诺曼底登陆战。战后任美地面部队参谋长。

务，下午也有事要干，婉言谢绝了。隔了几天，萨姆－休斯敦堡要塞司令弗雷德里克·芬斯顿少将对他说："如果你愿意接受聘请的话，我会非常高兴，而且这对军队来说也是莫大的荣幸。"艾森豪威尔不敢再推辞，只得答应下来，并很快走马上任，还取得了不错的成绩。在 1916 年的赛季里，他被提升为大学队的教练，在圣路易斯学院任职。这所学校的橄榄球队一直处于低迷状态，在艾森豪威尔的指导下，球队焕然一新，有了很大的进步，在之后的比赛中表现出色。这使艾森豪威尔越发得到上层军官的喜欢。

这时艾森豪威尔仍然迷恋着格拉迪斯。他在给格拉迪斯的信中写道："我必须给你写信，我感到悲伤和孤独。不管什么原因，当我心烦意乱时，根本无法享受生活。去年夏天，我是那么快乐。而现在——似乎你是某种无法抓住的东西——就像你所说的那样……我现在浑浑噩噩地过着每一天，把所有的夜晚都用来思念你。我活在记忆中，活在希望里。你是那么的可爱、甜蜜，我想你都快想疯了……给我写信吧，写得越多越好——告诉我所有我想听的话……我的姑娘——不管做什么事情，我都会想到你——或者想为什么你就是我的全部。"署名后，他又写道："我的姑娘，我对你一直是真心的。"

不过，他在不久后便转移了自己的情感重心。1915 年 10 月一个星期天的下午，秋高气爽，景色宜人，对艾森豪威尔来说，一切和平时没什么两样。这天他担任值日官。他身着笔挺的军装，一双军靴擦得锃亮，腰挎左轮手枪，从单身军官宿舍区走出来查岗。他身姿挺拔，有一种军人特有的威严。

在街道对面军官俱乐部的草坪上，几位军官夫人正躺在帆布椅上晒太阳。艾森豪威尔顺路走过去，很有礼貌地跟她们打招呼，这时，其中的一个女孩引起了他的注意。他后来回忆道："有一个女孩马上吸引了我的注意力。她活泼可爱，身材娇小，表情丰富，举手投足颇为俏皮。"这个女孩身着浆洗过的白色亚麻布连衣裙，头戴黑色宽边帽，刚到得克萨斯州来度假（夏天她住在丹佛），正在萨姆－休斯敦堡看望朋友。她的名字叫玛丽·杜德，刚满 18 岁，大家都叫她"玛米"。看到身材魁梧、全副武装的艾森豪威尔昂首阔步地从单身军官宿舍区走出来，她的第一印象是“这个人长得真壮实”；当他走近时，她又觉得“他应该是我见过的最帅的男士”。

艾森豪威尔和玛米彼此的第一印象都很好，当艾森豪威尔邀请玛米一起巡视营区时，她很爽快地答应了。他们边走边聊，话语非常投机，艾森豪威尔似乎一下子坚信：这个姑娘应成为他的妻子。随后，他展开了疯狂的追求。

不过，追求玛米并非易事。美丽而富有的玛米有许多追求者，贫穷的艾森豪威尔必须拿出自己的诚意来，他想博得玛米家人的喜欢，于是想去拜访她的家人。玛米礼貌地回绝了艾森豪威尔关于拜访她家的请求。第二天，玛米外出回到家里，侍女对她说有一个叫艾什么的先生整个下午每隔一刻钟就来找她一次。接着，电话铃响了，艾森豪威尔正式约请玛米晚上一起跳舞，但再一次被玛米拒绝。连续几天，艾森豪威尔不断地发出邀请，而玛米则一再拒绝，最后两人约定 4 个星期之后去跳一次舞。

艾森豪威尔最终赢得了玛米的欢心，两人坠入爱河。玛米的家人也很喜欢艾森豪威尔，这使玛米很高兴，因为她和家人非常亲密，尤其崇拜父亲。约翰·杜德膝下无子，不久就把艾森豪威尔当做亲生儿子看待了。艾森豪威尔非常尊重杜德夫人，即使玛米不在家也常去看望夫人，他的热情影响了杜德全家。此前除了父亲以外，杜德家的人对体育都不感兴趣，但艾森豪威尔不厌其烦地谈论他担任教练的那个球队，以至于杜德全家也开始去观看比赛。不久，连女孩们也疯狂地为“艾森豪威尔的孩子们”欢呼叫好。艾森豪威尔说服玛米取消所有的约会，每晚和他双双外出。他每月的薪金是 141. 60 美元，加上打牌赢的钱以及担任教练的薪金，只能让他们在墨西哥人的饭馆里花几美元吃一顿，然后每周光顾轻歌舞剧场一次。为了省钱，他从不到店里去买雪茄，而是自己卷烟卷。

1916 年情人节那天，玛米接受了艾森豪威尔的求婚。他在订婚仪式上戴上了西点军校的纪念戒。玛米的父亲提出婚礼可以在 11 月份举行，因为那时玛米才年满 20 岁。杜德先生告诉艾森豪威尔，小夫妻在花费方面只能自力更生，而且玛米可能很难适应军属生活，因为她在家时有用人服侍，经济方面也很宽裕。他和女儿深谈了这个问题，艾森豪威尔是个军人，而且不富裕，结婚后不但经常要和丈夫分开，更要不时为他担心。但玛米态度非常坚定，愿意跟艾森豪威尔在一起，哪怕是过漂泊不定的生活。她说她已经做好了充分的准备，只要跟艾森豪威尔在一起，什么苦都不怕。

1916 年春，因为战备工作，军队几乎进入战时状态，加上美国参加大战的可能性不断增加，艾森豪威尔和玛米决定提前举行婚礼。1916 年 7 月 1 日，他们在杜德家宽敞的客厅里举行了婚礼。艾森豪威尔穿着一身白色的军礼服，因为怕弄皱了衣服，他都不敢坐下。玛米穿着一件法式香蒂莉花边连衣裙，额前梳了个刘海。杜德的私人司机将新婚夫妇送到科罗拉多州的埃尔多拉多温泉。享受了两天的蜜月假之后，小夫妻乘火车前往阿比林，与艾森豪威尔的家人见面。

艾森豪威尔的父母早早就等候在家里，一见面他们就喜欢上了玛米，说很高兴终于有了个女儿。玛米也觉得艾森豪威尔的家人很亲切。艾森豪威尔的兄弟们都非常热情，一家人其乐融融地在一起吃了顿早饭。

随后，艾森豪威尔和玛米回到了萨姆 – 休斯敦堡，他的朋友和同事纷纷前来祝贺，给他们送来各种急需的物品作为礼物。他们搬进了艾森豪威尔在步兵街单身军官宿舍的一套三居室宿舍里。

玛米面对着一个全然陌生的环境，狭窄的、缺少便利设施的军队宿舍，取代了她昔日舒适、奢侈的家。她以每个月 5 美元的价格租了一架钢琴，艾森豪威尔克则在卧室里安了一台木头冰箱。

多年以后，玛米坦白说，结婚的时候，除了彼此相爱，她和艾森豪威尔之间并没有多少共同之处。玛米不会做饭，她的母亲曾经对她说："如果你不会做饭，就不会有人让你做饭。"她甚至没有自己铺过床。因为所有的家务都有仆人代办。刚开始，他们每天都在军官俱乐部里吃饭，但是费用显然太高了，往往还没到月底，艾森豪威尔的薪水就花光了。所幸艾森豪威尔是个烹饪专家，基本能够解决两人的日常伙食。后来，玛米终于同意学习一些基本的做饭技能，这以后，他们就每天都在家里吃饭了。

艾森豪威尔一直以能娶到玛米而自豪不已。作为军人的家属，她跟丈夫一样殷勤好客。在一个众人熟知彼此收入的社区中，没有必要摆阔气。夫妻俩用青豆、米饭和啤酒招待前来做客的各级军官和他们的夫人。玛米还教会了丈夫一些社交礼仪。他们的儿子约翰后来对采访的记者说："母亲帮助来自堪萨斯的父亲改掉了鲁莽粗糙的一面，教他怎样优雅处世，使他受益匪浅。"

艾森豪威尔热爱户外活动、比赛和各种体育运动，而玛米对此并不感兴趣。不过，他们都喜欢聊天、打牌和招待客人。最难能可贵的是，面对琐事，玛米从无怨言。他们结婚 35 年，搬了 35 次家，直到 1953 年才算真正安顿下来。

作为家庭主妇，玛米虽然毫无经验，但她努力让自己成为一个优秀的军人妻子，她说："也许你对自己的丈夫帮助不大，但是你能对他造成巨大的伤害。"后来，当玛米回首自己的婚姻生活时，她说："我会每天对上帝说：'我很感激……'我不知道应该如何解释，但是每件事都是确定的，就好像已经安排好了一样。但这不是我们安排的，是上帝安排的。"

她从不公开表达自己的观点，也从不公开发表与艾森豪威尔不同的意见。她曾对自己的孙媳妇说："天上只能有一颗星星，与艾克相处也只能有一种方式，那就是让他保持自己的方式。"

随着时间的流逝，玛米对艾森豪威尔的影响越来越大。她精打细算，从母亲那里学会了怎样制定家庭开支预算，怎样一丝不苟地记账以及怎样节约。

就在他们结婚当天，艾森豪威尔被提升为中尉，每个月薪金多了 50 美元。约翰·杜德宣称不会给他们提供经济资助，他们必须学会依靠艾森豪威尔的收入生活。不过，在艾森豪威尔和玛米的第一个孩子出生后，约翰·杜德每个月给玛米 100 美元。在艰难的战争岁月和大萧条时期，这笔资助使得艾森豪威尔能够继续留在军队里。

从未参战的军官

婚后艾森豪威尔的生活可以说十分安逸，唯一的苦恼是始终得不到参加实战的机会。这也导致“二战”期间，当他被破格提拔为盟军的总指挥官时，以伯纳德·蒙哥马利①为首的一批身经百战的将军心里很不服气，因为艾森豪威尔从来没有指挥过军队作战。这一点确实不假，在“二战”爆发之前，艾森豪威尔既没听到过子弹从他头上呼啸而过的声音，也没率领过士兵冲锋陷阵。

1915 年到 1916 年冬，美国和墨西哥在边境发生了军事冲突。潘乔·维拉②率领的墨西哥非正规军攻击了美国新墨西哥州的哥伦布地区，美国立刻派约翰·潘兴③将军率领远征军前去迎敌。艾森豪威尔听说后申请参战但被拒绝。相反，陆军部将他派到边境的一个团去负责训练工作。艾森豪威尔为此很生气地讽刺陆军部是一个“笼罩在迷雾里的部门”。

这个团大部分是来自芝加哥的爱尔兰人，因此被称作“战斗的爱尔兰人”。由于装备很差、缺乏训练、不服管教，这个团不像一个军事组织，反而更像一个社会组织。艾森豪威尔主要负责监督训练、组织阵地战中的进攻，这需要挖大量的战壕，还要练习在两点之间来回运动。幸运的是，他和这些士兵相处融洽，得到了士兵们的尊敬和爱戴。这一经历是他早期军事生涯中的一座里程碑，激励着他更加严肃地对待自己的职业。

不久，潘兴的讨伐部队凯旋，但并没有逮住维拉，所以美国一直处

---

① 伯纳德·蒙哥马利（1887—1976）：英国陆军元帅、军事家，以成功掩护敦刻尔克大撤退而闻名于世。阿拉曼战役、西西里登陆、诺曼底登陆，是他军事生涯的三大杰作。

② 潘乔·维拉（1878—1923）：墨西哥革命时期的著名军事家之一，以枪法准而著称。

③ 约翰·潘兴（1860—1948）：美国著名军事家、陆军特级上将，“一战”期间担任美国远征军司令，战后任美国陆军参谋长。

于备战状态。艾森豪威尔又被派到新成立的陆军正规部队的一个团——第 57 步兵团担任军需官。有 3000 名新兵将来到萨姆 - 休斯敦堡边上的威尔逊军营，上级给他 3 天时间进行准备。艾森豪威尔了解在军队里做事的基本诀窍，他与军需主任结为朋友，成功地得到了更多的帐篷、步枪、军鞋、军服等。他还学会了另一个窍门，下级军官如果抱怨伙食不好，便会被派去担任伙食军官。此外，为了让上级高兴，他每天早上 4 点就起床，骑马到营房边打野鸽子给上级做早餐，并在早上 8 点准时端上桌。由于他对工作表现出了极大的兴趣和热情，并全身心地投入，不久便当上了伙食军官。

1917 年 4 月，美国参加第一次世界大战。这时艾森豪威尔仍然在第 57 步兵团当军需官，他发挥自身的才能，出色地完成了工作。上级在他的档案中给予了好评，并晋升他为上尉。他想要参战，想去法国，觉得只训练部队而不参战，就像带着球队训练了一周却没能在周日参加比赛一样。与普通的美国民众相比，他对战争更为好奇。

为了上战场，他不断地向上级提交申请书，9 月中旬，命令终于下达了，但是派他到佐治亚州奥格尔索普堡做培训候补军官。艾森豪威尔非常愤怒，但又不得不服从命令。

在佐治亚州，他带领部队修建了一些模拟训练场。训练场里战壕交错，掩体密布，他和受训人员一起住在那里，在荒地上练习冲锋。

这里的生活苦多乐少，最大的苦处就是玛米怀孕了，而他却不能陪伴在玛米身边。除了偶尔外出，玛米几乎天天待在家里，等着孩子出生和艾森豪威尔定期回家。家里连收音机也没有，为了排遣寂寞，玛米靠织毛衣打发日子。1917 年 9 月 24 日，他们的第一个孩子出生了，是个男孩，玛米给他取名为杜德·艾森豪威尔，小名叫“艾基”。

这一时期，艾森豪威尔频繁地向陆军部打报告，请求到海外服役。但是，陆军部没有同意他的请求，反而责备他屡次要求调动。陆军部副官署署长还亲自写了一封信，责怪艾森豪威尔对工作挑三拣四。训练基地的指挥官米勒上校也因此训斥他说：“艾森豪威尔先生，难道你不明白军人就意味着服从吗？你这样多次申请出国参战的举动非常出格，要知道，陆军部从来不允许军官自己挑选岗位。如果你继续这样做，我将考虑给你处分。”

艾森豪威尔听了，气愤地反驳道：“长官，我只是想要上战场而已。如果我的申请违反了纪律，需要受到惩罚，也应该由陆军部来执行。”

米勒上校倒也同意艾森豪威尔的说法，于是委派他去执行一项“特殊的训练任务”，监督部队进行体育锻炼——刺杀、体操等。艾森豪威尔虽然感到失望，但还是认真地履行了自己的职责，并得到了上级和受训人员的一致好评。

1917 年 12 月，奥格尔索普堡突然被关闭了，艾森豪威尔被派往利文沃斯堡，到陆军总勤务与参谋学院①接受另一项训练任务。其间他回了一趟圣安东尼奥，与妻儿共度圣诞节。他把艾基抱在手上、放在膝上，做出各种滑稽古怪的动作来逗他，这与他的性格可谓大相径庭。1918 年 2 月，艾森豪威尔又被指派到马里兰州的米德军营当教官。这是位于巴尔的摩和华盛顿特区之间的一个军事基地。艾森豪威尔被安排到了工程兵部队，而这支部队将组建一支开赴海外的坦克部队。这也许是个参战的机会，他为此感到十分兴奋。

然而，米德军营的工作条件之差出乎艾森豪威尔的意料。这里是南北战争时期的军营，已经弃置不用多年，营房破烂不堪。更大的问题是，所谓的坦克训练营其实没有一辆真正的坦克，更不用说训练手册和有经验的训练军官了。但是艾森豪威尔没有放弃，他通过报纸了解战况，认真分析了康布雷战役②，当时英军首次使用坦克完成了突破，后因坦克数量不足而未能扩大战果，但是他已经看出坦克展示了巨大的潜力。

3 月中旬，艾森豪威尔接到命令，由他担任 301 坦克营营长，乘船

---

① 陆军总勤务与参谋学院：前身为 1881 年 3 月 7 日创办的步兵与骑兵学校，1901 年改名为“陆军总勤务与参谋学院”，1922—1939 年又先后改名为“陆军指挥与参谋学校”和“陆海军参谋学院”，1946 年 5 月改名为“陆军指挥与参谋学院”。

② 康布雷战役：“一战”期间，英军和德军在康布雷（法国城市）地区进行的一次战斗。

前往法国。他兴高采烈地来到纽约，查看港口方面是否已经为 301 营起程做好准备。他回忆道："部队能否顺利登船至关重要，容不得有半点疏忽。"可是，他回到米德军营后，满心欢喜却变成了失望之情。原来，陆军部改变了命令，出于对他的"组织能力"的认可，决定派他前往宾夕法尼亚州葛底斯堡战场附近的一个临时军事要塞——科尔特军营。陆军部打算对装甲部队进行调整，将它从第 65 工兵大队分出来，组建一支独立的坦克部队。坦克手就在科尔特军营接受训练，由艾森豪威尔指挥。

艾森豪威尔无可奈何，非常失落，但反过来一想，这也是一项美差。他将有上万名士兵和先进武器，这样一来，不但晋升大有希望，而且能够在城中租幢房子让妻儿与自己同住。

其实，上级之所以临时改变主意，还有一个重要原因是，他们经过深入分析，认为坦克在未来战争中将大有作为，所以要由一个能完全胜任的军官来担任训练官，而艾森豪威尔显然是最佳人选。

这项新任命可以说是"一切为了军队"的又一个完美例证。艾森豪威尔只能私下发泄自己的不满情绪。"在我认为上级因为官僚主义的疏漏……安排我去推磨的时候，我发现最好的治疗办法就是私下发泄一通，然后静下心来做手边的工作。"

科尔特军营位于葛底斯堡国家公园，建于 1917 年，第二年被扩大，可以容纳 400 人。这个地方缺乏最基本的生活设施，包括帐篷里的炉子。1918 年 4 月的一场大火把科尔特军营烧毁了。

艾森豪威尔没有让上级失望，他最大限度地利用能够找到的材料，将这里改建成一座一流的陆军兵营。他为部队要到了帐篷、食物和燃料，并且指挥官兵们进行操练、整顿风纪、成立了电报与汽车学校。到 7 月中旬，他已拥有 1 万名士兵和 600 名军官。

艾森豪威尔的部下克劳德·哈里斯说："艾森豪威尔治军严明，是个天生的军人，但他也重感情，为人着想。他在涉及官兵福利的事情上，考虑总是非常周全，这一点为他赢得了军官的敬佩与忠诚，能与之相比的指挥官实在是为数不多。"为了解决部队的装备问题，艾森豪威尔前往华盛顿，费了好一番口舌，终于说服陆军部拨给他一些旧舰炮。他用这些炮训练部下，直至他们能够熟练操作为止。他将机枪安装在平板卡车上，教士兵们在活动平台上进行射击。他还把大圆顶山当作靶场的挡弹墙，不久那里就枪炮齐鸣，声势胜过50年前的那场激战。

艾森豪威尔管理上的天赋，从他组建坦克部队就能够看得出来。有一次，士兵们偷偷去喝酒，艾森豪威尔一再警告酒店老板不要卖酒给士兵，但酒店老板却阳奉阴违。最后，当酒店老板又一次违反禁令的时候，艾森豪威尔派卫兵包围了酒店。老板第二天带着当地议员来到艾森豪威尔的办公室，要求他立即撤兵。那位议员还威胁说："如果你一意孤行的话，我们可以到陆军部去，并不得不考虑撤换你的问题。"但艾森豪威尔针锋相对地反唇相讥，说："悉听尊便！把我撤掉是最好不过的事了。那样，说不定我还可以去海外呢!"这事的结果出乎意料，不久，艾森豪威尔收到了陆军部部长助理写来的一封信，表扬他为军队的利益所做出的不懈努力。

尽管谁也没指望能用真坦克训练，但是在1918年6月，科尔特军营得到了一辆雷诺轻型坦克。这是美国人见到的第一辆坦克。艾森豪威尔认为这是一种"愉快的讽刺"——终于可以用真坦克来训练了。不久，科尔特军营又接收了2辆坦克和2名英国坦克教官。然而，坦克的弹药竟然没有一起运来，于是，训练又成了一种"模拟"。幸运的是，科尔特军营并不缺乏互动性和创新精神。艾森豪威尔和部属们在图书、杂志、军事手册里寻找种种能应用到坦克训练中的描述，想方设法地保持士气。他还经常给部队写信、发表演讲和做备忘录，后来在第二次世界大战期间，他仍然坚持这样做。

1918年10月14日是艾森豪威尔的28岁生日，上级晋升他为坦克团团长，授予临时中校军衔。同时，为了表彰他的工作，陆军部还奖给他一枚奖章，并在表彰令中指出："艾森豪威尔中校表现出了苦心孤诣、预见的才能以及对远涉重洋作战的坦克团全体人员进行组织、教学和训练方面的行政管理能力。"表彰令还确认了艾森豪威尔的确胜任教官的职责："他训练的部队以美军中最优秀的一支队伍而闻名。"同时，陆军部还命令他于 11 月 18 日起程前往法国指挥一支装甲部队。同盟国第一次统一了指挥，由斐迪南·福煦①元帅任最高统帅，正在为 1919 年春季大反攻做准备，届时将由坦克开道，艾森豪威尔乘坐第一辆坦克。在把玛米和艾基送上前往丹佛的火车后，艾森豪威尔便去纽约核实上级是否已为他的部下做好起程准备，确保去法国没有一丝一毫的差错。

可天不遂人愿，1918 年 11 月 11 日，德国人签署了停战协定。消息传来后，艾森豪威尔叹息道："我看我要用有生之年来解释为什么自己没有参战。上天作证，从现在起我会加倍努力，希望能够弥补这次损失。"失去这个机会不仅令人沮丧，而且可能扼杀他的事业。"一战"期间，他的同学奥马尔·布莱德雷同样没有得到去海外参战的机会，而被派去指挥一支安全部队，看守安纳康达的铜矿，以免无政府主义者跑来煽动罢工。布莱德雷对此同样十分失望，他说："那是我在美国陆军中最沮丧的时候。当时我热切地盼望去法国，在真正的战争中证明自己的军事才能……为了能去法国，我试过了所有能想到的办法。"但是不管如何，参战的希望已经破灭，艾森豪威尔不得不面对部队解散的现实。

在不到 6 个月的时间里，总共有 260 多万名士兵和 12.8 万名军官收到了退伍证明书。到 1920 年 1 月 1 日，美国军队的现役军人只有 13 万，并且仍在继续缩减，到 1935 年，美国军队中已经没有一支任何规模的、能立即投入战斗的部队，军队人数在世界上名列第 16 位。数以万计的军官奉命解甲，幸运的是，艾森豪威尔不在裁撤之列，因为他所服务过的上级对他的评语保护了他。

艾森豪威尔将数千名士兵解散，辛辛苦苦组建的科尔特军营也被拆毁了，坦克部队的其余人员将转移至佐治亚州的本宁堡。艾森豪威尔非常难受，一位职业军人在历史上重大的战争中失去了作战机会。他担心将来儿子问起他在战争中做了些什么，他该如何回答。他想象同僚们在

---

① 斐迪南·福煦（1851—1929）：法国元帅，"一战"期间任法军第 9 集团军司令、北方集团军群司令、法军总参谋长，战争后期任协约国联军总司令。

班级联谊会上谈论战争经历和战功，而他只能默默地坐着。有一次，他在本宁堡遇到一位曾到过法国的年轻军官抱怨在那里得不到晋升，他怒气冲冲地打断对方说："好了，你去过海外——这一点就应该抵得上晋升了。"

1919 年，艾森豪威尔的很多同学都得到了晋升，而且拥有丰富的作战经验。埃拉·韦尔伯恩上校看到了艾森豪威尔的表现，提名授予他优秀军功勋章。这枚勋章直到 1922 年才颁发下来，表彰艾森豪威尔"在组建坦克部队中所表现出的远见以及出色的行政管理才能"。这使艾森豪威尔失落的心情得到了一些安慰。

美国陆军四星上将　巴顿

按照美国军队的规定，在战争年代获得的临时军衔，在和平时期将予以取消。艾森豪威尔也经历了这个不愉快的过程。他担任坦克团团长时获得的中校军衔被取消了，于 1920 年 7 月 2 日重新成了少校。之后，他保持这个军衔长达 16 年之久。

部队转移到本宁堡只是暂时的，在停战协议宣布后，由于没有多少事情可做，艾森豪威尔有很多的空闲时间。1919 年 3 月，他接到了返回米德堡的命令。米德堡已经被选定为坦克部队的永久性基地。坦克部队经过重组，由美国坦克部队和美国远征军坦克部队组成，司令官是萨缪尔・罗肯巴克准将。艾森豪威尔不喜欢罗肯巴克，因为这位新上司直接命令他担任米德营的橄榄球队教练。而艾森豪威尔认为自己作为坦克部队的一名高级军官，不应该再担任教练。之后在罗肯巴克的批评下，艾森豪威尔很识趣地不再抗议了。1919 年至 1921 年，艾森豪威尔成功地担任了坦克学院橄榄球队的教练。罗肯巴克还写信称赞了他“非凡的努力”。

与此同时，艾森豪威尔还发挥主动性，找时间组织了一所夜校，给那些有抱负的陆军常备军军官教授战术、数学、历史等科目。

1919 年 3 月，乔治・巴顿率领的美国远征军坦克部队的剩余人员从法国回到了米德军营。巴顿继续担任第 304 坦克旅旅长，但不久便被调往华盛顿，担任坦克委员会的委员，负责编写正式的陆军条令和指导坦克部队行动的军事手册。巴顿离开期间，由艾森豪威尔临时担任 304 旅的指挥官。

1919 年秋，艾森豪威尔与巴顿在米德军营初次相遇。他们两人的性格和出身都很不同：巴顿出身于贵族家庭，热爱马球运动，在举止、服装和谈吐方面都异于常人。艾森豪威尔说脏话也很流利，但只有在熟人面前才会脱口而出；而巴顿总是脏话不离嘴，骂人的水平比骡夫更胜一筹。艾森豪威尔喜欢交朋结友，希望得到别人的喜爱与拥护；而巴顿一向我行我素，不在乎别人的看法。艾森豪威尔总会设法证明自己的意见与主张；而巴顿则刚愎自用，听不进别人的意见。艾森豪威尔沉着耐心，听天由命；而巴顿性格急躁，在事业上不愿受人管束。

尽管有着太多的不同，但他们也有很多相同之处。他们都毕业于西点军校（巴顿毕业于 1909 年）；都对体育很感兴趣，并且当过运动员

（巴顿曾为陆军橄榄球队和马球队效力）；都已结婚，而且两家的夫人相处融洽；都热爱军事史，并认真从战争中学习知识。最重要的是，他们对坦克都怀着满腔热情，认为坦克必将主宰未来的战争。这些使他们成了莫逆之交。

艾森豪威尔在训练装甲部队的过程中积累了很多的经验，可以说，他和巴顿都属于美国装甲兵的开拓者。他们很早就认识到摩托化和机械化部队的巨大潜力，并共同提出了装甲部队作战的新原则："我们认为，坦克应当高速地密集使用。只要事先侦察好地形，它们就可以突破敌人的防御阵地，制造混乱，然后从背后包抄敌人。这样不仅可以帮助步兵进攻，而且可以包围敌人的整个防御阵地。"

1919 年，参与坦克部队训练的艾森豪威尔在坦克前留影

为了让装甲部队受到上级的重视，艾森豪威尔不断地发表文章，论述现代战场上坦克的重要作用，他曾在步兵杂志上写道："坦克尚处于幼年阶段，但它们已经在技术改进方面向前迈出了一大步。它们在这方面还可以做更多的改进。需要把动作迟钝、表现拙劣的战车忘掉，用快速、可靠、具有强大杀伤力的坦克取而代之。"与此同时，他还指出了

现行坦克战术的不当之处，要求步兵军官学习有关坦克作战的知识。

艾森豪威尔的观点终于引起了上层军官的注意，只不过是反对意见。他的观点激怒了当时负责制定装甲兵战术的弗兰克·席茨少将，席茨甚至命令他立即停止传播他的观点，否则就将他告上军事法庭。作为一名下级军官，艾森豪威尔服从了席茨的命令。后来，他回忆说：“当时有人吩咐我，说我那些观念不但错误而且危险。因此，我只能把想法藏在心里，特别是我不能写任何与步兵战术相悖的文字，否则我就会被送上军事法庭。”

福无双至，祸不单行。艾森豪威尔和玛米住在米德兵营的时候，仍然每月领取国家对住私房的军官的住房补贴 250.67 美元，这违反了制度。艾森豪威尔声称他事先不知道，但陆军副总检察官海姆里克准将认定他是明知故犯。尽管艾森豪威尔立即退还了所有多领的钱，但海姆里克认为这样做还不够，坚持要以欺骗罪起诉他。这件事弄得艾森豪威尔心力交瘁。如果这项指控成立的话，他不仅会被开除军籍，还有可能坐牢。

就在艾森豪威尔走投无路的时候，福克斯·康纳少将帮他解了围。当时，康纳正要前往巴拿马第 20 步兵旅任职，他选中艾森豪威尔作为自己的助手。潘兴很快批准了康纳的要求，并颁发了委任状。这份委任状结束了艾森豪威尔的麻烦。他的违纪行为仅收到一封正式的批评信，而免于被起诉。艾森豪威尔终于松了一口气。

康纳将军的提携

艾森豪威尔一生中曾在很多声名显赫、才华横溢的将军麾下任职，这对他的生活、思想甚至性格都产生了很大影响。而得到他最高评价的是福克斯·康纳将军，他在 1964 年卸任总统时还说：“福克斯·康纳是我所认识的最有才华的人。”他们之间建立起了一种近似师生的关系。康纳相信“艾森豪威尔很有发展前途”，他一直很关注艾森豪威尔的言论，并乐于帮助这位“可造之才”。

康纳是一位富有的密西西比人，1898 年毕业于西点军校，在法国担任过潘兴的作战军官，被公认为是美国远征军的智囊。康纳夫妇都是温文尔雅、彬彬有礼、说话轻声细语的南方人，很喜欢和年轻的军官及他们的夫人交往。

艾森豪威尔与康纳第一次见面是在 1920 年秋天，在米德兵营巴顿住处的一次宴会上。巴顿和康纳初次相识于 1916 年的远征，当时康纳是一名少校，而巴顿是中尉兼潘兴将军的助手。第二年，巴顿到潘兴在法国的司令部服务了 6 个月，其间两人又巩固了刚刚发展起来的友谊。

康纳既是一位造诣很深的职业军人，又是军队里顶尖的战略家，正是依靠他的主动性，潘兴才在 1918 年 9 月的圣米歇尔发动了美军的第一次进攻。潘兴后来在谈到康纳时说："没有哪个司令的参谋比他更有才能了……在美国远征军中，除了他，别人我都可以不要。"艾森豪威尔也因为康纳在军队中的声誉而对其有所耳闻。

康纳请巴顿和艾森豪威尔让他参观一下他们的坦克，并向他说明他们对这种未来武器的看法。那是他们从上级军官那儿得到的第一次，也是唯一一次鼓励。他们和康纳共同度过了那个漫长的下午，陪着他参观米德兵营，介绍他们的看法。令他们高兴的是，康纳提出了颇有见地的问题，而当康纳起程回华盛顿时，他再次称赞了巴顿和艾森豪威尔的工作，并鼓励他们继续干下去。

这一年，艾森豪威尔的儿子艾基 3 岁，活泼可爱，是艾森豪威尔夫妇的心肝宝贝。小艾基经常到军营里玩，士兵们也都非常喜欢他。他们给他买了一套坦克服，配上外衣和进口的帽子，带着他去参加军事演习。艾基好像天生就喜欢军营生活，经常模仿父亲身穿制服、立正敬礼。

圣诞节快要到了，艾森豪威尔一家打算好好欢度一下圣诞节。玛米专程到纽约购买礼物，艾森豪威尔在驻地装饰圣诞树，还给艾基买了一辆玩具货车。

没想到，不幸的阴影渐渐逼近了他们。在圣诞节前一个星期，艾基染上了猩红热，是一个女仆传染给他的，这个女仆是当地人，刚发过猩红热，但艾森豪威尔和玛米对此毫不知情。艾森豪威尔从约翰·霍普金斯医院请来了专家，但医生仅嘱咐大家祈求上帝。艾基被隔离起来了，艾森豪威尔不能走进他的房间，只能坐在门外，透过窗户对艾基招手致意。

很快，玛米也病倒了，艾森豪威尔下班以后，每一分钟都待在医院里，焦虑不已，他想起 17 年前弟弟米尔顿受猩红热煎熬的可怕情景，希望艾基也能像米尔顿那样逢凶化吉。他和玛米不可避免地怪罪自己，如果不雇用那个女仆就好了，如果他们再仔细一些就好了……

艾基于 1921 年 1 月 2 日不治去世。艾森豪威尔晚年在回忆录中写道："这是我一生中最大的不幸与灾难，这件事我从来没法彻底忘掉。"后来玛米也说："在此后的岁月中，对这些忧郁寡欢的日子的回忆，始终是留在他心底的隐痛，好像从来不曾减轻过。"

从此，他们背上了悲伤的十字架，艾基成了家庭中的禁忌话题，但是每年到艾基的生日，艾森豪威尔都会送给玛米一束黄色的玫瑰，作为对儿子的纪念，而黄色也是艾基最喜欢的颜色。他们婚姻中的这个悲伤事件所带来的痛苦回忆，几十年以后也没有消失。

康纳得知艾森豪威尔丧子之后也不断地安慰他，经常跟他探讨未来的战争，转移他的注意力。

可以说，结识康纳是艾森豪威尔与巴顿之间友谊的最大回报，在两次战争之间的岁月里，康纳成为艾森豪威尔的导师，也是他最敬重的一位长辈。他曾表示："在我一生所接触的伟人和好人中间，他是……我最感激的一个，我所欠他的难以估量。"

当艾森豪威尔因坦克战的看法遭到一些军官的刁难时，康纳决定帮他解围，还告诉他说自己已经被任命去巴拿马指挥一个步兵旅，问艾森豪威尔是否愿意担任参谋。这对艾森豪威尔来说无异于天赐良机，他告诉康纳说很愿意在其麾下供职。

随后，艾森豪威尔去见司令官罗肯巴克，请求调动。但罗肯巴克不肯让他走，理由是他手下有经验的校级军官并不多。实际上，罗肯巴克只是想手里有一支能赢球的橄榄球队而已。艾森豪威尔在 1919 年至 1920 年当教练时，成绩出色，罗肯巴克怎么肯让他走呢。不过，从指挥千军万马的中校降职为一支业余橄榄球队的教练，对于一个雄心勃勃的年轻军官来说，实在是难以接受的一件事，尤其是当他有机会在一位优秀军官麾下任职时更是如此。加上罗肯巴克很不赞成正统的坦克学说，因此，艾森豪威尔留在米德兵营不会有什么发展。最后，还是康纳亲自出面，罗肯巴克才同意把艾森豪威尔的申请报告送往陆军部。

1922 年 1 月，艾森豪威尔和玛米出发前往巴拿马。这时，玛米又一次怀孕了，将于 8 月份分娩。玛米将他们在巴拿马的住房描绘成“一间两层的棚屋，比棚屋却脏一倍”。棚屋建在桩柱上，废弃不用已有 10 年之久，散发出一股霉味。玛米请了个用人，这在巴拿马简直不花什么钱，但用人也干不了什么活；她得自己去采购，指点用人烹调和干家务。康纳一家就住在隔壁，玛米和康纳夫人很快就成了好朋友。

可以说，这是艾森豪威尔夫妇住过的最糟糕的一个地方。这里痢疾、疟疾流行，几乎没有人敢喝这儿的水。他们的日常三餐以罐头食品为主。除了每周的舞会和打桥牌外，这里的社交生活也十分贫乏。

在来到巴拿马的第一个月里，艾森豪威尔夫妇克服了生活上的种种困难，但是，他们的婚姻生活并不是很顺利。自从艾基去世后，一切都变得不同了。艾森豪威尔不是工作，就是与康纳待在一起，他用长时间的工作和学习来隐藏自己的痛苦，但却冷落了玛米，忽视了她的痛苦。

玛米只能向康纳夫人倾诉自己的困境，她每天都去拜访康纳夫人，把她当成自己的知己和人生导师。有时，玛米会诉说自己与丈夫之间存在的矛盾，康纳夫人则直截了当地给予指点，让玛米修剪头发，更换服饰，尽量让自己光彩照人。“您的意思是说我得迷住他？”玛米问道。康纳夫人回答：“是的，把他迷住！”

这年春天，玛米的父母前来巴拿马看望他们。看到这里简陋的生活环境，他们十分吃惊，坚持认为玛米应当返回丹佛去生孩子。尽管玛米多次为回到父母身边寻求庇护而感到懊悔，但是她当时并没有反对，于是就跟着父母回了丹佛。这也许是个明智的选择，毕竟这样做，她可以得到更好的照顾。艾森豪威尔对此也表示赞成。

当时，巴拿马驻军的任务是保护运河区和维护治安。美国拥有了这条连接大西洋和太平洋的运河的控制权，作为它参与建设的回报。由于只是日常的训练工作，任务并不重，艾森豪威尔与康纳有了更多的业余时间。他们经常一起骑马穿越丛林，晚上打开铺盖席地而卧，围着篝火闲谈，周末还一起出去钓鱼。

与康纳的交往让艾森豪威尔无论在军事思想还是处世性情上，都得到了巨大的教益。根据康纳的推荐，他阅读了大量军事著作，并围绕阅读过的资料与康纳进行讨论。在这个过程中，博学的康纳是艾森豪威尔探索军事艺术的导师。

每当艾森豪威尔读完一本军事著作，康纳总是会问："艾克，你已经完全了解了作品中描写的军队是怎样战斗的吗?"起初，艾森豪威尔不能完全达到他的要求，但他进步很快，不久便可以自豪地说："是的，将军，我已经完全了解了。"就这样，在康纳的严格要求下，艾森豪威尔阅读了大量内战时期将军们的回忆录，并与康纳讨论过格兰特·谢尔曼以及其他将领所做的决策。

康纳深信第二次世界大战是不可避免的，并且引用了经济、政治和军事方面的确凿论据。他的信心也影响了艾森豪威尔，既然战争是不可避免的，那么在军队服役就有了特殊的意义。因为《凡尔赛和约》[①] 的缺陷，20 年后，或者不到 20 年，战争将会再次爆发，这将是一次世界大战，届时美国将和盟国一起作战。康纳希望艾森豪威尔有所准备。他劝艾森豪威尔想方设法在乔治·马歇尔[②]上校手下工作，此人曾和康纳一起在潘兴的司令部工作过。康纳认为，马歇尔"比我所知道的任何人都更精于安排盟军部队的战术，他是十足的天才"。康纳还赞扬艾森豪威尔："你指挥起来也会像马歇尔一样。"

艾森豪威尔后来回忆说："在巴拿马的三年，我就像进了一所军事问题研究院。"康纳夫人也说："我从来没有看到过有哪两个人比艾森

---

① 《凡尔赛和约》："一战"后战胜国（协约国）对战败国（同盟国）的和约，主要目的是惩罚和削弱德国。

② 乔治·马歇尔（1880—1959）：美国政治家、外交家，陆军五星上将，先后担任陆军参谋长、国务卿和国防部部长。以出台马歇尔计划而闻名，1953 年获诺贝尔和平奖。

豪威尔和我的丈夫更志趣相投的了。他们总是花很多时间讨论战争，过去的和将来的……艾森豪威尔不断说我丈夫对他的影响超过他的其他任何上司。”康纳在艾森豪威尔 1924 年的考绩报告中写道，他是“我所见过的最能干、效率最高、最忠诚的军官之一”。

1922 年初夏，玛米在丹佛的一家医院里待产。艾森豪威尔于 7 月份请假探亲。8 月 3 日，他们的儿子约翰·艾森豪威尔出生了。终于，艾基夭折给他们带来的伤痛也渐渐消逝了。或许是因为艾基的缘故，他们对约翰关怀备至。约翰后来说，母亲非常疼爱他，她的关心几乎到了令人窒息的地步。艾森豪威尔的脾气并不好，但他从来没有动手打过儿子。约翰不听话时，他也只是严加责骂。

1922 年秋天，玛米带着约翰乘坐一艘运水果的货船，回到了巴拿马。第二个儿子的出生，给艾森豪威尔在巴拿马的幸福生活增添了许多快乐。但是，他们夫妻之间的关系似乎没有多大改善。艾森豪威尔经常不在家，他和康纳总是在不停地开会。这使玛米备受冷落，第一次，一个男人成了她忌妒的对象。失眠和肠道疾病折磨着她，使她变得十分虚弱。

玛米再一次离开了巴拿马，回到丹佛。但是，到了丹佛，她认真考虑自己的未来，觉得不能一遇到逆境就离开丈夫。如果想让这段婚姻继续下去，她必须更多地容忍丈夫和他的事业。因此，她决定回到巴拿马，继续忍受。

1924 年秋天，艾森豪威尔被调回美国本土。尽管有点不舍得康纳夫妇，但一想到要告别酷热的运河区，回到离别 3 年的祖国，见到以前的老朋友，艾森豪威尔还是有点喜不自禁。然而，回到本土后，他才知道上级要派他去米德兵营担任橄榄球教练，他的心顿时凉了半截。所幸这次任务是暂时的，当他指导的球队打完最后一场比赛后，他被任命去指挥一个坦克营。这时他已经不再满足于从事以前的工作了，于是向华盛顿的步兵司令请求改变任命，让他进入步兵学校深造，以开阔眼界，但遭到了拒绝。

康纳担心艾森豪威尔急于建功，耐不住性子，连忙给他发去一封电报，提醒他无论陆军部下达什么命令，都不要提出异议，而要一声不响地接下来。几天后，对康纳的电报困惑不解的艾森豪威尔接到了解除他在步兵中的职务，暂时调入副官署署长办公室的命令，上级派他到科罗拉多招募新兵。因为有了康纳的电报指示，艾森豪威尔压住怒火，走马上任，他不想辜负康纳对自己的厚望，工作非常认真。

康纳很想提携艾森豪威尔，于是到处游说，通过自己在陆军部的种种关系，把艾森豪威尔调往利文沃斯堡的指挥与参谋学校。艾森豪威尔听到这个消息后兴奋不已，用他自己的话来说，就是“准备飞上天了，而且不需要乘飞机”。但是他很快就沉默了，因为他没有上过步兵学校，而这一点被认为是进入指挥与参谋学校的先决条件。同时，有人写信劝他不要进这个学校，因为“你可能会失败，而失败将使你不能再当一名步兵军官，就此终身当一个训练蹩脚球员的橄榄球教练”。

这时，康纳又写信开导他，使他打消了顾虑。康纳在信中写道：“你自己可能不知道，因为你在巴拿马的三年工作，你远比我所知道的任何人都具有资格并适合到利文沃斯堡去。”他还说，艾森豪威尔在巴拿马每天都要写野战命令，起草作战计划和作战命令对他来说再自然不过了，“以至于它们成了你的第一本能”。但艾森豪威尔还是没有完全放心，他向巴顿借了在利文沃斯堡指挥与参谋学校的笔记，仔细钻研，又弄到几本习题，做完了所有的题目。

1925 年 8 月，艾森豪威尔到利文沃斯堡的指挥与参谋学校报到。

该校前身是 1881 年威廉·谢尔曼将军创办的陆军步兵与骑兵学校，后来成为美国陆军最重要的一所军事学院。很多升至陆军最高职位的人都是该校的毕业生，其中包括道格拉斯·麦克阿瑟①和乔治·马歇尔。因此，进入利文沃斯堡指挥与参谋学校，是一种奖励，更是一种鞭策。学校的学员都是各部队军官中的佼佼者，代表着各军种的荣誉。学校的目标不是培养拿破仑式的将军，而是能够胜任各种工作、帮助司令官做

① 道格拉斯·麦克阿瑟（1880—1964）：美国陆军五星上将。“二战”期间历任美国远东军司令、西南太平洋战区盟军司令。战后出任驻日盟军最高司令。

决定的参谋军官。对于这一点，学校的手册中明确写道："大家要了解，当战争到来时，向司令官提出的关于战争的问题应当只有一个，这个问题不是他攻击了哪一翼，不是他如何使用预备队，不是他如何保护自己的两翼，而是他作战了吗。"

为了达到这一目的，学校尽可能地创造接近实战的条件，使学员面对复杂多变的战场环境以及巨大的压力，能够克服身体的疲惫和精神的紧张，迅速而准确地做出反应，并且将学员的成绩与他们日后的前途挂钩。学员们经常要学习到半夜，以至于偶尔会有人因承受不了压力而自杀。

艾森豪威尔从西点军校毕业后的 10 年军事生涯已经使他明白，他到利文沃斯堡指挥与参谋学校的目的，不是提出批评，而是证明自己是上司能够依靠来实现其想法的人。这次学习使艾森豪威尔的特长得到了展现：他观察事物细致入微，不拘泥于细节，能够将想法付诸行动，面对压力能够采取正面（几乎是热烈）的回应，精通业务，具有团队精神（课程的重点就是实现整个组织的顺畅运作）。

凭借在巴拿马工作 3 年奠定的扎实基础，当艾森豪威尔于 1926 年从指挥与参谋学校毕业时，在 275 名学员中名列第一。这对一位没有上过所属兵种学校的军官来说，确实算得上是惊人的成绩，随之而来的是亲朋好友雪片般飞来的祝贺电函。

康纳听到艾森豪威尔取得的骄人成绩后，感到非常欣慰，发电表示了祝贺。艾森豪威尔马上回电表示感谢，其感激之情溢于言表。他的岳母也非常兴奋，来电说："孩子，我真为你高兴，现在我可以逢人便夸奖你了。"他的哥哥阿瑟甚至在堪萨斯城的米尔巴哈饭店设宴庆祝。巴顿也对他的成绩表示祝贺，说"如果一个人长久地考虑战争问题，必然能够得益；而你的脱颖而出，表明利文沃斯堡指挥与参谋学校是一所好学校"。

对于艾森豪威尔所取得的成绩，玛米高兴万分，她说："我知道，在利文沃斯堡的每个月的每个小时，艾克都一定会拿第一名。但是，当他真的拿了第一名的时候，我心中仍然感到无比幸福。从此我可以放心吃饭了。"

潘兴将军的赞誉

以第一名的成绩从利文沃斯堡指挥与参谋学校毕业后，艾森豪威尔并没有得到晋升，这让他高兴不起来。毕业之后，摆在他面前的有两条路，一条是去西北地区的一所大学当后备役训练教官，另一条是到佐治亚州的本宁堡去指挥一个营。

由于渴望参加战斗，艾森豪威尔毫不犹豫地选择了本宁堡。然而，当他到达本宁堡的时候，发现自己又被陆军部的那些人骗了，他们让他出任本宁堡的橄榄球队教练。艾森豪威尔十分愤怒，不明白为什么上级总是对他的军事才能视而不见，只把目光盯在他执教橄榄球队上。但是，无论有多少情绪，他也只能压住怒火，乖乖当橄榄球教练。

康纳当然不忍心看到自己的爱徒埋没了才华，在橄榄球赛季结束后，他又把艾森豪威尔推荐给潘兴将军。潘兴在第一次世界大战中成了一位英雄，在美国可以说是家喻户晓，无论他走到哪儿，总是被崇拜者和祝福者团团围住。潘兴与康纳都认为第二次世界大战不可避免。“一战”结束时，潘兴认为战争应以德国的无条件投降为最高目标，必须彻底消除这个战争策源地。为此，他曾致电协约国军事委员会说：“从军事观点上看，是否同意德军的停战要求是一个大问题。在对协约国有利的军事条件下停火，宁愿接受一个谈判的和平的原则而不是一个强制的和平的原则，协约国将伤害它们所持的道义立场，并可能丧失机会来确保建立在持久基础上的世界和平。我认为，安全胜利只能靠继续战争直到我们迫使德国无条件投降才能得到。”但是，潘兴对德国实行全面军事占领的主张并没有被采纳。历史证明，他的判断是正确的。10 多年后，德国果然再次成为战争的发源地，挑起了第二次世界大战。而且，潘兴极为爱才，培养了一大批著名的将领，如马歇尔、麦克阿瑟、康纳、巴顿等。

艾森豪威尔得到这个机会后，马上起程回到华盛顿，在潘兴身边工作，负责编写第一次世界大战美国在欧洲的战场手册。这是一项挑战性十足的工作，材料是部队史、军事地图、作战报告、年表和图片，还要对战争利弊进行分析。

这一时期，艾森豪威尔幸运地得到了弟弟米尔顿的帮助。米尔顿是华盛顿的政坛新星，农业部的二号人物。他擅长新闻报道，在艾森豪威尔编撰作战史时给予了很大帮助。

米尔顿的妻子出身富豪之家，因此，他经常举行宴会，内阁部长、各级官员、华盛顿的律师及新闻界人士都是他家的常客。艾森豪威尔也参加了这些聚会，渐渐地，他在华盛顿名气渐长，只不过是以“米尔顿的哥哥”而为人所知。

由于兄弟俩相差9岁，在阿比林的时候，他们的关系其实很一般。但是，华盛顿的岁月使他们的关系变得亲密起来。米尔顿对华盛顿的政治有着深刻的了解，因此，艾森豪威尔经常征求米尔顿的意见，而米尔顿给出的建议也总是合情合理，又深思远虑，使他受益匪浅。

不久，艾森豪威尔按时上交了欧洲战场手册。潘兴高兴地表扬他说：“不仅能够有效和及时地完成全部工作，而且在处理许多细节方面都表现出卓越的才能，他所取得的成绩完全是运用非凡的智慧和恪尽职守所致。”

由于艾森豪威尔在工作中的出色表现，潘兴在撰写回忆录时也经常找他帮忙，他让艾森豪威尔阅读他的手稿后再提出建议。由于潘兴的回忆录只是将日记加以扩充，因此无法按照时间顺序连续介绍历时很长的战役。对此，艾森豪威尔建议采用叙述的方式进行，并按照潘兴的要求改写了几章。潘兴读完之后很满意，表示他喜欢这样写，并让艾森豪威尔征求马歇尔的意见，把写好的那几章拿给马歇尔看。马歇尔看了改写的回忆录，几天后来到艾森豪威尔的办公室。这是他们第一次见面。

马歇尔和潘兴一样，态度生硬，一本正经。他对艾森豪威尔说，尽管他认为艾森豪威尔写得很有意思，但他认为采用日记体的形式会让潘兴更加高兴。由于马歇尔坚持己见，艾森豪威尔的解释没起什么作用。最后，潘兴的回忆录还是以日记体的形式完成，但由于内容不连贯，很

美国陆军五星上将　马歇尔

多读者无法理解。

不久，陆军部有几个到麦克奈尔堡陆军大学深造的名额，潘兴推荐了艾森豪威尔，于是，艾森豪威尔得以顺利进入麦克奈尔堡陆军大学。这所学校是美国军官进修的最高学府，任务是培养高级指挥人才。与利文沃斯堡指挥与参谋学校不同，进入麦克奈尔堡陆军大学更多的是一种奖励。因为学员既不考试，也不评分，学习内容主要是听政府官员和军队领导做关于世界形势的报告，以扩大学员的眼界，因为这些学员将来大多要从事高级指挥工作。

1928 年 6 月，艾森豪威尔从麦克奈尔堡陆军大学毕业，至此，他完成了陆军所有的正规教育。这时，又有两条路摆在他的面前：一是进参谋部，二是作为欧洲作战纪念委员会的成员在法国修订欧洲战场手册。考虑到在参谋部工作对日后的发展有很大好处，艾森豪威尔想进参谋部。但是，玛米这次坚持要去巴黎，她渴望能在充满浪漫气息和异国情调的巴黎待上一年，最后，艾森豪威尔选择去了法国。他们在塞纳河左岸米拉博桥附近的奥特伊码头 68 号一套装修好的公寓安顿下来，也给约翰找好了学校。此后，艾森豪威尔大部分时间都在旅行，对以前巴黎东部美军的战场进行实地考察。假如法国再次爆发战争，而他又正好参战的话，这将是个绝佳的准备机会。

从罗马帝国时代到拿破仑，再到俾斯麦①，法国一直是欧洲的主要战场。到 20 世纪 20 年代末，法国仍然保留着历史上规模最大的战场的遗迹。从阿尔萨斯 – 洛林到北海的战场上，到处都是荒凉的战争遗迹。军人公墓里埋葬着 170 万法国官兵的尸体。几乎每一座法国城市、乡镇和村庄，都有为牺牲者建立的纪念碑，每一座纪念碑上都刻着一句熟悉的话语：为法兰西牺牲。

为了对战场进行实地考察，艾森豪威尔经常离开巴黎几天或者一个星期，如同往常一样，他小心关注最细微的细节。战场上已经重新长出了树木，他的工作变得复杂起来，但他并不气馁，经常深入森林和灌木丛里，去寻找战场标记和战壕。

尽管得到了潘兴的赞赏，但艾森豪威尔与潘兴并没有建立起像他与康纳之间的那种亲密关系。这一方面是由于潘兴的性格，他是个冷淡和一本正经的人；另一方面，他们的年龄和军衔差距太大，两人相差 30 岁，艾森豪威尔不可能越过众多军衔比他高的军官与潘兴有更多的单独接触的机会。但是，他们还是保持了良好的工作关系。艾森豪威尔非常尊敬潘兴，每逢潘兴生日，他总是不忘发一份贺电。在潘兴病逝前几年，艾森豪威尔也经常到病房去探望他。

---

① 奥托·冯·俾斯麦（1815—1898）：德意志帝国首任宰相，人称“铁血宰相”“德国的建筑师”及“德国的领航员”。

潘兴去世时，艾森豪威尔去华盛顿参加了葬礼。葬礼还没有结束，突然天降大雨，等候在路旁的汽车纷纷开到送葬队伍的前面，打算接走高级官员。但是，艾森豪威尔拒绝上车，一直坚持到葬礼结束，因为他认为这是最后一次与潘兴同行。

1929 年 11 月，艾森豪威尔一家又回到华盛顿，住进了怀俄明公寓。他被派到陆军部副部长办公室工作，担任乔治·霍恩·莫斯利准将的专职助手，负责给陆军部部长的文职助手提供军事方面的建议。这一职位是在“一战”后设立的，目的是解决动员和获取战争物资等问题，因为这些问题在 1917 年至 1918 年曾使美国饱受折磨。

莫斯利是潘兴的学生，曾经担任美国远征军的后勤主管。他很欣赏艾森豪威尔，称他为“我那位有头脑的参谋”或“陆军中大有前途的人之一”。在艾森豪威尔的第一份考绩报告中，莫斯利不但把他评为“优异”，还写道，不论在和平时期还是战争时期，“这位军官的前途都是不可限量的”，称他是“一位个性很强、富有实力、强壮的家伙，能够很巧妙地把自己的想法付诸行动。他是常备陆军军官中最优秀的代表”。

但是，莫斯利的赞扬并没有使艾森豪威尔得到任何晋升，直到 1930 年，他还停留在少校的职位上，前途渺茫。在陆军中，资历是很重要的，尤其是在和平时期，新来的年轻军官几乎不可能得到多高的职位。上校及上校以下军衔的晋升被视为是自动的，只要你足够长命。许多和艾森豪威尔一样的职业军人为此十分苦闷，他们正在迅速变老，但几乎没有希望在战斗中发展事业，晋升遥遥无期，以至于出现了一个笑话：每当有一位高级军官去世，讣告栏就成了希望的源泉。

1930 年，和平主义的情绪促使国会成立了一个级别很高的战争政策委员会，负责为政府制订战时计划，并制定防止奸商利用战争牟取暴利的方针。陆军部部长帕特里克·赫尔利①担任委员会主席，委员会成员包括参议员、众议员和内阁官员。

---

① 帕特里克·赫尔利（1883—1963）：美国政治家、外交家。早年为律师，后来是赫伯特·胡佛政府的陆军部部长。“二战”期间曾作为总统代表广泛出使世界各地，1944 年任驻中国大使，试图调解国共争端，但失败了。1946 年回国后三次竞选参议员，均以失败告终。

艾森豪威尔被派去和这个委员会一起工作。他说自己是“一个秘书，只管‘干活’，却没有官方的任命和授权”。官方正式任命的执行秘书是罗伯特·蒙哥马利，蒙哥马利是一位纽约的律师，“一战”期间曾任参谋部的军官。但委员会的日常工作实际上是由艾森豪威尔监督，因此，他才是真正的执行秘书。

美国陆军五星上将　麦克阿瑟

1930 年秋季，麦克阿瑟接替查尔斯·萨默罗尔[①]担任陆军参谋长。随着人事的变动，艾森豪威尔也有了更多的机会。麦克阿瑟上任后的第一件事，就是制订陆军部所谓的秘密动员计划，然后提交给战争政策委

① 查尔斯·萨默罗尔（1867—1955）：美国军事教育家、陆军上将。参加过镇压菲律宾起义、第一次世界大战。1926 年起任陆军参谋长，后担任查尔斯顿军事学院院长。

员会。这要求计划制订者对美国的经济如何运转，以及战时如何利用关键工业领域有比较清晰的了解。这项任务最后落到了艾森豪威尔的头上。

艾森豪威尔面临着一个艰巨的挑战，那就是在一个最糟糕的时刻为国家做战争准备，在全国各工厂都关门时制订工厂扩展计划。当时美国经济处于谷底，商业混乱，公司破产，除了陆军部，几乎没有人关心战备，因为几乎所有人都认为战争不可能爆发。而在陆军部内部，争吵和对立普遍存在，这使艾森豪威尔的工作更加困难。

但艾森豪威尔没有因此而退却，他跑遍美国各地，到处参观工厂，花费很多时间和大企业家交换意见，以弄清楚这些人能用什么办法使他们的工人从平时生产转为战时生产。

麦克阿瑟将军的参谋

1930 年底，艾森豪威尔完成了这项秘密动员计划的制订工作，该计划包括很多内容，如物价控制、对外贸易、征用工厂以及建立专门的政府高级机构等。麦克阿瑟在批阅这个计划时非常满意，很想知道作者是谁，由此知道了艾森豪威尔的名字。不久，40 岁的艾森豪威尔与 50 岁的麦克阿瑟第一次见面了。

在回忆录中，艾森豪威尔把麦克阿瑟描绘成一个“果断、很有风度、知识极其渊博并有着非凡记忆力的人”，说马歇尔、麦克阿瑟和他三个人之间，只有麦克阿瑟读过一遍演讲稿或报告后，便能逐字逐句地背出来。当然，艾森豪威尔也承认麦克阿瑟是出名的自高自大，“绝不能见到天上还有另外一个太阳”。

麦克阿瑟出生在阿肯色州小石城的一个将门之家，他的父亲小亚瑟·麦克阿瑟①在美国与西班牙的战争中曾担任入侵菲律宾的美军司

---

① 小亚瑟·麦克阿瑟：美国陆军中将，驻菲律宾总督，日俄战争期间在日本当武官和高级军事观察员，回国后任太平洋军区司令。

令；母亲是一位巨贾之女，一副贵族派头。从小麦克阿瑟就在母亲的教育下，树立了“命中注定”将成为像父亲那样的伟人的坚定信念，有着很强的家庭观念和自尊心。

麦克阿瑟生在军营，长在军营，学在军营，志在军营。得天独厚的天资和与众不同的家教，使他养成了勇敢、坚强、自信、高傲的性格。无论在哪里，他都努力做到出人头地，非要争个我高你低不可。他 13 岁进入西得克萨斯军校，经过 4 年的学习，以优异的成绩毕业。两年后，1899 年 6 月，他又进入西点军校，在校期间获得过学员队最高军阶，并在 1903 年以全班第一名的成绩毕业。从那以后，他又为自己在事业上争得了许多个第一。他先是有幸到陆军参谋部任职，在墨西哥勇敢地表现了一次；之后有幸作为“彩虹师”参谋长到法国又勇敢地表现了一次，成为当时美军中最年轻的准将。

第一次世界大战后，麦克阿瑟更是平步青云：1919 年成为最年轻的西点军校校长，使墨守成规、面临垮台的西点军校获得新生；1925 年成为最年轻的陆军少将，先后出任国内第 3 军区司令和驻菲律宾美军司令；1930 年成为最年轻的陆军参谋长，为美军的建设出了大力。

麦克阿瑟喜欢夸夸其谈，穿着非常讲究，常常以自己为中心。他很喜欢受到别人的吹捧，有着强烈的党派观念，喜欢介入政治争论。他从不拒绝挑战，而且爱好战斗。在众多将军中，麦克阿瑟是最喜欢搞政治的，但他从来没有在政治上取得成功。麦克阿瑟喜欢有争议的问题，而艾森豪威尔则回避这些问题。目睹 20 世纪 30 年代的麦克阿瑟参与政治活动的结果，艾森豪威尔更坚定了自己“超脱政治”的决心。

面对复杂的国际局势，麦克阿瑟反对政府进一步裁减兵员，强调国际形势的发展，“重又证明了条约是不可靠的，对于和平毫无保障可言”。

1931 年春，战争政策委员会针对陆军部的工业动员计划，举行公开听证会。工业家到陆军部来预先讨论他们的证词。艾森豪威尔出席了听证会，这对他来说是一次重要的经历。他发现，这些人都“直接反对”在战时征用一切产业的主张，这对了解美国的国情、经济实力、资本家的心态以及各界人士对战争的态度甚有帮助。艾森豪威尔参加这一工作的又一好处是，可以直接与麦克阿瑟接触。艾森豪威尔与工业家们和谐的合作，对详细情况的掌握，行文风格以及反映上司态度和意见的能力，给麦克阿瑟留下了深刻的印象，他开始利用艾森豪威尔的才华，请他为自己起草一些演讲稿、信件和报告，并任命艾森豪威尔为参谋长助理。

麦克阿瑟在一份报告草稿上的批语中写道：

亲爱的艾森豪威尔：

你完成的工作非常出色，远远比我本人写得精彩，深表感谢！

他还在艾森豪威尔的档案中写进了官方的、正式的表扬。在信中，他写道："我特地写这封表扬信给你，是为了让你充分理解，你出众的才华和完成这些极为重要的任务的能力受到了充分的赞赏。"他还在艾森豪威尔的考绩报告中直截了当地写道："在军队中，在该军官的同辈之中，没有一个可以胜过他……在精力、判断能力和接受任务等方面尤其突出。"并且说艾森豪威尔"非常适合与平民打交道"。

可以说，在华盛顿这段时间，艾森豪威尔最大的资本就是他手中的笔。在陆军部，各种演讲稿、信件、报告以及参谋论文，实际上都是由他操刀。身处美国20世纪30年代战争政策的最前沿，艾森豪威尔的参谋工作使他在"二战"中受益匪浅。当时参谋部在国会山很不受欢迎，而且艾森豪威尔只是参谋部的一名低级军官，但是，每当遇到与陆军部有关的问题，众议员和参议员们往往习惯去找艾森豪威尔。

在这一过程中，艾森豪威尔养成了一种政治上的洞察力，知道应该如何处理军队与政界高层的关系。然而，他在工作上付出了太多。他每周工作6天，即使星期天也很少休息。玛米抗议他工作太过努力，或者提醒他别人都没有这样做，但他却充耳不闻，有时甚至在聚会时抛下客人，独自躲到卧室里继续工作。

高强度的工作，对他的健康产生了不利影响。左肩滑囊炎、急性肠炎、膝盖的旧患以及严重的背疼，都在折磨着他。他的视力也因长时间的案头工作而受到了影响。

艾森豪威尔在陆军参谋部期间，美国发生了退伍军人退役金请愿事件，这是他参与并经历的最棘手的一次事件。

1932 年 7 月，第一次世界大战时期的 2 万多名老兵为了改善物质生活条件，在华盛顿街头聚集，举行了有名的游行示威。他们想要提前领取政府答应在 1945 年才支付给他们的参战退役金，平均每份金额为 1000 美元。1931 年，国会不顾赫伯特·胡佛①总统的否决，规定发放一半退役金。第二年，当国会考虑发放另一半退役金并订立法案时，退役金请愿者来到华盛顿，要求国会通过该法案。他们住在宾夕法尼亚街上弃置不用的财政部大楼和安纳科西亚沼泽地上“用捡来的材料、铅皮桶和旧木板搭成的可怜的小棚屋里”，打算在法案通过后再回去。

胡佛政府迟迟没有反应，认为请愿者是“向政府发起进攻的布尔什维克主义的威胁”。麦克阿瑟更是认定“这次运动的危险远远超过想从濒于枯竭的国库索取金钱的作为，红色组织者渗入了退伍军人组织，并立即从那些不了解情况的领导人手中接过了指挥权，是共产党人煽动的革命行动”。艾森豪威尔对此却有不同的看法。“事实上，”他写道，“他们中的大多数人，尽管可能受到一些煽动者的蛊惑，但都是安分守己的，他们进行游行都是为生活所迫。”

对于这种敏感事件，艾森豪威尔在政治上显得有些稚嫩。麦克阿瑟很坚定地认为请愿者与共产党有联系，要求各级军官提供与请愿者一起进军华盛顿的共产党人的名单，但答复却是无人知晓。

尽管缺乏证据，但是胡佛政府还是从最坏的设想出发，决定用武力把聚集在财政部大楼里的约 1100 名退伍军人赶走。

7 月 27 日，政府对华盛顿警察局下达了命令，警察在第二天上午 9 点开始驱逐行动。结果，退伍军人与警察之间发生了暴力冲突。请愿者掷了砖头，警察开了枪，造成 2 名退伍军人死亡，3 名警察受伤。

---

① 赫伯特·胡佛（1874—1964）：美国第 31 任总统。“一战”期间因救济工作而声誉日增，先后担任美国粮食总署署长、商务部部长。他当选总统后正赶上世界性的经济危机，尽管他做了不少努力，但危机一天天加重，终无力回天。在 1932 年大选中，他被罗斯福击败。

胡佛政府的野蛮行为遭到了全体美国人的抗议，事态越来越严重。在这种情况下，胡佛总统召见陆军部部长赫尔利，要求军队支持。下午2点55分，赫尔利命令麦克阿瑟派遣军队“立即前往骚乱现场——包围骚乱地区，并毫不迟疑地平息骚乱”。早就跃跃欲试的麦克阿瑟立即整队出发，并打算亲自随队前往。

艾森豪威尔的意见一直与麦克阿瑟相反，他很敏感地意识到，这件事并没有多少政治因素，出动军队只会让事情变得越来越糟。他提醒麦克阿瑟说：“将军，我个人认为您没有必要亲自前往。”

“嗯?”麦克阿瑟很不耐烦，“艾森豪威尔先生，你又有什么高见?”

“将军，这次行动不但对改善老兵的境遇没有多大帮助，而且可能会有损政府和军队的威望。如果您亲自出马，恐怕……”艾森豪威尔还没有说完就被打断了。

“你懂什么，马上就要爆发革命了，合众国处于危急之中，”麦克阿瑟的语调中掩盖不住即将成为新闻人物的兴奋，“这些老兵中肯定有共产党，我必须亲自去解决这一问题。”他还命令艾森豪威尔说：“我命令你马上穿上制服，和我一起去。这是历史赋予我们的使命!”艾森豪威尔无奈，只能服从命令。

随即，麦克阿瑟带领手下人出现在抗议者示威的大街上，当时有几十个摄影记者抓住了这个机会。艾森豪威尔和一些下级军官的外套上都没有佩戴绶带和勋章；麦克阿瑟的胸前则挂满勋章，显得特别神气。士兵阻挡示威游行的人们，并向那群饥饿的、衣衫褴褛的、手无寸铁的老兵开枪。这是美军史上的奇耻大辱，但麦克阿瑟却扬扬自得。他不顾胡佛总统的命令，一直把请愿者赶过安纳科西亚河，并穷追不舍。

麦克阿瑟以暴力手段对老兵进行镇压，艾森豪威尔虽然心里很不满，但依然提醒他说：“如果不是为了显示勇气，回避记者是上策。因为这次军队的行动不是军界的决定，而是政界的命令，我认为只应该由政治官员向报界发表谈话。”但麦克阿瑟根本听不进去，更不肯放弃这次抛头露面的机会，他在晚上11点举行了记者招待会。会上，他又肆无忌惮、信口开河，说："那帮暴徒看上去叫人讨厌，不安分的天性使军警激动起来。"

结果，美国军警对退伍军人的残酷镇压，受到了国内外舆论的强烈谴责，而麦克阿瑟的表现则使人们认为是他自行决定把退伍军人赶出宾夕法尼亚街的。一时间，麦克阿瑟成了大多数人心目中的残暴之人。

艾森豪威尔把镇压老兵这件事视为耻辱。对于他在这一事件中的表现，一位传记作者说："那时艾森豪威尔少校已经显示出逐渐成熟的品质。他曾多次劝说麦克阿瑟不要指挥这次镇压行动。事后，他又巧妙地躲避了记者对他的采访。"

与麦克阿瑟热衷于讨论有争议的话题相反，艾森豪威尔对这种事唯恐避之不及，他认为，对某些敏感事件避而不谈的态度，将有助于自己的事业。他的一生作为军事将领与政治家之所以能够取得成功，跟他所秉持的人生态度有着密切的关系。

这也就导致麦克阿瑟虽然比艾森豪威尔更渴望得到总统的宝座，但他始终未能如愿。这似乎颇具讽刺意味。在诸多将领中最擅长政治权术的麦克阿瑟，在政治上一直颇为失意，而华盛顿、格兰特与艾森豪威尔这三位不关心政治的将军，却是无心插柳柳成荫，最终登上了美国总统的宝座。

1933 年 2 月，麦克阿瑟调艾森豪威尔任办公室助理。艾森豪威尔给麦克阿瑟起草演讲稿和信件，并帮他准备参谋长年度报告。为了能够参战，艾森豪威尔多次请求离开华盛顿和参谋部，到部队去当一名战斗兵种的军官，但麦克阿瑟就是不肯放他走。

胡佛总统度过美国经济最困难的几年后就卸任了，1933 年 3 月，富兰克林·罗斯福①成为美国第 32 任总统，开始在全国推行新政。在政见和观念上，罗斯福和麦克阿瑟有很大不同，但他们彼此欣赏、相互尊重。

---

① 富兰克林·罗斯福（1882—1945）：美国第 32 任总统，美国历史上唯一连任超过 2 届（连任 4 届，病逝于第 4 届任期中）的总统，美国迄今为止任职时间最长的总统。

美国第 32 任总统　富兰克林·罗斯福

在 20 世纪 30 年代，陆军参谋长的任期并不固定，全看其工作能否令总统满意。由于地方资源养护队取得了很大成功，罗斯福便把麦克阿瑟留在原来的位置上。到 1934 年秋天，麦克阿瑟已经当了 4 年参谋长，这是大多数参谋长的非正式任期。罗斯福犹豫不决，但是到 12 月，他还是决定挽留诸如潘兴、麦克阿瑟这样的名人。麦克阿瑟的任期将延长到 1935 年 12 月。

1935 年，美国国会通过了菲律宾完全独立的法案，打算在全部撤出菲律宾之前，“援助”该国建立一支足以自卫的军事力量，使这一势力范围不至于落入敌手。因此，美国决定派遣陆军参谋长麦克阿瑟前往菲律宾。麦克阿瑟曾经和他父亲一起在菲律宾工作过，和菲律宾总统曼努埃尔·奎松[①]是好朋友，更重要的是，他需要一条退路，他打算用“帮助缔造一个国家”的方式来度过他在军队中最后 10 年的服役期。他坚持要艾森豪威尔一起去，担任美驻菲军事顾问团助理。

1935 年 9 月末，艾森豪威尔与麦克阿瑟一起乘坐火车来到旧金山，再坐船前往马尼拉。在华盛顿的 6 年，艾森豪威尔没有得到晋升，更没有实际带兵经验。他一直想找个机会自立门户，从而建功立业。一想到又要当麦克阿瑟的参谋，他的情绪就非常低落，但他又“不便和参谋长争辩”。

艾森豪威尔之所以被麦克阿瑟选中，是因为他的干劲、创造性以及在参谋工作中的组织能力，同时他对上司十分真诚，而且能从领导的角度思考问题，这是麦克阿瑟和马歇尔都特别肯定的一种能力。他似乎本能地知道什么事情该由自己决定，什么事情该由上司决定。

玛米对艾森豪威尔的这次工作变动感到很惊慌，态度也很消极。好不容易过上稳定一点的生活，现在又要去菲律宾过那种不舒服、不稳定的日子，她内心面临着对未来生活的恐惧及对丈夫的责任的冲突。在这个问题上，他们始终无法达成一致。加上麦克阿瑟拒绝说明艾森豪威尔的任职时间是多长，夫妻之间的矛盾终于激化了，玛米坚持留在华盛顿，理由是让约翰在华盛顿完成 1935 年至 1936 年的课程。玛米不愿一起前往菲律宾，令艾森豪威尔感到痛苦和失望，但他隐藏了内心的真实想法，以至于玛米相信不管自己去不去菲律宾，他都不会介意。

麦克阿瑟离开华盛顿后，罗斯福任命潘兴的学生马林·克雷格将军为陆军参谋长。官方认为，如果继续保留麦克阿瑟的四星上将军衔至 12 月中旬，将会在 10 个星期内削弱克雷格担任参谋长的能力。于是，麦克阿瑟成了罗斯福迂回策略的牺牲品。他不但被流放了，而且失去了他的四星上将军衔。10 月 2 日，麦克阿瑟收到了罗斯福“已

---

① 曼努埃尔·奎松（1878—1944）：早年参加过独立战争和美菲战争。1935 年当选总统，1941 年连任。在日本侵占菲律宾期间流亡澳大利亚，后至美国组织流亡政府，在菲律宾光复前 2 个月去世。

经把他免职，立即生效”的电报。他不再是陆军参谋长，而且军衔也被降为少将。麦克阿瑟的厄运，使作为他手下的艾森豪威尔的前途也岌岌可危。

实际上，并非每个美国人都像麦克阿瑟那样把菲律宾的军队建设看得那么意义重大，相反，他们认为菲律宾对美国的安全无关紧要，甚至在最坏的情况下会成为美国的沉重负担。有关远东（尤指菲律宾）防御计划能否影响美国军事安全的讨论非常激烈，并持续了很长一段时间。同时，麦克阿瑟和陆军中极具影响力的潘兴将军——美国远征军一派长期不和，这使他在菲律宾的工作难以开展，因为华盛顿没有几个支持者来顾及他的利益。

而对艾森豪威尔来说，他的少校军衔已经 15 年了，而且缺少在部队任职的经历，前途黯淡。尽管到菲律宾工作有助于他获得在部队的实际经验，但身处遥远的马尼拉，他迅速改变前景的希望也随着时间的推移而越发渺茫。

1935 年 10 月，艾森豪威尔跟着麦克阿瑟搭乘“胡佛总统”号来到菲律宾。既来之则安之，艾森豪威尔生性乐观，想到自己毕业时曾渴望到菲律宾服役，这一愿望终于在 20 年后实现了，而且白手起家组建一支部队也是很有趣的工作，加上还有额外的薪水——菲律宾政府每月为麦克阿瑟提供 3000 美元的补助，艾森豪威尔也有 980 美元的补助，外加一切开销费用。由于当地生活费用很低，这些收入足够在马尼拉过上比较奢侈的生活，这使艾森豪威尔的内心稍微平衡了一些。更重要的是，麦克阿瑟认为自己离不开他，这一点让他感到尤其高兴。

在菲律宾，艾森豪威尔参加了建立军事学校、组建空军、组织城市居民进行军事训练、制订该国的国防计划等工作。艾森豪威尔的工作伙伴是是詹姆斯·奥德，奥德是艾森豪威尔在西点时的好朋友，他和艾森豪威尔一样聪明，既精通业务又善于社交，是菲律宾最受欢迎的美国人之一。

由于在华盛顿为麦克阿瑟工作过，艾森豪威尔对菲律宾的问题并不陌生。但是，建立并训练一支军队毕竟是另一回事，主要问题是缺少资金，说服华盛顿增加本来就很少的菲律宾预算几乎是不可能的。为了得到奎松的批准，麦克阿瑟经常对实际预算轻描淡写，艾森豪威尔只能努力寻找可行的办法，以解决根本无法解决的问题。反过来，奎松也经常抱怨：尽管麦克阿瑟的方案已经打了折扣，但他的政府还是负担不起。

不管怎样，由于太平洋战争日益迫近，他们所进行的工作是具有重大意义的。麦克阿瑟在 1935 年 9 月 30 日给艾森豪威尔写了一封信，赞扬他“成功地完成了不少艰难的任务，而许多工作需要全面掌握军事知识，并需要逻辑分析能力和强有力的语言表达能力”，感谢他“愉快而有效地致力于重重困难、常常需要全力以赴的任务”。同时，麦克阿瑟认为艾森豪威尔已经完全具备指挥部队的能力和经验，并向他保证他的经历对他将来当司令官很有价值。

工作之余，艾森豪威尔常常挤出时间从事自己感兴趣的娱乐活动——打桥牌和高尔夫球。菲律宾总统奎松也是个牌迷，于是，每个周末受到总统邀请的人中几乎都有艾森豪威尔。除了牌局，艾森豪威尔吸引奎松的是他谙熟军事，易于相处，为人坦诚，为此，奎松曾高度赞扬他说：“在他的全部优秀品质中，我最称颂的是，不论我何时向艾克征求意见，总会得到答复。回答可能会让我不高兴，也可能不是我乐意听到的，但始终是坦率的、诚心诚意的答复。”

尽管工作表现出色，但艾森豪威尔在陆军部的几年，麦克阿瑟从来没有给过他任何晋升，而且不止一次地拒绝其他部门首长调用他的请求，使他错过了许多晋升的机会。

由于艾森豪威尔经常与麦克阿瑟意见不一致，大家都认为他不想在麦克阿瑟手下工作，极力想要调走。还有人说麦克阿瑟对艾森豪威尔十分刻薄，故意压制他，但是，如果仅凭对艾森豪威尔和麦克阿瑟关系的叙述集中在刻薄、怀恨和妒忌上，就断言他们之间产生了矛盾，那就把问题简单化了。

正当艾森豪威尔与麦克阿瑟关系变得微妙之际，世界形势也开始发生了变化，德、意、日法西斯正在秘密结盟。1936 年 3 月 7 日，希特勒[①]宣布废除《洛迦诺公约》[②]，命令 3 个营的德军越过莱茵河，向边境城市亚琛挺进。这是一次试探性的军事行动，英国首相斯坦利·鲍德温[③]在议会上宣称希特勒的行动并不意味着军事威胁。同年 7 月，德国伙同意大利干涉西班牙内战。与此同时，意大利以损失 14 万人的代价最终征服了埃塞俄比亚，建立起意属东非帝国。在东亚，日本也在积极准备发动全面的侵华战争。10 月，德、意签订军事协定，结成“柏林－罗马轴心”。11 月，德、日签订《反共产国际协定》，标志着法西斯侵略集团的初步形成。

面对日益逼近的战争威胁，此时以英、法、美为首的西方国家仍在做着和平的美梦，在战略上疏于防范。

1936 年，艾森豪威尔的儿子约翰从 8 年制学校毕业，玛米带着约翰乘船来到马尼拉，一家人终于团聚了。这年还有一件令艾森豪威尔感到宽慰的事情。7 月 1 日，在他和玛米的 20 周年结婚纪念日，他终于晋升为中校，这是他在得到少校军衔 16 年之后的首次晋升。

1938 年 6 月底，艾森豪威尔一家搭乘“柯立芝总统”号客轮回到美国。3 个星期以后，他们赶往丹佛与杜德夫妇团聚。因为一直受到肠胃疼痛的折磨，玛米决定留下来做手术切除胆囊。她在丹佛一直待到 9 月，而艾森豪威尔在华盛顿接手前一年奥德留下的工作。夏天很快就过去了，艾森豪威尔不断和陆军部的官员们会面，为麦克阿瑟申请军事物资。在 10 月中旬返回菲律宾之前，他还参观了几家武器和飞机制造厂。

11 月，艾森豪威尔回到马尼拉，惊讶地发现麦克阿瑟已经解除了他的顾问和参谋长职务，接替他的是善于耍阴谋诡计的萨瑟兰。原来，在他外出期间，萨瑟兰极力讨好麦克阿瑟，不仅被提升为中校，还成了

---

① 阿道夫·希特勒（1889—1945）：奥地利裔德国人，德意志第三帝国元首、总理，纳粹党党魁，第二次世界大战的发动者。

② 《洛迦诺公约》：签订于 1925 年 12 月 1 日，签订国包括英国、法国、德国、意大利、比利时、捷克斯洛伐克、波兰 7 个国家。

③ 斯坦利·鲍德温（1867—1947）：英国首相，波德利的鲍德温伯爵，保守党领袖。

麦克阿瑟的得力助手。艾森豪威尔的新工作是担任麦克阿瑟的计划军官。在接下来的一年里，艾森豪威尔确信自己在马尼拉的前途已经完结了。

1939 年 1 月，艾森豪威尔在日记中曾写下自己对幸福的见解：“只有在工作中感到幸福的人，才能在家中、在朋友中感到幸福。所谓工作的幸福，是指工作的人必须知道工作是值得去做的，工作适合他的脾气，并最终适合他的年龄、经济和执行高要求任务的能力。”

若以这一标准来衡量，菲律宾的生活并不符合艾森豪威尔对于幸福生活的定义，特别是在他的好友奥德因飞机坠毁而去世后，他更加心灰意冷。他写道：“从那以后，更多的工作计划落到我的肩上，但是我的朋友不在了，一切都变得索然无味。”此后，他与麦克阿瑟的分歧越来越明显，关系也渐渐变得疏远和冷淡，他越来越难以容忍麦克阿瑟的坏脾气。

世界形势风云变幻。1938 年 3 月，德国吞并奥地利，英、法推行绥靖政策，在一定程度上助长了法西斯主义的嚣张气焰。9 月，希特勒制造了臭名昭著的“慕尼黑阴谋”，迫使英、法以牺牲弱小国家捷克斯洛伐克的利益，来达到祸水东引的目的，将更多的欧洲国家卷入战争。在远东，日本继“七七”事变后加紧了在中国的侵略步伐，占领了中国 13 个省 100 余万平方公里的国土，相当于日本本土面积的 3 倍。之后，侵略军继续北上的计划受到了严重挫折，于是将侵略计划调整为北上南进。南进的主要目的是夺取包括东南亚在内的亚太地区资源，最重要的是石油、钢铁、橡胶等。而菲律宾恰好在日本南下的路线上，这预示着将发生一场无法回避的战争。

很快，纳粹德国与苏联签订了互不侵犯条约。德国解除了后顾之忧后，于 1939 年 9 月 1 日向波兰发起“闪电式进攻”。9 月 3 日，英、法被迫对德宣战，第二次世界大战全面爆发。不到一个月时间，德军就攻占华沙，侵占了波兰。德国对波兰的侵略战争，是希特勒称霸世界的战争总计划中的一个重要组成部分。

由于中欧战场与美国没有多大的利益冲突，美国朝野多数人都坚决反对美国卷入战争，根深蒂固的孤立主义大行其道。美国政府对外宣称保持中立，其防务方针没有发生任何大的变化。

尽管如此，艾森豪威尔坚信这是一个千载难逢的机会，他马上向麦克阿瑟提出辞去职务，回美国备战。麦克阿瑟极力挽留艾森豪威尔。他递给艾森豪威尔一份空白的服役合同，说：“我已经在这张合同上签了名，具体内容也已经填好，只有留菲工作的薪金一栏还空着，只等你自己填个数。”但艾森豪威尔谢绝了，他说：“再多的钱也不能使我回心转意。我已经把我的一生献给祖国与这份职业。如果我担心的事情成为现实，我希望自己能够恪尽职守。”见艾森豪威尔心意已决，麦克阿瑟只好答应。

值得肯定的是，艾森豪威尔还是从麦克阿瑟身上学到了很多东西。尤其是当麦克阿瑟针对某个问题采取某种立场以后，他便固执地坚持这种立场，并采用合乎逻辑地摆出事实的方法来坚持自己的观点，因此谈起来就很有权威。后来，艾森豪威尔在战时及担任总统时，在辩论中总是下意识地效法麦克阿瑟。

艾森豪威尔在退休后曾就自己与麦克阿瑟之间的关系接受了一次采访，他评价麦克阿瑟还是比较中肯的，说他始终“对在麦克阿瑟麾下工作所获得的行政经验很是感激，没有这种经验的话”，他“就不可能担负起战争时期的重大任务”。艾森豪威尔还指出：“我们之间显而易见的冲突情况被夸大了。在密切共事 7 年之久的两人之间，一定有着一条强有力的纽带。”

12 月 12 日，奎松在马拉卡尼扬宫为艾森豪威尔举行了盛大的欢送宴会，并授予他一枚菲律宾卓越功绩星勋章，以表彰他的“非凡才能、专业造诣、广博见识，热忱以及具有吸引力的领导才能”。

麦克阿瑟也表现出了罕见的善意，不但亲自为艾森豪威尔夫妇送行，还送了一瓶苏格兰威士忌作为礼物。此后，直到“二战”结束，他们才再次见面。

第三章　第二次世界大战爆发

1939 年 9 月 1 日，纳粹德国入侵波兰，第二次世界大战全面爆发。这是人类历史上最大规模的战争，以希特勒为首的法西斯国家给全人类带来了巨大的灾难。同时，战争也给了军人建功立业的机会，艾森豪威尔抓住了这一时机，并且打败了德国法西斯，为世界和平做出了不可磨灭的贡献。

参战之前的宁静

1939 年 12 月 13 日，艾森豪威尔带妻儿从菲律宾返回美国。他们在菲律宾 4 年的艰难生活终于结束了。

这时，艾森豪威尔的儿子约翰已经年满 17 岁，艾森豪威尔问他将来有什么打算，约翰说他想去西点军校，像父亲一样成为一名军人。艾森豪威尔并没有逼着儿子朝这个方向发展，但约翰知道，如果自己成为一名军人，父亲肯定会很高兴。艾森豪威尔希望儿子慎重考虑，在约翰下定决心之前，他打算以自己的经历给儿子上一课。

从军这么多年，艾森豪威尔一直没有发挥自身才华的机会。他告诉儿子：如果你成为律师、医生或商人，那么，只要你有足够的能力就会有发展前途，你的性格、能力与雄心壮志都有可能得到最大的发展。他又轻描淡写地补充道："在军中……事情的处理方式有些不同寻常。不管一名军官有多么优秀，不管他工作多么出色，都必须按照资历进行晋升。"他以自身为例进行说明，他于 1911 年入伍，已经在军中度过了 29 年，经常受到上级的褒奖，在同龄和同级的军官中出类拔萃，并曾在陆军首屈一指的研究生院就读，毕业于陆军指挥与参谋学校。但是，这些经历对他的晋升并无多大帮助。一名军人只有在成为上校之后，才有资格打破资历的限制，等候被选为准将，在此之前，所有晋升都必须论资排辈。按此速度发展下去，艾森豪威尔要到1950年才能达到上校级别，到时他将年满60岁，陆军部不会把那些接近退休年龄的上校提升为将军。因此，艾森豪威尔告诉约翰，他在陆军中成为将军的可能性是零。

约翰听了非常不解，既然没有多少晋升机会，为什么父亲还要留在陆军部呢？艾森豪威尔解释说，他发现陆军的生活“乐趣无穷……它使我接触到那些有能力、重荣誉、对国家忠心耿耿的人”。他说自己不想为了晋升问题而苦恼，“一个竭尽全力的人能够获得真正的满足。我在陆军中的志向，就是使每一个我服务过的人在我被调离时感到遗憾”。约翰明白了父亲的想法，同时也坚定了去念西点军校的信念，因为他从骨子里就像爸爸。

实际上，当他们回到美国后，为了说服约翰放弃念军校的想法，艾森豪威尔的哥哥埃德加曾经向约翰许诺：“我出钱送你上大学，毕业后再修3年法律，学成之后到我的律师事务所工作。我保证付给你至少两倍于一名军官所能得到的工资。如果你有能力自立门户，我也会全力支持你创办自己的事务所。”但是，这个建议并没有让约翰心动，他谢绝了伯父的好意，坚持要上西点军校。

事后，约翰向父亲解释说：“亲爱的爸爸，每当您谈起自己的军旅生涯，您总是流露出满意的表情，并且为自己能够与高尚杰出的人物打交道而备感自豪。正是您的所作所为使我下定了决心。”

约翰停了一下，接着说道：“如果我在解甲归田之日能够像您这样指点江山的话，那我就没有什么可后悔的了。我和您一样，绝不会为职位的升降变迁而苦恼。”

艾森豪威尔听了十分感动。约翰的决定不仅是他自己的选择，而且在某种程度上证明了艾森豪威尔对事业的选择是正确的。

对于约翰非常坚定地想进入西点军校，艾森豪威尔给予了大力支持。当他试图使约翰得到选派时，他写信给米尔顿说："整件事情的悲剧是，6 年前在国会，起码有 10 来名议员愿意为我取得这次选派。事实上，当时只是根据个人的请求，为其他孩子争取得到选派。所有这些议员……都已经从国会的名单上消失。不管怎样，政治家们的记忆力是很差的，所以我现在直接提出的任何请求，都会被扔到废纸篓里。"最后，堪萨斯州参议员阿瑟·卡珀允许约翰参加选拔考试。约翰得了 92 分，名列第一，于是，卡珀就选派了约翰。

艾森豪威尔写信给埃弗雷特·休斯说："约翰的成绩令我挺起胸膛，脸上增光，跟玛米每天谈论儿子时，添加了内容。"当他从菲律宾回来时，一位朋友说他看上去显得消瘦和疲乏。他却坚持说他感到自己的身体非常好，在那炎热的地方生过病的仅是玛米，虽然炎热使他消瘦，但他很快就可以恢复过来。事实确实如此，到 1940 年秋天，他又健壮起来了。大多数人认为，他看上去比实际年龄要年轻 10 岁。部队工作和野外生活，使他恢复了旺盛的精力。他依然有着天生似运动员的优美体态。

1940 年，德国在欧洲不断扩张，美国的军事评论家们唇枪舌剑，为美国是否参战大打口水仗。不容置疑的是，美国参战的迹象越来越明显，各地都在积极训练后备军。

1940 年 2 月，艾森豪威尔的机会来了，他被委派为驻加利福尼亚第 15 步兵团副团长，并兼第 1 营营长。这使他正式摆脱了长达 8 年的参谋或助理工作，不用再从事军事计划的制订和答辩，而是投身部队，真正与士兵和武器打交道。

他在给奥马尔·布莱德雷的信中写道："我正在享受美好的生活。像军中其他人一样，我们都疲于应付工作，处理各种大大小小的问题，但这项工作很有趣……我想不出还有比这更好的工作。"他在马尼拉那种悠闲的生活为频繁的体能锻炼所取代，而这非常适合他。这些经历坚定了他的信念："我属于部队。和他们在一起，我感到快乐。"

1940 年是第二次世界大战战火蔓延最快的一年。5 月 10 日，德军决定采用"曼斯坦因计划"完成对丹麦、挪威、荷兰、比利时、卢森堡、波兰、法国等西欧国家的侵略。德军首先将进攻矛头指向荷兰、比利时，吸引英法联军主力北上，随即以强大的装甲部队从阿登山区杀出，至 5 月 20 日已经抵达英吉利海峡，英法联军约 40 万人被困于敦刻尔克海岸地区。

由于担心装甲部队孤军深入会遭遇危险，并考虑要保留实力南下，加之德国空军元帅戈林[①]保证用空军即可消灭被困的联军，希特勒下令装甲部队停止推进。英国政府抓住机会，从 5 月 26 日晚到 6 月 4 日，从敦刻尔克将联军 33. 6 万人撤至英国。

6 月 10 日，意大利向英、法宣战，战火烧到了地中海和非洲。6 月 22 日，法国投降。随后，希特勒提出愿与英国在重新瓜分世界的基础上和谈，英国处境十分艰难，但在首相丘吉尔[②]的领导下，英国军民同仇敌忾，士气高昂，不畏强暴。为此，希特勒于 7 月发布“海狮计划”，准备入侵英国，他首先要做的是夺取制空权。这样一来，为争夺制空权而展开的空战就成为不列颠之战的主要方式，正如丘吉尔所言：“在人类战争的领域里，从来没有过这么少的人（指英国空军飞行员）对这么多的人做过这么大的贡献。”

德国集中了约 2400 架飞机，于 7 月 10 日起连续不断地大规模空袭英国本土，英国皇家空军奋力抵抗。9 月上旬，德军又转而对伦敦等大城市不分昼夜地狂轰滥炸，企图瓦解英国人民的斗志，但仍未奏效。9 月 17 日，希特勒被迫下令不定期推迟实施“海狮计划”。同时，德、意先后在北非、巴尔干采取行动。7 月至 9 月间，意大利从东非的埃塞俄比亚和北非的利比亚向英属索马里、肯尼亚、苏丹和埃及进攻。年底，英军在东非展开反击。

---

① 赫尔曼·戈林（1893—1946）：历任纳粹德国空军司令、“盖世太保”首长、“四年计划”负责人、国会议长、冲锋队总指挥、经济部部长、普鲁士邦总理等诸多重要职务，并曾被希特勒指定为接班人。

② 温斯顿·丘吉尔（1874—1965）：英国政治家、历史学家、画家、演说家、作家、记者，两度出任英国首相，领导英国人民赢得了“二战”。战后发表“铁幕演说”，正式揭开了美、苏“冷战”的序幕。

在远东，日本近卫文麿①再次出山组阁，于7月26日确定了《基本国策纲要》，即“建设以日本皇国为中心，以日满华的牢固结合为主干的大东亚新秩序”。其方针是南进政策及强化与德、意的政治联合，把英、荷、法的太平洋属地，以及菲律宾、澳大利亚、新西兰等囊括在所谓的“大东亚共荣圈”中。9月23日，日军开始进占法属中南半岛北部，迈出了南进的第一步。9月27日，德、意、日在柏林签订《三国同盟条约》，德、意和日本分别承认对方在欧洲和亚洲建立新秩序的领导权，同时将矛头直指美国，准备大举南进。

欧洲战场形势危急，再次连任总统的罗斯福开始意识到，如果英国被德国打败，那么美国将成为它的下一个侵略目标；与其到时孤军奋战，不如现在援助英国使之免于灭亡，以牵制德国。他和英国首相丘吉尔协商后决定，英国把西印度群岛和纽芬兰的领地租给美国使用99年，以换取50艘美国驱逐舰。为了抵偿英国向美国订购武器的货款，美国还派船到南非运走了英国仅有的储备黄金。这对英国来说是势在必行又十分痛苦的事情。丘吉尔认为，罗斯福这么做完全是出于好意，他用心良苦，想引起美国各界认识到英国的牺牲和困难，从而改变孤立主义的立场。后来，罗斯福决定以“租借”的方式为英国提供军火，他在说服国会通过“租借法案”时用了一个生动的比喻：邻居家失火了，我们应该立即把水龙带借给他，等火熄灭后把水龙带拿回来就是了！1940年年底，罗斯福又发表了一次“炉边谈话”，告诫美国人民：“危险就在眼前……大不列颠一旦崩溃，我们整个美洲的人都将生活在枪口之下……我们必须竭尽全力就我们所能支配的人力和物力，生产武器和舰只。……我们必须成为民主国家的大兵工厂。”这次谈话标志着美国对英国的公开支持及孤立主义的结束。

但对日本，美国奉行了完全不同的政策。在远东，长期存在着美国与日本的利益碰撞，两国之间的关系时而紧张，时而缓和。20世纪30

---

① 近卫文麿（1891—1945）：日本第34、第38、第39任首相，日本侵华祸首之一，法西斯主义的首要推行者。

年代至太平洋战争爆发前夕，国际形势动荡不安，美国为了保障自身最大的经济利益，对日本采取了绥靖与遏制相结合的政策。在打击德国的同时，美国在亚洲和太平洋地区采取防御战略，稳住太平洋的局势，推迟或避免与日本发生直接军事冲突。美国还试图以牺牲中国的利益为代价来换取日本放弃南进计划。美国表面上资助蒋介石抗日，实际上是宁可让日本人继续北上，也不愿意日本人南下。

美国参战不可避免，这是艾森豪威尔建功立业的大好机会。他认为，当世界大部分地区已经发生战争，并且美国越来越可能卷入这场战争的时候，一个职业军人不可能找到比这更好的机会了。他兴奋不已，称 1940 年是他参军以来“最称心如意的一年”。尽管他已经 50 岁，但他行走时步履轻松，双目炯炯有神。他几乎完全秃顶，只有脑后和两鬓还剩几缕浅棕色的头发，但是秃顶却使他的相貌更加出众，原因可能在于这和他灵活的大嘴很相称。他富有感染力的亲切笑容仍然一如既往。他思维活跃，反应灵敏，说话滔滔不绝，表现出充分的自信。

为了能在战争爆发后拥有强大的部队，艾森豪威尔的工作是帮助训练军队。他要求这支部队既能够承担防御敌人袭击的任务，也能作为反击的先锋力量。他在工作方面表现出色——他了解这一点，也知道上级对此心中有数。他希望自己能够到充满挑战的岗位上工作，为陆军和整个国家做贡献。当时，训练部队和扩充部队这项任务正由陆军参谋长马歇尔将军负责。

美国政府计划从 1939 年到 1942 年，把军队的数量由 19 万人扩充到 500 多万人。同时采用全新的武器装备系统，并对组织、纪律和战术等方面进行改革。艾森豪威尔每天工作 18 个小时，全周无休。他制订训练计划、视察部队、给新任命的军官讲课、指挥野战学习、研究欧洲战争、总结经验并将其用于自己的部队。

艾森豪威尔非常重视士气，并尽己所能地鼓舞和保持士兵的高昂斗志。他认为，“只有每个人都了解下达命令的原因和目的，他们才愿意，或能够最有效地进行战斗”。因此，无论走到哪里，他都注意和士兵打成一片，听他们发牢骚，耐心地进行解释，并为他们解决实际问题。他不允许由于偏袒或不公正而导致士气低落，力求公正地对待每一个士兵。当然，他也不会一味地袒护和纵容士兵，而是严格要求他们，因为他相信“军队不能娇生惯养，那样只会宽容和鼓励无能”。

艾森豪威尔从军多年，在训练方面积累了丰富的经验，他主张部队尽量根据实战需要进行训练。为此，他坚持让已经精疲力竭的士兵们继续操练，以寻找将来可能在战时暴露出来的弱点，这与他“平时多流汗，战时少流血”的观点是一致的。他痛恨别人懒散倦怠，尤其不喜欢军官有这种行为。如果手下的军官仔细查看训练项目，“害怕训练时间增加，担心训练计划会给自己增添麻烦”，他就会火冒三丈。这段时间，他的时间被许多事情占据着：训练计划的制订、新装备的抵达、训练营新兵的接收等。

艾森豪威尔的好友巴顿此时也在积极备战。当时巴顿只是驻本宁堡的第 2 装甲旅旅长，他写信对艾森豪威尔说，他很快就要成立 2 个装甲师，这在美国历史上还是首次，实现了他们 1920 年在米德军营时的愿望。巴顿说，他希望自己能够指挥其中的一个装甲师。他问艾森豪威尔是否愿意在其麾下工作。艾森豪威尔立即回信：“这太好了。我觉得在你的师里指挥一个团也许是一个奢望，因为我晋升为上校还需要大约 3 年时间，但我觉得自己能很好地指挥一个团。”巴顿回信说：“我想请你出任参谋长，你也可以选择当团长，告诉我你的选择。不管怎样，只要我们两人携手，就一定能够大获成功。”

艾森豪威尔开始重新考虑自己的将来，他知道自己在全军中享有“卓越的参谋军官”的声誉。许多在各地任职的朋友告诉他，这位或那位将军曾寻求他担任师甚至军的参谋长。然而，这一名声极有可能使他再度失去参战的机会。想到这一点，他开始给陆军部的所有朋友写信，请求务必让他留在第 15 步兵团。同时，他又向在华盛顿的马克 · 克拉克[①]透露了自己的想法：在巴顿领导下指挥一个装甲团。为此，他请克

---

① 马克 · 克拉克（1896—1984）：美国陆军上将，著名的两栖作战专家，“二战”期间任美国第 5 集团军司令。

拉克去见陆军参谋长马歇尔，帮助他实现这一愿望。

但艾森豪威尔迟迟没有得到答复，这时巴顿再次写信劝他快点申请调动，他焦急万分，但又苦于找不到门路。巴顿在信中说：“如果你有门路，就要走门路，因为这个军很快将有 10 个新来的将军。”

此时，艾森豪威尔有两种担心：一是担心军衔太低，影响他晋升为作战指挥官；二是担心声誉会让他继续从事参谋工作。没过多久，他的担心果然变成了现实，陆军作战计划处处长伦纳德·杰罗发来电报说，拟邀请艾森豪威尔到作战计划处工作，并要求艾森豪威尔迅速做出答复。艾森豪威尔给杰罗写了一封长达 3 页的信，表示尽管他非常愿意杰罗做他的上级，但如果可以选择的话，他更愿意留在部队。他认为自己有能力担任指挥职务。

从上校荣升为准将

令艾森豪威尔没有想到的是，杰罗和巴顿并不是唯一想要他的军官。1941 年 3 月，第 9 军军长凯尼恩·乔伊斯将军要求艾森豪威尔担任他的参谋长。于是，在 3 月 11 日，艾森豪威尔被晋升为临时上校。没有哪次晋升比这次更使他高兴。

3 个月后，他又接到了新的命令。6 月 11 日，沃尔特·克鲁格[①]中将写信给陆军参谋长马歇尔将军，说他的第 3 集团军需要一位参谋长，他知道他需要怎样的人来担任这个职务：“高瞻远瞩……对掌握一个部队这样重大的问题有深刻了解，积极主动，足智多谋。”克鲁格认为艾森豪威尔是最合适的人选。两天后，马歇尔同意了这项任命。

7 月 2 日，艾森豪威尔被克鲁格将军任命为副参谋长。8 月 9 日，他又晋升为第 3 集团军及南部防御司令部参谋长。

这年 7 月 1 日正好是艾森豪威尔与玛米结婚 25 周年纪念日。艾森

---

① 沃尔特·克鲁格（1881—1967）：美国陆军上将，“二战”期间任美国第 6 集团军司令。他指挥的作战行动以伤亡率低而闻名。

豪威尔用自己在菲律宾的积蓄，给玛米买了一块白金手表作为礼物。玛米很高兴，后半生她一直戴着这块手表。更让她高兴的是，丈夫现在已经成为上校，一家人能够入住萨姆－休斯敦堡漂亮的老式砖楼，楼房四周有树木环绕的走廊和一大块草坪。

玛米终于过上了比较富足的生活，这也算是艾森豪威尔对她的补偿。按规定，一名上校配备一名勤务兵和一名副官。玛米在公告板上贴出布告，征求一名勤务兵。几天后，一等兵迈克尔·麦基奥应征报名。麦基奥不久就成了艾森豪威尔的崇拜者，在接下来的 5 年中一直追随着他。

艾森豪威尔的新上司克鲁格在军队中声望很高，被称为“军人中的军人”。他从 1898 年的列兵跃升到 1941 年的中将，上升速度之快令人瞩目。在此期间，他参加过美西战争，镇压过菲律宾起义，参加了 1916 年潘兴的惩罚性远征，并在“一战”中担任美国远征军坦克和步兵部队的参谋。他被认为是“陆军中受过最好教育的、最具洞察力的军官”，也是最有才华的战术专家。

这一年克鲁格 60 岁，但是身体仍然很好，精力充沛。艾森豪威尔认为，他是少数几个能满足战争要求的军官之一。

他们可以说是一对理想的搭档。经验和远见是克鲁格所寻找的素质，而艾森豪威尔二者兼具。

为了提高军队的作战效率，美军各部都在进行军事演习。这次大规模的演习是美军为了参战而准备的。克鲁格的第 3 集团军扮演进攻角色，正在“侵入”路易斯安那；本·利尔的第 2 集团军则扮演防守角色，“保卫”美国。马歇尔坚持进行这种大规模的战争演习，是为了找出训练中的不足和装备上的缺陷，同时也是为了发现有才能的人。

为了筹划这次演习，艾森豪威尔倾注了大量心血，与各部门人员进行沟通，有时甚至几天都睡不好觉。一些基层军官行为散漫，不能有效地执行上级的命令。他不得不亲自从一个军营跑到另一个军营，这里做指示，那里下命令，一个问题一个问题地进行解决。每天清晨，他还把主要负责的军官召集到一起进行讲评。

演习期间，艾森豪威尔在协调行动和处理行政工作方面干得十分出色，深受克鲁格的赏识。

艾森豪威尔随军队在野外扎营，住在查尔斯湖附近宿营地的帐篷里。他的帐篷成了临时会议室，各级军官都喜欢到他这里来讨论战事。艾森豪威尔非常好客，即使别人占用了他有限的睡眠时间，他也毫不介意。

不仅是军官们，就连新闻记者也不时来到艾森豪威尔的帐篷，希望能够了解美军最新的军事动向。这些记者大部分是年轻人，他们渴望知道，如果美国参加这场战争，他们的工作将是什么。和其他军官一样，记者们都被艾森豪威尔热情坦率、风趣幽默的性格吸引住了。对于那些挑剔的记者来说，艾森豪威尔的诚实令他们吃惊。他坦白地告诉记者出了什么错，他调侃军队对未来战争不适应，嘲笑那些假坦克，或那些两边挂着“坦克”标记的普通卡车。有记者认为，正是因为艾森豪威尔保持本色，他才称得上是处理公共关系的天才。

通过大规模的军事演习，艾森豪威尔收获良多，尤其锻炼了他协调各部门、处理人际关系的能力。他掌握了大部队协调作战的技巧，为日后的指挥奠定了基础。由于第 3 集团军按照艾森豪威尔的计划，包抄利尔的第 2 集团军并迫使其撤退，艾森豪威尔成了新闻媒介关注的焦点。记者报道说：“如果是真的战争，利尔的部队就被消灭了。”在《华盛顿巡礼》专栏中，德鲁·皮尔逊和罗伯特说：“是艾森豪威尔构思和领导制定了击溃第 2 集团军的战略……艾森豪威尔思维敏捷，加上非凡的精力，对他来说，军队这一行是一门科学。”

艾森豪威尔称得上是一举成名，同时他又非常低调，这一点尤其受到上级的肯定。对于一个能征善战的军人来说，居功自傲是个大忌。这是他当兵以来第一次受到这么多的关注，尽管自从布雷迪①时代起，新闻摄影就开始伴随美国军队的活动，但镁光灯对他来说仍是一种相当新

① 马修·布雷迪（1823—1896）：美国摄影师，人类历史上第一个全面报道战争进程的摄影记者。

鲜的玩意。他调侃道："对于那些摄影记者来说，我还是个陌生人。在波尔卡营的一次检阅中，克鲁格将军、英国军事观察员戈尔丁少校和我被拍了一组照片。在说明中，他们两位都被介绍对了，但我的名字却被说错了。"艾森豪威尔的谦虚成为大家喜爱他的品质之一，他真诚地说荣誉应当归于克鲁格将军，坚持是别人而不是他应该得到赞扬。

这次大规模演习的收获是巨大的，它使部队熟悉了大规模的协同行动，也使那些老资格的军官注意到年轻军官已经有能力执行参谋或指挥工作中最困难的任务。同时，它还使一些将领具备了在战场上指挥大部队的经验，以及在大范围内供应补给的实际经验。

1941 年的一系列演习，使陆军部展开了一场无情但又必要的改革，到了该年年底，有数百位高级将领被强制退休。在 42 位军长及师长中有 31 人被免职或者让位，为新一代将领让路。

这次演习还使人们发现了陆军中最有希望的领袖，他们在即将到来的战争中将承担起作战的重任。在演习中，有三颗新星冉冉升起，其中，艾森豪威尔改进了第 3 集团军的战略，尽管他宁愿在巴顿的坦克部队里担任一名指挥官；马克・克拉克准将设计了演习的情节，被誉为陆军最出色的规划师；巴顿成了新一代进攻型坦克指挥官的代表，据说仅他的名字就顶得上一个装甲师。

演习后，艾森豪威尔写信给杰罗说："在这支军队中，每一位高级指挥官都面临着巨量的工作。带领一支大部队达到高水平的训练标准，所需的精神力量和魄力是巨大的，只有经过高度专业训练和具有毫不动摇的决心的人才能成功。"

不幸的是，这些品质很难集中在一个人身上。有些军官很有魄力，但是没有足够的能力，另一些军官的情况则恰恰相反。艾森豪威尔认为，高级指挥官应当具有"铁石心肠"，果断开除不合格的人。这些人当中有很多是他的老朋友，"但是必须如此"。他说这是个难题，事实上，在当上高级指挥官后，他才意识到这有多么困难。在整个战争中，他感到最痛苦的就是他不得不解除他的同学或朋友的作战指挥职务。

艾森豪威尔经受住了考验，他在写给杰罗的信中说：“这里的老前辈都说，我们去的是一个非常可怕的地方，与泥浆、疟疾、蚊子和痛苦一起生活。但我愿意到战场上去，所以我不在乎。”对于实际作战的艰苦，艾森豪威尔有着清醒的认识，他认为“我们必须揭露和强调战争中对一个单位或一支部队致命的每一次失误、失败和混乱”。

1941 年 9 月下旬，在克鲁格的推荐下，艾森豪威尔被提升为临时准将。

当艾森豪威尔出现在大众的视线中时，朋友们的贺信如雪片般飞来。而他在国旗下敬礼的照片，也通过电讯发送到各地。这时，美国人和新闻界才发现艾森豪威尔竟然是全国乃至全世界最上相的人，于是讨要签名照片的信也像雪片一般飞了过来。

艾森豪威尔的回信透露着他惯有的幽默：“想到有人要我的照片，我高兴得急忙寄了出去。你想要三张或四张吗?”艾森豪威尔虽然非常乐意分发自己的照片，但对于第 3 集团军军官们的列队欢迎，他表示反对。他告诉克拉克：“我简直毫无办法……我永远反对这种事情。我希望我不要摔倒！但是，如果前景不比向希特勒军团发起冲锋的命令更使我害怕，那就糟了！”那时，也许连他自己都不知道，他在美国人民和军官心目中的地位在不断攀升。

珍珠港事件

全国性的军事演习让人感到紧张，实际上，更多的美国人民并不希望美国参战。

从 1941 年 4 月至 6 月，美国政府内部仍然在为是否切断对日石油出口、冻结大多用来购买石油的日本资金而喋喋不休地进行着争吵。轴心国与美国显然正在一天天地走向直接冲突。

与此同时，德国的军队迅速席卷了中欧、西欧大陆、北欧和巴尔干半岛，同时控制了欧洲包括法国、波兰西部、荷兰、挪威等 16 个国家的人力等资源。

同年 4 月，苏联在苏、德关系非常紧张的时候，与日本外相松冈洋右[①]在莫斯科正式签订《日苏中立条约》。该条约除了规定互不侵犯外，还互相承认了对方在中国东北和外蒙古的现实利益，使苏联中止了大部分对华援助。

在德军横扫欧洲之时，斯大林[②]意识到如此强大的德国必然会威胁苏联的安全，开始着手采取防范德国的系列措施：将苏联的重工业和军事工业有计划地迁移到乌拉尔山以东；与德国和谈，避免刺激德国；为稳住东方的日本，与日本签署中立条约；建立“东方战线”，增加战略纵深；等等。然而，斯大林的希望很快破灭了。6 月 22 日凌晨，德军在北起波罗的海、南至黑海的 1800 多公里的漫长战线上，分为北方、中央、南方 3 个集团军群，向苏联发动突然袭击，向苏联境内推进。

苏、德战争爆发后，美国才彻底放弃了避免与日本产生冲突的幻想。苏、德开战，为日本加速推行其“大东亚共荣圈”侵略计划提供了大好的机会，它可以将北上的兵力派到南面。天皇御前会议确定了“不管遇到什么障碍”，都要奉行向南扩张的政策。7 月初，日军得以进入法国在东南亚的海空军基地，这使日军在东南亚处于军事优势，能够掠夺其想要的大部分资源。

随后，日本又侵占了美国在菲律宾、马来亚的军事基地。7 月 24 日，日本大使野村吉三郎[③]被召到白宫，罗斯福总统向日本发出严厉警告。罗斯福断言，如果日本试图夺取东印度群岛的石油，荷兰人就会抵抗，英国人就会对他们进行援助，“鉴于我们自己援助英国的政策，结果立即会出现一种极为严重的局面”。如果日本从东南亚撤军，那个地区将实现中立，美国可以保证日本自由购买该地区的大米和原料。罗斯福对日本接受这项建议虽然不抱什么希望，但他认为这是“为避免日本

---

① 松冈洋右（1880—1946）：日本外交官，绰号“五万言先生”。日本退出国际联盟、日德意三国同盟的缔结、《日苏中立条约》的缔结等都有他的身影。

② 斯大林（1878—1953）：苏联政治家，苏联执政时间最长的最高领导人。

③ 野村吉三郎（1877—1964）：日本海军大将，“二战”后的亲美派首脑。

向南太平洋扩张再次做出的一种努力”。

7 月 25 日，美国政府下令冻结境内一切日本资产。要使用这些资产，包括购买石油，都需要首先取得许可证，必须征得美国政府的许可。美国新制定的政策表面上无意全面切断对日本的石油供应，但其实际效果乃是近乎全面禁运。从 8 月开始，没有一滴油从美国流向日本。此后，英国也宣布冻结日本在英国的资产和禁运，切断了婆罗洲向日本的石油供应。荷属东印度群岛也做出了同样的决定。

而美国军队内部对日本的态度分歧很大，一种观点倾向于与日本和平共处，认为日本不过是虚张声势，战争至少暂时不会在太平洋爆发。1941 年 12 月 4 日国内的一份社论甚至说：“现在可以清楚地看到，日本并没有和美国作战的愿望。”但是，华盛顿从未掉以轻心，他们认为战争迫在眉睫。艾森豪威尔也认为战争迟早要爆发，只是时间问题而已。

但日本没有给美国任何实质性的解释，罗斯福总统决定对日本进行经济制裁。

1941 年 10 月 23 日，日本内阁首相、战争狂人东条英机①召开军政要员联合会议，集中讨论了和美国谈判的问题及与美国开战的前景。为了缓和与美国的关系，东乡茂德②外相主张最好从中国部分撤军，但遭到军方的强烈反对。日本陆军总参谋部坚持认为，与美国谈判已进入死胡同。陆军总参谋长杉山元③说：“只要美国仍顽固不化，那就没有必要继续会谈下去，唯一的解决办法就是战争！”海军代表永野修身④加重语气说：“立刻开战！日后再不会有开战的良机！”杉山元则主张应在 12 月初开战。就这样，狡猾的日本人一边准备与美国开战，一边又

---

① 东条英机（1884—1948）：日本军国主义的代表人物，第 40 任日本首相，侵略中国和发动太平洋战争的重要罪犯之一。

② 东乡茂德（1882—1950）：日本外交官，官至外务大臣。

③ 杉山元（1880—1945）：日本陆军大将，陆军航空兵第一人，发动全面侵华战争和太平洋战争的积极策划者、参与者。

④ 永野修身（1880—1947）：日本海军元帅，舰队派的主要人物，对美开战的急先锋，太平洋战争时期日本海军第一号首脑，唯一一个任海军三长官的人物。

与美国人和谈，愚弄美国人。

尽管很多人都预感到日、美之间必有一战，但谁也没想到战争会来得这么快。为了消灭美国在太平洋上的军事实力，日军计划偷袭珍珠港。

日本联合舰队司令　山本五十六

为了确保这次偷袭成功，日军大本营采取了大量的欺骗和伪装措施，并进行了周密的准备。偷袭珍珠港的计划长时间内只有日本联合舰队司令山本五十六[①]和一两个军官知道，就连海军参谋长也直至 1941 年 10 月才得知这一计划。

为了隐蔽在太平洋地区的战略企图，日军大本营于 1941 年 7 月在

① 山本五十六（1884—1943）：日本联合舰队司令长官，偷袭美军珍珠港和发动中途岛海战的谋划者。1943 年 4 月 18 日被美军击落座机而毙命。

中国东北地区举行了代号为“关特演”的大规模演习，并将关东军由11个师增加到20个师，总人数由40万增至70万，制造准备进攻苏联的假象。在航线选择上，日本研究了北、中、南三条航线，选定了距离较远、气象不好、补给困难，但便于隐蔽的北航线，并规定在航行过程中保持无线电静默。突袭时间选在星期天早晨，美舰周末返港停泊、疏于戒备的时间。日军的演练、集结都是在严格的保密条件下进行的，已经调动集结的部队，其通信联络保持平时的状态，以造成日本联合舰队主力仍在内海的假象。

这一系列计划的制订者就是日本联合舰队司令山本五十六。这个身高不足1.6米的人物，双肩宽阔，胸部像个圆桶，身体还算强壮。早年他曾到美国哈佛大学学习，后来在华盛顿担任日本大使馆的武官，对美国的工业实力有较深的了解。为了取得偷袭的成功，他做了充分的准备。日军利用各种手段，广泛搜集珍珠港美军的防御部署、兵力分布、活动规律、泊港军舰位置等情报。日本驻夏威夷领事馆积极搜集目标区域的情况，并及时汇报。日军还派出大批间谍，并以潜艇进行侦察和监视，便于突击部队随时掌握美军动向。

就在日本马上要对美国开战之际，罗斯福仍在向日本裕仁天皇[①]呼吁和平。他在电报中说：“我们两个人都有恢复传统和睦、防止人类进一步死亡和毁灭全世界的神圣义务，这不光是为了我们自己的伟大国家和人民，也是为了邻邦的人民。”面对美国伸出的橄榄枝，日本人在偷笑。当天日本报纸根据东条英机的指令，继续指责西方准备开战，为日军南进大造舆论。各报的标题是：“美国徒劳地拖延谈判，无意与日本和解”“美国领导人商讨对日政策，但未有改变固执态度之迹象”“恶意中伤，包围日本，践踏日本之和平意图，四国同时开始军事准备”。

中国侦察到日本即将轰炸美国珍珠港的情报后，马上把这一消息告诉了美国，但罗斯福没有加以重视。日军轰炸珍珠港的前一天晚上，美

---

① 裕仁天皇（1901—1989）：日本第124代天皇，是日本最长寿以及在位时期最长的日本天皇，在位长达63年。

国到处歌舞升平。海军部部长弗兰克·诺克斯①在国家剧场观看《学生王子》。陆军情报局局长谢尔曼·迈尔斯认为关于日本的那份电报“没有多少军事意义”，因此并不担忧。他给远东问题专家布拉顿打了个电话，告诉他“没有理由发布戒备令或布置夜防”。

美国人就这样昏昏地睡去，他们做梦也没有想到远在柱岛附近的日本联合舰队已经出发，一场巨大的灾难即将降临到他们的头上。

12 月 7 日清晨，日军第一突击波飞机 183 架，于 7 点 55 分开始发起攻击，珍珠港顿时成了一片火海，爆炸声、警报声响成一片。第一突击波历时 45 分钟。8 点 45 分，日军第二突击波 171 架飞机开始攻击，以扩大第一突击波的战果，持续时间约一个小时。由于毫无准备，驻岛美军在日机开始攻击时惊慌失措，难以进行有组织的抗击。空袭开始 5 分钟后，高炮才零星射击，岛上 32 个高炮连仅有 4 个连开火。8 点 15 分才有 4 架战斗机起飞迎战，此后虽然陆续起飞了 25 架，但由于仓促应战，协同不好，不是被日机击落，就是被己方的高射炮击毁。

日军这次作战先声夺人，行动果敢，以极小的代价获得了巨大的胜利，是世界战争史上成功的突袭战例之一。

与此同时，日军也对东南亚的美军基地进行了大规模的攻击，并且“旗开得胜”。香港、关岛、菲律宾群岛、威克岛等地先后被日军占领。在马尼拉，麦克阿瑟的远东航空大队遭到毁灭性的轰炸。至此，美国太平洋舰队和麦克阿瑟的空中力量都受到重创。从此，东条英机更加趾高气扬、耀武扬威，他命令日本海、陆军尽快占领东南亚各国及太平洋主要岛屿。

被炮弹炸醒的美国人终于明白，和平的泡沫破灭了。罗斯福总统认为这是美国历史上的奇耻大辱。他决心把这一事件诉诸美国国会，并以此呼吁美国人民团结起来，打击法西斯侵略者。12 月 8 日上午，罗斯福在国会大厦发表演说，要求向日本宣战。

---

① 弗兰克·诺克斯（1874—1944）：美国报纸编辑和出版商，1936 年共和党副总统候选人，“二战”期间担任罗斯福政府的海军部部长。

1941 年 12 月 7 日，日本偷袭珍珠港美国海军基地

当罗斯福由他的儿子詹姆斯①上尉搀扶着，缓步穿过大厅时，欢呼声如暴风雨般爆发出来，罗斯福接受过无数次欢呼，但从来没有一次像现在这么热烈。不管是民主党还是共和党，都在向他，并且通过他，向自己的祖国表达着赤胆忠心。最后，参议院以 82 票对 0 票、众议院以 388 票对 1 票通过了罗斯福的宣战要求。从此，美国正式加入了“二战”。

那么，在珍珠港事件发生时，艾森豪威尔又在干什么呢？12 月 7 日上午，艾森豪威尔不顾玛米的反对，到办公室处理文件。中午时分，他告诉副官自己“累得要命”。在上床休息之前，他告诉副官无论如何也不要打扰他。很快他就睡着了，他梦见自己得到了两个星期的假期，和玛米一起到西点军校与约翰欢度圣诞节，甚至在梦中还笑出了声。但是，副官打断了他的美梦，告诉他珍珠港遭到袭击。

艾森豪威尔听到这一消息后非常震惊，没想到战争会来得这么快，同时他也非常气愤，日本这种不宣而战的卑鄙做法在美国历史上从来没

① 詹姆斯·罗斯福（1907—1991）：美国政治家，富兰克林·罗斯福之子，“二战”期间参与吉尔伯特群岛袭击战、瓜岛战役。战后任国会议员。

有遇到过。

珍珠港事件爆发后，第 3 集团军司令部接到了陆军部的一系列命令，这些命令有的要求制定反破坏措施，有的要求严密保护工厂，有的要求在南部边境侦察巡逻以防止间谍偷入国境，等等。

由于事出紧急，这一期间的紧急调动不再按照正规的行政程序，而是大大简化了。一个电话就可以调动一支步兵部队越过这个大陆，也不需要用文件来说明是根据什么权力调动部队和装备。运载枪炮时，可以用平板货车或低边敞篷车，甚至使用卡车。运送士兵的交通工具既有豪华卧车、军用卧车和现代客车，还有停放在车场二三十年的陈旧不堪的客车。

为了调动部队，艾森豪威尔忙了整整 5 天。这时，东南亚的局势也发生了翻天覆地的变化。

12 月 7 日拂晓前，日军派遣 2.6 万人分别在泰国的宋卡、北大年和马来亚的哥打巴鲁登陆，占领了三处机场和克拉地峡，并对两国的海军基地进行了轰炸。到 12 月 10 日，英国远东舰队的“威尔士亲王”号和“却敌”号战列舰因缺乏空中掩护，在关丹以东海域被日机炸沉。日军夺取了该地区的海陆控制权，并继续发动进攻。

而在菲律宾，12 月 8 日，日本陆、海军航空队出动 500 架飞机对吕宋岛的美空军基地进行了轰炸，炸毁美机 100 架，从而夺取了制空权。

12 月 10 日到 12 日，日军又轰炸了马尼拉湾的甲米地和苏比克湾的乌朗牙坡海军基地，炸沉美舰艇 4 艘，炸毁了海军 1/4 的巡逻机。其间，日本陆军又先后在甘米银岛和吕宋岛南北端登陆。菲律宾面临着重大危机。

12 月 12 日，艾森豪威尔正在办公室处理文件，突然接到了陆军参谋部秘书沃尔特·史密斯①打来的电话。史密斯问道：“艾克，是你吗?”艾森豪威尔答道：“正是。”史密斯命令道：“参谋长要你马上坐

① 沃尔特·史密斯（1895—1961）：美国陆军上将，“二战”时是艾森豪威尔的参谋长。战后任驻苏联大使、第 1 集团军司令、美国中央情报局局长、副国务卿。

飞机赶到这里来。告诉你的上司，正式文件将随后到达。”

艾森豪威尔以为马歇尔想和自己谈谈菲律宾的防务状况，于是坐下午的飞机从圣安东尼奥飞往华盛顿。玛米问他什么时候才能回来，他自信地说：“几天以后我就会回来。”玛米暗示他可能会被留在华盛顿，他却说：“那可真是我的好运气，我就可以坐到战争结束了！”

当天天气十分恶劣，飞机不得不在达拉斯降落，之后艾森豪威尔改乘火车，一路上他都在为这次会面做准备。

幸遇伯乐马歇尔

艾森豪威尔一生中结识了最重要的两个人，一个是麦克阿瑟，另一个是马歇尔。在 37 年的军旅生涯中，艾森豪威尔有 11 年是直接在这两个人手下工作，在麦克阿瑟手下 7 年，在马歇尔手下 4 年。能结交这两位杰出的将军，并在他们手下工作，是艾森豪威尔的幸运。他们对艾森豪威尔的影响是潜移默化的。

在麦克阿瑟手下，艾森豪威尔一直郁郁不得志，甚至有人怀疑麦克阿瑟在故意压制艾森豪威尔。而马歇尔却发现了艾森豪威尔这匹千里马，并使他驰骋于欧洲战场，成为美国历史上的一代名将。

马歇尔和麦克阿瑟都担任过罗斯福政府的陆军参谋长，日本偷袭珍珠港后，他们在反攻日本的策略上产生了分歧，导致军队和参谋部分成了两派——“麦克阿瑟派”和“马歇尔派”，或者说“亚洲第一论者”和“欧洲第一论者”。

仅从私人角度来说，艾森豪威尔和麦克阿瑟的私人关系要比他与马歇尔的关系亲密得多。艾森豪威尔夫妇和马歇尔夫妇几乎没有什么社交往来，但常和麦克阿瑟夫妇一起参加舞会和宴会。艾森豪威尔和麦克阿瑟经常相互打趣，和马歇尔却很少这样。马歇尔毕业于弗吉尼亚军事学院，对陆、海军之间的竞争不太关心，但艾森豪威尔和麦克阿瑟则对西点军校橄榄球队的胜败尤为关切，每年秋季他们都热烈讨论陆、海军比赛的前景和结果。马歇尔说话平稳，衣着保守，为人谦逊，不愿意介入政治争论。

马歇尔和艾森豪威尔对战争问题有着许多相同的见解，但是，他们之间的关系从来没有超出上下级的范围。马歇尔从来不像多数美国人所做的那样，对这位年轻的同僚以“艾克”相称；艾森豪威尔对他则常常称“将军”，表示对他的尊敬。

1941 年 12 月 15 日早晨，艾森豪威尔乘坐火车抵达华盛顿联邦车站，然后马不停蹄地直奔陆军部向马歇尔报到。他急切地想要参战，于是先向马歇尔的助手史密斯询问，史密斯直言不讳地告诉他：“不可能！如果参谋长喜欢你，战争期间你就得一直坐在一张大办公桌的后面。”艾森豪威尔又问：“假如我让他讨厌我呢?”史密斯说：“那你恐怕要待在一张小的办公桌后面了。”史密斯耸了耸肩，做出一副爱莫能助的样子，然后把艾森豪威尔带进马歇尔的办公室。

马歇尔一脸凝重，见到艾森豪威尔之后简要介绍了太平洋的形势——在珍珠港损失的舰只，在马尼拉郊外克拉克机场损失的飞机，日本在其他地方进攻的兵力和规模，菲律宾部队的实力，增援的可能性、敌情估计，美国和荷、英盟国在亚洲的力量及其他情况。

艾森豪威尔鼓起勇气，说出了自己想上前线的想法。马歇尔没有马上开口，他在想该对这位出色的参谋人员、壮志未酬的老军官说些什么。

过了一会儿，马歇尔以一种例行的上级对下级的安抚口吻问道：“请你告诉我，你在实际战斗中指挥过一个师的兵力吗?”艾森豪威尔回答道：“没有，将军，我从未带过一兵一卒。”马歇尔站起身来，冷冷地对他说：“艾森豪威尔，从你的资历来看，把你调到这里来是非常合适的。”马歇尔的意思非常明确，艾森豪威尔应该知趣安心地待在陆军部工作，并感激他的提拔。

艾森豪威尔非常无奈，他知道照这样下去，以后他只能忙于堆积如山的日常事务了。“你现在是什么军衔?”马歇尔突然又问道。在艾森豪威尔还没来得及回答之前，他又说：“你即便是被推荐去指挥一个师，也别指望到前线去得到晋升了！”艾森豪威尔听了，再也控制不住自己的情绪，脸涨得通红，猛地站起身来，对着马歇尔大声说道："将军，我并不像您说的那样看重军衔。如果您一定要我待在这幢大楼里，我就为我的国家工作。让您所说的军衔见鬼去吧！"

马歇尔听完这些话之后，对艾森豪威尔的看法有了些改变，他知道艾森豪威尔的能力，只是艾森豪威尔一直都在做文职工作。既然他这样坚持，不如听听他的想法，于是问道："那你说说该如何反击？"艾森豪威尔稍加思索之后，请求道："给我几个小时。"马歇尔回答："好吧。"

大战在即，马歇尔每天都要处理许多问题，他需要帮助，在很多值得信任的朋友推荐下，他选择了艾森豪威尔，他相信朋友们的判断力，不过他要亲自看看艾森豪威尔在战争的压力下是怎样行动的。刚才为难艾森豪威尔的几句话，只是对他的一次考验。

艾森豪威尔认为，回答参谋长的问题必须迅速及时，而且答复必须是无可指摘的。摆在他面前的是一个极端复杂的局面。

由于战前缺乏准备，珍珠港事件后，太平洋舰队损失惨重，恐怕几个月内都无法与日军对抗。幸运的是，日军袭击珍珠港时，美国海军的航空母舰不在港内，没有蒙受损失，但因为支持它们的军舰很少，也大大削弱了它们的战斗能力。而且海军认为，这些航空母舰应当留作侦察和防御之用，只有在发生重大事件时才能调作他用。此外，对于日本是否会对夏威夷，甚至美国大陆迅速发动大规模的两栖进攻，当时还没有把握。

考虑到日本随时有可能对美国进行新一轮的攻击，而夏威夷的驻防部队十分薄弱，陆军部和海军部达成了一个共识，必须尽快加强夏威夷的空军力量和地面部队力量，并把这项工作置于太平洋地区工作的首位。

珍珠港事件之后，美国太平洋舰队司令部进行了改组，由切斯特·尼米兹接替赫斯本德·金梅尔[①]指挥太平洋舰队。这位老将军看上去精

---

① 赫斯本德·金梅尔（1882—1968）：美国海军上将，太平洋舰队司令，珍珠港事件后被解职。

美国海军五星上将　尼米兹

神抖擞，发誓要报此一箭之仇。他到珍珠港后，发现不少士兵患了“恐日病”，大家惊魂未定。他马上召见了原来的参谋班子，他们中间有几个人还在遵医嘱吃镇静剂。“不会有任何调动，我对各位完全信任，”尼米兹鼓舞大家说，“我们挨了一次猛揍，但是我对最后的胜利毫不怀疑。当前最重要的是，我们要抓紧时间整顿军队，修复军舰，准备反击。”日本在轰炸珍珠港的同时也对东南亚群岛发动了进攻，导致美国在菲律宾的陆、空军损失惨重，需要后续部队进行反攻。

以上种种，使艾森豪威尔感受到了前所未有的压力，这时他要考虑的问题远远超出了他的职责范围，他要依靠自己做参谋时的经验，从各个方面全局考虑作战计划。他回到参谋部作战处，将一张黄色的薄纸放进打字机，用一个指头打出“需采取的步骤”几个字，然后靠在椅子上努力思索。很明显，菲律宾没有救了，比较明智的办法是将军队撤到澳大利亚，在那儿建立一个反攻基地，但是这样一来，军队的荣誉就要遭到损害，而且美国在远东的威望也会降低，一定要想出一个比较妥善的办法来。他的第一个提议是，在澳大利亚建立基地，从那儿设法增援菲律宾。他指出："速度是最重要的。"他力主马上将飞机、飞行员、弹药和其他物资装备，从西海岸和夏威夷运到澳大利亚去。

在大致完成计划之后，艾森豪威尔马上来到马歇尔的办公室，将书面建议呈给马歇尔，极力主张尽一切可能去支持麦克阿瑟的部队，并对所有的细节都做了解释。他说："将军，对菲律宾的大规模支持还需要等一段时间，在此之前，如果敌人用大量部队来侵占该群岛，驻防部队在微弱的援助下是不可能坚持到底的，但我们一定要在力所能及的范围内尽量帮助这个群岛。菲律宾和荷属东印度群岛的人民将会看着我们。他们会原谅失败，但不会宽恕遗弃。他们的信任和友谊对我们是十分重要的。我们的基地必须是澳大利亚，我们必须马上扩充这个基地，还要取得我们通向那里的交通线。最后一点，我们只能胜利，不许失败。我们必须冒巨大风险，而且要不惜一切代价。"

听完艾森豪威尔的陈述，马歇尔看了他一眼，虽然没有极力地夸赞他，但是心里已经暗暗记住了他的表现。随后，马歇尔依然严肃地说："我同意你的意见。尽你所能去拯救他们吧。"艾森豪威尔听了非常兴奋。后来他回忆当年的情况说："马歇尔的眼睛看上去尤其冷峻。"马歇尔接着又说："陆军部里有许多能干的人，他们很能分析问题，但非把这些问题交给我做最后决定不可。我要的是这样的助手，他们可以解决他们自己应解决的问题，并在随后告诉我他们干了些什么。"之后，艾森豪威尔全权处理向菲律宾增援的事务。

艾森豪威尔为保全菲律宾所做的工作非常出色，他圆融的处事能力给马歇尔留下了深刻的印象，以至于马歇尔最后赞同麦克阿瑟以前所做出的评价：艾森豪威尔是军队中最优秀的军官。

1942 年，陆军中几乎没人具有工业动员的知识，更不要说理解工业动员了。艾森豪威尔 10 年前在陆军部工作时，曾对这个问题做过广泛的调查。这一经历后来被证明是极其重要的，并大大提高了他的地位，使他成为马歇尔最重要的参谋人员之一。

之后，艾森豪威尔与马歇尔的关系越走越近，令不少军官羡慕不已。在很多将军看来，马歇尔不是一个容易接近的人。艾森豪威尔也说他“冷淡而严厉”。他迫使每一个人和他保持距离。罗斯福总统首次见他时，想拍拍他的肩膀，叫他“乔治”，但是马歇尔闪开了，他想让总统明白，他的名字是“马歇尔将军”。他具有高度的责任感，不太能容忍工作中的差错，但是对那些可以胜任工作的人则十分信赖。他对他们其实有很深的感情，只是很少流露出来。

追随马歇尔数年之后，艾森豪威尔发现不管是作为长官还是作为导师，马歇尔都是理想的人选。1942 年 10 月，他对一位助理说：“我不愿拿一个马歇尔去换 50 个麦克阿瑟。”他想了一下，又说，“天啊！这笔生意划不来。我要 50 个麦克阿瑟有什么用?”

观察马歇尔如何工作，成了艾森豪威尔工作中的一个重要内容。有一次，一位参议员打电话给马歇尔，请他支持提升某位军官。当时艾森豪威尔正好在场，只见马歇尔气得脸都变红了，他打断参议员的话，说：“参议员，如果你对那个人的晋升感兴趣，最好别在我面前提起那个人的名字。否则我会尽我所能，阻止寻求外界支持的人获得晋升。”说完他就直接挂断了电话。艾森豪威尔对这件事印象深刻，此后他也用同样强硬但更为圆滑的方式对付像罗斯福、丘吉尔这些人。

正如艾森豪威尔后来在回忆录中所写的一样，他对马歇尔抱有“无限钦佩和尊敬”，进而对他怀有“感情”。马歇尔对艾森豪威尔的事业，乃至思想、领导艺术都有着重要影响。他是艾森豪威尔努力学习的榜样。他定下了艾森豪威尔努力达到的标准。

马歇尔具备运动员的体格和风度，身高和艾森豪威尔差不多，身材匀称。大学时，他曾经是橄榄球队的队员。和艾森豪威尔一样，他喜欢研究美国内战战场，并且时常引用过去的战例来说明自己的论点。他的领导方法很符合艾森豪威尔的性格。他从来不大声叫喊、呵斥，几乎从不发脾气。从性情上来说，他们都注重实干。

马歇尔在美国军界是举足轻重的人物，又是罗斯福总统的左膀右臂，能得到他的赏识是艾森豪威尔的幸事。在挑选助手的时候，马歇尔认为首先是能力出众，但个人品质也很重要。在他看来，有几类人不适宜担任高级指挥职务：一是喜欢阿谀奉承的人，二是喜欢推卸责任的人，三是喜欢出风头的人。他也不能容忍悲观的人。他身边的人都很积极进取，把注意力集中在可能性而不是困难上。从各个方面来看，艾森豪威尔恰好是马歇尔想要寻找的最佳人选。

艾森豪威尔的直接上司、作战计划处处长杰罗是个没有大主意的人，做事总是犹豫不决，经常为了琐事去烦马歇尔，马歇尔为此十分苦恼。而艾森豪威尔恰恰相反，他知道什么事情必须汇报，什么事情可以自己解决。有一次，艾森豪威尔向杰罗呈交了一份报告，但杰罗拿不定主意，决定转呈马歇尔进行最后决策。艾森豪威尔盯着他的上司说："将军，你没必要拿这类事情去麻烦参谋长。"杰罗回答说："我没有办法。这些决定太重要了，必须让他亲自做决定。"后来，马歇尔将杰罗调出了作战计划处，由艾森豪威尔接替他。

设法增援菲律宾

初到陆军参谋部作战计划处，艾森豪威尔的主要工作是增援菲律宾。由于美国刚刚参战，资源尚未充分调动起来，所以他调度起各部队来非常困难。而日军则准备充分，完全掌握了战争的主动权。在日本的疯狂进攻和严密封锁下，美军很难将兵员、枪支、弹药运过去。因此，艾森豪威尔不是在设法挽救失败，而仅仅是拖延日军攻占菲律宾的时间，以便为正在澳大利亚建立基地的美军争取更多的时间。

艾森豪威尔的首要任务是打通美国到菲律宾的补给线。他将所有的物资都汇集到旧金山，命令大型运输机载着物资飞往澳大利亚，并命令15 架重型轰炸机从夏威夷转场到布里斯班为这些物资打掩护。为了把一批急用的军事物资运往菲律宾，他不惜花上千万美元在澳大利亚雇用私人船主来突破封锁线，从澳大利亚驶往菲律宾，但这只是杯水车薪。后来他在日记中写道："我至今仍坚决认为，远东局势是严峻的，在空军和陆军达到令人满意的状态以前，任何枝节问题都不应予以考虑。”

艾森豪威尔的努力没有白费，物资一点一点地被运送走了。正如他在日记中写的：“我们终于运送了一些物资去澳大利亚。空中计划包括运送 4 个大队的歼击机、2 个大队的重型轰炸机、2 个大队的中型轰炸机和 1 个大队的轻型轰炸机。但是，我们必须要有船只，并且现在我们就急需！”这些增援物资源源不断地通过澳大利亚基地运送到东南亚的各个岛屿。

日本担心美军将大部队调到东南亚，一旦美军站稳脚跟，将对日本的东南亚政策造成巨大影响，所以，日军兵锋直指麦克阿瑟驻守的马尼拉。马尼拉是美国在远东最大的海军基地，此时日军离马尼拉只有 113 公里左右。菲律宾战役是日本南进的重要战役之一。日本侵略者在战役初期的主要任务是占领菲律宾首都马尼拉和南部大岛棉兰老岛的政治军事中心达沃。进攻菲律宾的部队为日本陆军第 14 军和第 5 飞行集团、海军第 3 舰队和第 11 航空舰队。日本陆、海军共拥有飞机 500 架。

麦克阿瑟组织军队奋力抵抗。他指挥的美国部队有 1.9 万人，菲律宾武装部队有 11.2 万人，但后者大多是刚招来不久的新兵，且装备不全，训练很差；在美、菲军队中，有 8000 名空军人员，拥有 200 架飞机。此外，美国在菲律宾还有一支小小的亚洲舰队。日军飞机连续对马尼拉附近的美空军基地进行了狂轰滥炸，基本上摧毁了麦克阿瑟的空军。接着，日军在吕宋北部的阿帕里登陆，进而又在吕宋西海岸的维甘和东南部的黎牙实比登陆。美军节节败退，损失惨重。麦克阿瑟估计，日军主力将在仁牙因湾登陆，由于美国空军已损失殆尽，陆军也减员一半，美军将无法阻挡日军的进攻。

1941 年 12 月 26 日，麦克阿瑟不得不撤出马尼拉，将他的总部转移到科雷希多岛，并将部队撤到巴丹半岛。由于日军占据着菲律宾与澳大利亚之间的交通线，运送物资的路线被切断了。

1942 年 1 月，马歇尔让艾森豪威尔作为自己的主要助手，出席与英国举行的第一次战时会议，并交代他草拟表明美国对于全球战争组织

1942 年，菲律宾科雷希多岛的马林塔地道里，美国远东军司令部指挥巴丹半岛的防御

和战略的基本立场的文件。艾森豪威尔在 1 月 13 日的日记中写道：“我依然认为，他（指麦克阿瑟）能够在滩头有较好的表现，并且他本应该能在（1941 年）12 月 8 日保全他的飞机。尽管如此，他仍然是一名英雄。”

面对日军强大的攻势，麦克阿瑟艰难地应对着。他命令所有士兵在一道坚固的天然屏障后面挖战壕固守，这道横贯巴丹半岛的阿布凯防线，穿过沼泽地和纳蒂布山上的两座火山峰。这是“橙色作战计划”设计的防御方案。有了这条防御战线，美军可以在 6 个月甚至更长的时间里阻止日军的大规模进攻。

麦克阿瑟带领军队在这里度过了最艰难的时期。他们驻守的地方物资缺乏，大米还不够吃 20 天，面粉只够吃 30 天。这些粮食供给 8 万部队和 2.6 万名涌向巴丹的平民，还不够吃一个月。各种医疗用品也供应不足，从治疗疟疾的奎宁到外科手术用的纱布都很缺乏。

到 1942 年 2 月中旬，军中病倒的人达到了惊人的程度。巴丹是世界上疟疾最猖獗的地区之一，而奎宁几乎断了来源。由于饥饿和疟疾，士兵们身体虚弱，仅 3 月份第一个星期就有 500 多人患疟疾住院。医生们担心疟疾会大规模流行。尽管一支“1 英里长”的船队满载给养和增援部队正在驶来，但在日军的严密封锁和狂轰滥炸下，支援行动都失败了。

为了安抚士兵们的情绪，麦克阿瑟鼓舞他们说：“美国的援助正在途中。数以千计的兵员和数以百计的飞机正在调运，我们在巴丹的部队比进攻我们的日军还要多，一道坚不可摧的防御将挫败敌人的进攻。我们战斗，就会赢得胜利；我们撤退，就会毁灭。”

这时，马歇尔派杰罗回到战场上去指挥一个师，并任命艾森豪威尔为作战计划处处长，作为制订作战计划的主要军官。艾森豪威尔竭尽全力想要恢复运输线，但所有的尝试都失败了。即使有美元的诱惑，那些私人船主仍然不敢冒着生命危险帮助美军运送物资。两艘快速货轮装运了一个野战炮旅，最远仅到达澳大利亚北海岸的达尔文港。驱逐机运到了澳大利亚，但缺少主要的战斗部件。艾森豪威尔原本指望这些飞机可以从达尔文港飞往巴丹，但这些飞机从夏威夷飞抵时，为时已晚。仅有一艘装着弹药和药品的潜艇，突破封锁到达科雷希多岛。

四面楚歌的麦克阿瑟内心极为不满，没有生活物资，叫士兵们怎么打仗。他愤怒地给华盛顿发去一系列电报，要求海军必须从夏威夷出击，打破封锁。艾森豪威尔解释说，日军对运输线进行了严密封锁，海军无能为力，希望麦克阿瑟利用他手头所有的一切手段进行战斗，能坚持多长时间就坚持多长时间，不能指望得到援军和补给。麦克阿瑟只好边打边退，遭受了重大损失。他斥责“在华盛顿的不要脸的参谋军官们见死不救”，认为他们在故意欺骗他。他觉得陆军部假如有足够决心，援军是能够抵达巴丹的。

后来有人说，国防部的助手们一点也不关心菲律宾及在那儿战斗的部队，艾森豪威尔听了感到非常委屈。在整个作战期间，他尽了最大的努力，争取凑出一些东西并想办法将之运往巴丹。如同麦克阿瑟一样，挫折使他愤怒；但他不像麦克阿瑟那样公开发表言论，而是在日记中写道："在许多方面，麦克阿瑟是够孩子气的。我们不得不让他继续战斗下去。"

麦克阿瑟推荐了他的部下理查德·萨瑟兰，他说，一旦他牺牲，萨瑟兰将接替他的工作。艾森豪威尔称这是一份"十分夸大其词的"电报，还说："麦克阿瑟还是喜欢拍他马屁的人。"1942 年 1 月 29 日，艾森豪威尔看到麦克阿瑟拍来的要求打破封锁的"潮水般的大量电报"，说这些电报表明"他拒绝面对现实，这是他的老毛病。他紧张得控制不住自己"。5 天之后，艾森豪威尔斥责麦克阿瑟"心慌意乱。我希望他的喊叫仅仅是他催促我们的办法，但是他永远会是一个不确定的因素"。

一个不在战场上的人，是无法想象战争的残酷的。日军迅速逼近，不久就突破了纳蒂布山坡右翼阵地，麦克阿瑟的阿布凯前沿防线开始崩溃，士气一落千丈。第二天，乔纳森·温赖特①将军的左翼阵地遭到猛烈的空袭，部队也开始崩溃。后备部队紧急支援摇摇欲坠的前线。即使如此，麦克阿瑟仍然表现出了一个合格军人的坚强意志，他发电报给陆军参谋长马歇尔说："我亲自选择并准备了这个阵地，它是固若金汤的。我打算血战到底，誓与阵地共存亡。"在极其困难的情况下，一个将军发出了最有力的声音。

为了迅速结束战斗，日军不断地派兵支援，3 月间又增派 2 个步兵师团和 2 个炮兵团，对麦克阿瑟展开新的进攻。而麦克阿瑟没有支援的部队不说，就连最基本的物资保障都没有，马歇尔及美国军方都认为，菲律宾没有必要再坚守下去了。麦克阿瑟不得不面对现实。

---

① 乔纳森·温赖特（1883—1953）：驻菲律宾美军总司令，1942 年 5 月 5 日因弹尽粮绝而向日军投降，之后被关押在中国东北的战俘营中。战后被奉为美国的英雄。

3 月 9 日，作为重建陆军部的一部分，作战计划处改为作战处，职权扩大，由艾森豪威尔担任处长，有 107 名军官在他的直接领导下工作。由于作战处身兼计划与作战两种职能，它实际上成了马歇尔的指挥所，负责处理美国陆军在世界各地的活动。艾森豪威尔从中开阔了自己的视野，这是其他职位无法带给他的收获。

艾森豪威尔虽然拥有了战争的指挥权，但是东南亚的战局大势已去。为了给美国保全面子，以防麦克阿瑟被日军俘虏，他以参谋部的名义起草了一项命令，经罗斯福总统批准发到菲律宾前线，命令麦克阿瑟把军队交给温赖特指挥，然后到澳大利亚去担任新成立的西南太平洋地区盟军总司令。

3 月 11 日，麦克阿瑟偕夫人和4 岁的儿子乘坐约翰·巴尔克利上尉指挥的鱼雷艇，偷偷地离开科雷希多。在之后紧张的 45 小时里，巴尔克利指挥的 PT－41 艇穿过被日军控制的海面，于 3 月 13 日天亮时分，在棉兰老岛北岸靠近台尔蒙菠萝罐头厂附近登陆。下船时，麦克阿瑟脸色苍白，眼圈发黑。他对巴尔克利说要为他和艇上的人申请银星章："你们把我从虎口中救了出来，我是永远不会忘记的。"

麦克阿瑟的离开，令正在浴血奋战的官兵们非常失望，菲律宾人也大骂麦克阿瑟胆小如鼠。主将跑了，部队士气一落千丈，成了一盘散沙。在日军的猛烈攻击下，美军溃不成军。

4 月 2 日夜幕降临时，5 万名日军已集结待命，准备大举进攻。在他们后边，150 门大炮、榴弹炮和迫击炮，准备进行这次战役开始以来最猛烈的炮击。在前线的另一边是 7.8 万名饿得发慌的美、菲军队官兵，其中只有2.7 万人是列为"有战斗力"的人员，但这些人中间，也有 75% 的人因患过疟疾而身体虚弱。

4 月 3 日上午 10 点，炮击开始了。在日军猛烈炮火的攻击下，美、菲军乱作一团，纷纷弃阵而逃，有的走小路，有的翻山越岭，有的则沿着海岸公路逃跑。到处一片混乱，这些筋疲力尽的士兵在恐惧的驱策下拼命地迈着脚步。

面对日军咄咄逼人的攻势，4 月 9 日，吕宋部队司令爱德华·金少将率部投降，7.6 万名美、菲士兵成了日军的俘虏。科雷希多要塞则一直坚守到了 5 月 6 日。5 月 7 日深夜，美国远东军司令温赖特通过马尼拉电台命令菲律宾所有的美、菲军队无条件投降，拒绝投降者以逃兵论处。尽管如此，在棉兰老岛的 3.6 万名军人中，只有 7000 人（主要是美国人）向日军投降，其余 2.9 万人拒绝服从命令，带着武器上山打游击去了。至此，日本侵占了菲律宾所有重要的城镇和港口。菲律宾人民在当地共产党的领导下，进入艰苦的抗战阶段。

美军在菲律宾的全面失利，使美国开始重新思考亚太战略。很多人把这次失败的原因归结为援兵的迟缓和物资的匮乏。美军在菲律宾的种种遭遇，令艾森豪威尔痛苦不已。这支美国驻军中有很多是他昔日的亲密战友。他对这次失败也负有责任，不过，他最难以忍受的是麦克阿瑟的指责。麦克阿瑟说陆军部有意牺牲菲律宾群岛，而最使艾森豪威尔痛心的是，这个指责基本正确。

不管怎样，艾森豪威尔尽力了，这一点所有高层都能看得见。这一时期，他经常工作到深夜，没有周末，每天只能睡四五个小时。最令他心烦的是，每天从前线收到的都是失败的消息。他想上战场，和部队在一起，而不愿坐在办公室里死等消息。他抱怨说："天啊！我多么不愿意按照任何迫使我依赖别人的方式去进行工作。"对于整个战时华盛顿的情况，他说："这里常常高谈阔论，拍桌子，但是没有几个实干家。他们轻率地预先宣布结果，而且虚张声势，但是结果往往没有实现，倒霉的是做实际工作的人。"

艾森豪威尔一直思考在菲律宾失败的原因，他认为国家对这场战争毫无准备，并对麦克阿瑟的指挥方法表示怀疑，同时也对陆军部把他拴在华盛顿感到愤怒。他在日记中写道："想到战争中要在华盛顿消磨时间，又一次失掉作战机会，气得使人发疯。真是太不公平了。马歇尔冷漠、不近人情的态度使人更为恼火。"他咒骂马歇尔捉弄自己，咒骂战争和自己的坏运气。第二天早晨，艾森豪威尔读了一遍自己写的日记，摇摇头，把它从日记本里撕下毁掉，他发誓遇事要沉着冷静，绝不能放纵自己。

事实上，马歇尔一直主张先欧洲后亚洲的军事战略，所以对菲律宾的失败并不放在心上。这次艾森豪威尔的表现，令马歇尔非常满意，于是推荐他晋升为少将（临时军衔）。

这时，前方战局仍在继续恶化。在东南亚，日军占领菲律宾后，又侵占了荷属东印度。就在爪哇投降的第二天，日本夺取了仰光，切断了滇缅公路的入海通道。用澳大利亚外交部部长赫伯特·伊瓦特①的话来说，当时的局势“简直绝望了”。

日本的太阳旗在南洋各地升起来了。不到半年时间，日本侵占的领土已达380万平方公里，超过日本本土面积的10倍多。这些地方的安全，原来多半是靠大英帝国的力量来维持，但是在“二战”期间，这个传统的力量在苏伊士运河以东显得异常脆弱。当时美国的困境，是罗斯福做梦都想不到的。

为避免在太平洋地区的利益继续受到损失，美国迫切需要积蓄力量，与日本进行最后的决战。在这种情况下，建立反攻基地就成了一项非常重要和迫切的任务。

经过整整一个冬天的努力，各种增援物资被源源不断地运到澳大利亚基地以及通向这个基地的一些岛屿。至1942年2月21日，美国在海外的总兵力超过24.5万人，其中绝大部分集结在太平洋。澳大利亚的军事基地也具有了相当的规模——歼击机大队、重型轰炸机大队、中型轰炸机大队、战列舰大队等基本部署完毕。

1942年3月20日，麦克阿瑟抵达澳大利亚后，对记者发表讲话说：“美国总统命令我要突破日军战线，希望我从科雷希多到澳大利亚来。据我所知，这个目的在于组织美国对日本的反击体系。反击的首要目的是要拯救菲律宾，我虽然来到此地，但是我还要打回去。”

麦克阿瑟这番讲话被视为美国继续对日作战的象征。后来，这个巨大的军事基地，成了麦克阿瑟解放菲律宾的大本营，对美国在远东及西

---

① 赫伯特·伊瓦特（1894—1965）：澳大利亚外交部部长，成功推行了独立自主外交方针。“二战”结束后历任澳大利亚副总理、联合国大会主席。

太平洋地区的作战发挥了极其重要的作用。

拟定“围捕”计划

就在日本肆掠东南亚的时候，德国也在大西洋与之呼应，利用强大的潜艇不断地阻击盟军。这样一来，盟军的海上运输情况十分不妙。美军向苏联输送军需品、向英国运送军火以及支持非洲与中东的作战，由于大西洋战争的新发展而严重地复杂化了。

德国准备向美国发动攻势。潜艇已成为令人恐惧的有效武器，竟然能够威胁到纽约等大城市，在距离美国东海岸几百码①的范围内，击沉了许多船只，使美国蒙受了重大损失。

德国还学习日本偷袭珍珠港的做法，利用潜艇在大西洋击沉了 132 艘美国轮船。这种损失的意义，哈佛大学历史教授莫里森从一本海军训练手册中摘引的材料已深刻说明：“德国潜艇 1942 年在我们大西洋沿岸肆虐的恶果，犹如我们最大的 6 个战备工厂遭到怠工者摧毁后所引起的全国性灾难。如果 1 艘潜艇击沉 2 艘载重 6000 吨的轮船和 1 艘 3000 吨的油船，我们的全部损失大约统计为坦克 42 辆、6 英寸②口径榴弹炮 8 门、弹重 25 磅炮 88 门、弹重 2 磅炮 40 门、装甲车 24 辆、履带式小型装甲车 50 辆、弹药 5210 吨、步枪 600 支、坦克补给品 428 吨、军需品 2000 吨、汽油 1000 桶。”

面对德国潜艇的威胁，艾森豪威尔如坐针毡。他认为海军不够重视大西洋战争，曾多次向罗斯福总统和国防委员会建议加强陆、海、空兵种的协作，防范德国潜艇的威逼行为，采取机动灵活的进攻战略，改变到处被动挨打的局面。不过，这时很多美国人仍然认为，虽然美国已经与法西斯开战，但战争离他们的生活还很远。

最典型的是，当一艘德国潜艇在圣巴巴拉附近的海面出现，向一个

---

① 1 码 =0. 9144 米。

② 1 英寸≈2. 54 厘米。

牧场发射几发炮弹之后，南加利福尼亚州又发生了骚动。洛杉矶附近忽然响起空袭警报，驱逐截击机行动起来，高射炮砰砰作响，结果却是一场虚惊。

但陆、海军在一次麻烦之后好像还嫌不够劲，出事的第二天晚上，华盛顿竟然响起两次空袭警报。这样一来，罗斯福总统才不得不质问陆军部，到底是谁负责空袭警报，又是谁负责向报界解释这几起事件，并让他们采取有效措施，坚决杜绝这类荒唐行为。

对于日本轰炸珍珠港，最高兴的应该是英国首相丘吉尔。他一直想要得到美国的帮助，甚至亲自前往美国游说。他于 1941 年圣诞节前夕抵达华盛顿。这位精力充沛的政治家一来到美国首都，就到处发表演说。他对美国的议员们说："我们并无窥测未来奥秘的天赋，但是我仍然要声明我坚定不移的希望和信心。这就是在未来的岁月中，英、美两国人民，为了他们自身的安全，也为了所有人的利益，将要庄严、正直与和平地并肩前进。"

在丘吉尔的游说下，美国军部逐渐意识到了德国对美国的威胁。圣诞节过后，丘吉尔及其随行人员跟以罗斯福为首的美国军政要员，举行了以"阿卡迪亚"为代号的第一次全体会议。会议决定建立一个联合指挥体制，即联合参谋长委员会，总部设在华盛顿。会议"确定希特勒是主要敌人，认为太平洋战争暂时必须是一场固定阵地的战争，目前主要是阻止日本人的进攻"。

为了便于联合作战，统一对敌，会议还决定在太平洋地区建立 ABDA（美国、英国、荷兰、澳大利亚）联军司令部，由英国阿奇博尔德·韦维尔①将军任总司令。阿卡迪亚会议持续了 2 周时间。

会议通过的《联合国家宣言》，对加强世界反法西斯统一战线有着重要的作用。艾森豪威尔也参加了阿卡迪亚会议，并和英国总参谋部的将军们建立了和谐、友好的关系，他对世界战局情况的介绍和分析也给

---

① 阿奇博尔德·韦维尔（1883—1950）：英国陆军元帅，因在非洲以 5 万兵力大破意军而闻名，后因丘吉尔干涉指挥而败于隆美尔，转任东南亚战区司令又因战备不足而败给日军寺内寿一。

罗斯福和丘吉尔留下了良好的印象。会后，马歇尔让艾森豪威尔起草发动第一次进攻的计划。

1942 年 3 月 9 日深夜，艾森豪威尔正在拟订反攻德国的计划。他的副官走过来低声跟他说了几句话，他的脸一下子变得惨白，原来是家中传来噩耗，他的父亲病危。

父亲可以说是艾森豪威尔一生中最热爱、最尊敬的人，对他的成长起到了重要作用。艾森豪威尔结婚后，总不忘抽空回家去探望一下父母，有时工作人员路过他家，他也会顺便捎一些东西孝敬父母。父亲晚年疾病缠身，艾森豪威尔对自己不能在父亲的病榻前尽孝，感到非常愧疚。

艾森豪威尔知道父亲这一次的病情非同寻常，但他正在制订作战计划，根本抽不开身。第二天，他接到了父亲去世的消息。对于父亲去世这件事，他在日记中写道："战争不是温情脉脉的，我没有时间沉溺于哪怕是最深沉、最圣洁的感情之中。"那天晚上，他在 7 点 30 分停止了工作。他说："我没有心情继续工作下去。"他关起门来，开始缅怀他的父亲，并写了一篇充满深情的悼词。他称赞父亲"真诚、自尊，不好表现，谦逊、沉着"。"我以他是我的父亲而深感骄傲，"艾森豪威尔含泪写道，"然而，要让他知道我爱他有多深，总是那么困难。"

由于形势紧迫，艾森豪威尔无法回家奔丧，他写信给母亲表示了歉意。他第一次有了筋疲力尽的感觉。他从未像现在这样急迫地想要逃避。马歇尔得知这一情况后，耐心地开导他，希望他能振作起来，以国事为重。

在忙碌的工作中，艾森豪威尔渐渐忘记了痛苦。后来，马歇尔写道："艾森豪威尔实际上不是一位参谋军官，而是我的作战军官，是一名出色的指挥官。"此后，马歇尔一直提拔艾森豪威尔，不断地加重他的责任。艾森豪威尔在办公室里总是异常忙碌。军官们和文件如流水般涌入，命令和计划如流水般发出。他沉着、坚定的工作作风，给军官们留下了深刻的印象。所有人都知道，马歇尔越来越重用艾森豪威尔了。

3 月下旬，艾森豪威尔在深思熟虑后，提出了向法国海岸直接进攻的建议。整整一个月，他都在为这个计划而绞尽脑汁。他翻阅了大量资料，听取各兵种的战况汇报，与下属军官一起分析、研究、论证，终于拿出了一份代号为“围捕”的具体计划。

然而，“围捕”计划遭到了一些有经验的陆、海、空高级军官的反对，他们认为，以英国为基地，向顽固的欧洲西北部发动进攻是不可能取得成功的。但艾森豪威尔坚持认为，只要盟军掌握了绝对的空中优势，并摧毁德军的局部防御力量，就可以用登陆舰将一支强大的陆军源源不断地运上岸。到时，德国离彻底失败就为时不远了。

艾森豪威尔的计划被呈给罗斯福，并获得了批准。罗斯福还要求马歇尔飞赴伦敦，以取得英国方面的同意。4 月 7 日，马歇尔飞抵伦敦，双方举行了为期 6 天的会议，终于说服英国同意“围捕”计划。但是，马歇尔告诉艾森豪威尔，许多英国军官对“围捕”计划“持保留态度”。

不管怎样，这是一个良好的开端。艾森豪威尔在日记中写道：“我希望，经过几个月的分歧斗争后，我们最终全都肯定地接受同一个作战概念。如果我们能在主要目的和目标上意见一致，我们的努力会协调一致，我们就不会只在黑暗中摸索。”

“围捕”计划要求有一支由 5800 架作战飞机组成的空军部队，以及一支总数达 48 个步兵师和装甲师的陆军部队，其中半数是英国的。计划内容是：1943 年 4 月 1 日，盟军对塞纳河口东北、勒阿弗尔和布洛涅之间的一段法国海岸发起猛攻。

与此同时，马歇尔越来越关注在伦敦的美国观察团的惰性。珍珠港事件后，美国陆军重新驻扎英伦，观察团的领导人是空军军官詹姆斯・钱尼。但是，马歇尔到伦敦开会时，发现观察团完全不明白自身在英国的任务，他为此感到十分恼火，于是召见了艾森豪威尔，让他到伦敦去视察，然后回来汇报情况。

5 月 23 日，艾森豪威尔乘专机飞抵蒙特利尔，然后前往拉布拉多半岛的鹅湾。这时天气突然转坏，刮起了罕见的暴风，他被迫在纽芬兰过夜，在那儿，他度过了半年来的第一个休息日。在这个没有命令、没有电话、没有图表的日子里，他又回归到了大自然，打了一整天的飞靶，直到浑身被汗水浸透才恋恋不舍地回到驻地。他非常怀念过去轻松愉快的日子，但他更渴望那种紧张而刺激的战斗生活。

5 月 27 日，在肯特观看野战演习时，艾森豪威尔第一次见到了蒙哥马利将军。蒙哥马利给艾森豪威尔留下的第一印象并不是很好。他没有照片上那么挺拔魁梧，相反，在艾森豪威尔看来，他有些瘦小猥琐。他身着野战大衣，歪戴军帽，死命地皱着眉头，仿佛一直在发脾气。蒙哥马利天生一副高不可攀的神气，尤其对美国人更是如此，大多数美国人都对他敬而远之。

英国陆军元帅　蒙哥马利

艾森豪威尔对这次欧洲之行的结果很不满意，因为在英国最高统帅部中，除了路易斯·蒙巴顿[①]外，没有人真正认可“围捕”行动。

另外，艾森豪威尔很惊讶地发现钱尼的观察团迷迷糊糊，完全不知道自己该干些什么。他们没有任何紧迫感，整天穿着便装，保持正常的作息时间，还度周末。由于与英国以及美国陆军部都缺乏联系，他们似乎忘记了“围捕”计划的重要性。

在英国的10天中，艾森豪威尔与英国各界人士，特别是与军界进行了广泛的接触，见到了两位今后将长期共事的军官。第一位是英国总参谋长艾伦·布鲁克[②]将军。布鲁克脾气暴躁，资历不凡，但对美军有着根深蒂固的偏见。他认为艾森豪威尔为人友善，但是缺乏战略意识和指挥能力。另一位是海军中将路易斯·蒙巴顿勋爵。艾森豪威尔与他一见如故，成了终身的挚友。年轻的蒙巴顿英俊富有，功勋卓著，他很喜欢美国人，对艾森豪威尔特别热情。从初次见面起，他们的关系一直很融洽，这不仅因为他们性情相投，还因为他们都主张进攻，希望尽早对法国沿岸发动攻击。他们一致认为，登陆艇越大越好，多多益善。蒙巴顿在联合作战中创建了由陆军、海军和空军军官组成的联合参谋部，制定两栖突击战术，这给艾森豪威尔留下了深刻的印象。

6月3日，艾森豪威尔回到了华盛顿。5天后，他将一份对欧洲战区司令的指示草稿呈交马歇尔。欧洲战区是艾森豪威尔为伦敦司令部所起的名字。在这份草稿中，他极力主张“战区总司令应当实施绝对统一的指挥”，战区总司令应组织、训练和指挥派往该战区的美国陆、海、空三军部队。马歇尔非常感兴趣地翻阅着这一草稿。艾森豪威尔说：“将军，请您仔细研究一下该稿，因为这份草稿有可能成为下一步作战中的重要文件。”

“我当然要仔细研究了。你可能是文件的执行人。”马歇尔平静地说，

---

① 路易斯·蒙巴顿（1900—1979）：英国海军元帅，“二战”期间任东南亚盟军总司令，战后历任北大西洋公约组织地中海舰队总司令，英国海军参谋长、国防参谋长和参谋长委员会主席。

② 艾伦·布鲁克（1883—1963）：“二战”时期英国陆军元帅、帝国总参谋长。他最大的功绩是协调了英美盟军的战略，阻止了丘吉尔的干涉。

“另外，艾森豪威尔将军，你认为谁来担任美国欧洲战区总司令最合适?”

“我认为麦克纳尼将军最合适。”艾森豪威尔说，“我知道他以前在伦敦工作过几个月，对英国三军军部的工作非常熟悉，并在那里结识了许多军政要员。此外，很明显，从大不列颠发动最初的军事行动将限于空中袭击，因为从进攻计划中可以清楚地看出，我们强大的空军部队建立后的初步行动，将是发动一场持久而猛烈的轰炸战役。最后，我知道，麦克纳尼将军坚决相信，空军有力量使盟军从陆地进攻法国成为可能。”但是，马歇尔并没有接受这个建议。

1942 年 6 月 11 日，由马歇尔推荐，经总统兼三军总司令罗斯福批准，艾森豪威尔被任命为美国驻欧洲战区总司令。

第四章　盟军的最高统帅

成为盟军最高统帅，是艾森豪威尔做梦也没有想过的事情。这显然要归功于马歇尔的慧眼识才，而艾森豪威尔也没有让马歇尔失望，他所表现出的指挥能力令比他资历深的将军们心悦诚服。担任盟军最高指挥官不仅锻炼了他的军事才能，更锻炼了他娴熟地处理政治事务的能力。

一夜成名的将军

对于自己被任命为欧洲战区美军总司令，艾森豪威尔感到十分意外。他确实很想在战场上建功立业，但并没有太大的奢望，他初次抵达华盛顿时，最大的希望是指挥一个师的兵力。如今他将担负起这个重任，他的一切举措都将被写入历史。

实际上，马歇尔也是通过深思熟虑之后才决定任用艾森豪威尔的。他深信艾森豪威尔是一位十分内行的军事领导人，冷静、沉稳，是一位能够让人产生好感的将军，是解决英国和美国将军之间复杂问题的合适人选。毫无疑问，这纯粹是出于工作上的考虑。

成为盟军统帅不仅要有战术指挥能力，更重要的是要有协调各国之间矛盾的外交能力，在这两个方面，艾森豪威尔都堪当大任。当时，罗斯福和马歇尔曾就担任这个要职的几个人选向英国同僚征求意见。

丘吉尔表示，英军统帅部很喜欢艾森豪威尔，他对英美同盟的贡献给英方留下了深刻的印象。艾森豪威尔从英国返美的前一天，蒙巴顿恰好去华盛顿参加一次会议，他在罗斯福和马歇尔面前极力称赞艾森豪威尔，称英方愿意让他以美驻英高级军官的身份开展工作。

对马歇尔来说，6 个月来，他与艾森豪威尔朝夕相处，赋予艾森豪威尔许多职责和权力，而艾森豪威尔从来没有让他失望过。可以说，艾森豪威尔是他的亲信弟子。马歇尔认为，与其他军官相比，艾森豪威尔和英方能更好地共事。

面对马歇尔的厚望，艾森豪威尔内心难免有几分忐忑，生怕辜负了马歇尔。

临行前，他把自己在参谋部的工作移交给汉迪将军。为了更加有效地开展欧洲战区的工作，他还先后拜访了陆军部部长亨利 · 史汀生①、海军作战部部长欧内斯特 · 金②和罗斯福总统。

两位部长对艾森豪威尔的工作表示无条件的支持，陆军部部长史汀生希望他尽快开始积极的军事行动，在集结军队和武器装备方面，陆军将给予坚定的支持。海军作战部部长金上将还诚恳地对艾森豪威尔说："如果你认为海军有意或无意地违犯了战区司令部的命令，希望你随时与我联系。"他保证将在自己的职权范围内支持这位名副其实的欧洲战区美军总司令。

而与罗斯福总统及正在白宫做客的英国首相丘吉尔的谈话，更是给了艾森豪威尔莫大的信心。当时，非洲沙漠地带的托卜鲁克刚刚落入德军之手，忧虑笼罩着盟国。然而，这两位领导人没有任何悲观失望的表现。令人振奋的是，他们考虑的是进攻和胜利，而不是防守和失败，似乎对打败希特勒很有信心。

罗斯福向英国提供了美国所能提供的一切帮助。对此，丘吉尔欣然接受，还请求美国派出新式"谢尔曼"坦克去支援英军。马歇尔考虑派一个装甲师过去，并就装甲师的指挥官征询艾森豪威尔的意见，艾森豪威尔毫不犹豫地回答："巴顿。"但巴顿已经是一个装甲军的军长，正在加利福尼亚南部的沙漠训练中心训练新部队，准备赶赴北非作战，

---

① 亨利 · 史汀生（1867—1950）：美国政治家、战略家，历任驻菲律宾总督、国务卿。"二战"期间担任陆军部部长，动员美国工业转入战时轨道，负责监督原子弹研制工作。

② 欧内斯特 · 金（1878—1956）：美国海军五星上将，"二战"期间任海军作战部部长，也是美国武装部队参谋长联席会议成员和英美联合参谋部成员。

他不可能接受一个实际是降级的职位。但艾森豪威尔仍然坚持这项任命。于是，马歇尔把巴顿召到了华盛顿。结果，巴顿不但接受了这个职位，还说：“我们什么时候开始？为了能立刻参加战斗，我愿意出卖我的灵魂。”

为了能够有效地指挥部队，艾森豪威尔开始网罗自己的得力助手。他首先看中了经验丰富、做事谨慎的克拉克将军，马歇尔毫不犹豫地同意了。

随后，克拉克拟定了一份军官名单，并让马歇尔调来了这些人。其中一个是杰菲逊·戴维斯准将，后来他既是艾森豪威尔的心腹，又是他的高级参谋。第二个是阿尔弗雷德·格伦瑟，一位很有才华的参谋，战后任北约总司令。第三个是约翰·李，一个杰出的后勤专家，负责驻欧美军的后勤供应。

当艾森豪威尔还是个优秀的参谋人员时，便知道伦敦使命的成功在很大程度上取决于由谁来主持他的参谋部工作。他心目中的理想人选是参谋长联席会议的秘书史密斯，但马歇尔不想失去一个有效率的军官。对于史密斯的争夺战一直持续到 8 月底，马歇尔最终让步了，任命史密斯为欧洲战区参谋长。

作为一个普鲁士军人的后代，一个从国民警卫队的列兵升到将军的前海军军官，史密斯有时虽然无礼而粗暴，但他对马歇尔和艾森豪威尔都十分忠诚。大多数人都认为他是一个严格的人，像躲避瘟疫一样躲着他，但又称赞他是个超级参谋，并生动地称他是“心理恫吓方面的专家”。

艾森豪威尔还邀请早些时候跟他一起工作的欧内斯特·李少校及海军军官哈里·布彻和他前往伦敦。

所有这些人，无论是从工作还是私交来说，都是艾森豪威尔十分熟悉的。他完全可以指望他们协助自己完成总统或参谋长联席会议交给他的重大任务。至此，一个强大的军事智囊团诞生了，它将在之后的世界反法西斯战争中立下赫赫战功。

就在艾森豪威尔踌躇满志，准备起程前往伦敦的时候，突然传来了他的弟弟罗伊去世的消息，但他根本没有时间去参加葬礼。与此同时，约翰也从西点军校来到华盛顿探亲，但军纪和父亲的威望，都不允许他在首都久留。第二天，他亲吻母亲，与父亲握手话别后就返回了西点军校。艾森豪威尔在家门口与妻子告别。他不让玛米去机场送行，害怕她承受不住送自己的丈夫上战场。就这样，他告别了家人，告别了美国，起程前往大洋彼岸的欧洲战场。

艾森豪威尔离开华盛顿后，玛米不得不搬出迈尔堡的公寓。幸运的是，她在瓦德曼找到了一间小公寓，为了省钱，她请露丝·布彻与自己合住，以分摊费用。在这里，她依靠自己度过了孤独的战争岁月。她几乎成了公寓里的囚徒，因为记者热切地希望采访这位新任驻欧美军总司令的妻子，而她讨厌成为别人注目的中心。

6 月 24 日，艾森豪威尔一行抵达伦敦。初夏的晚上 7 点，天色还没有完全黑下来，伦敦城一片愁云惨雾，整个城市行人稀少、灯光暗淡，显得分外萧条。除了美国驻英国的部分军事官员外，机场上没有乐队欢迎这位来自美国的战区总司令，也没有记者的闪光灯。艾森豪威尔既没有发表演说，也没有举行任何仪式。场面似乎稍显冷清，但他没有流露出一丝不悦。前半生的历练已经锻炼出他宠辱不惊的性格。他更看重的是此行的目的，率领美国陆、海、空三军，与英国、加拿大等国军队一起向德国法西斯发起进攻，并取得最终的胜利。

抵达伦敦的第二天，艾森豪威尔举行了第一次记者招待会。从那时起，他的生活发生了巨大的变化，突然变成了世界性的重要人物。他的名字，他的任命，成了伦敦报纸上的头版头条。

艾森豪威尔在公共关系方面的才能，使他不同于他的两位上级麦克阿瑟和马歇尔。他们都无法像艾森豪威尔那样，与报界建立良好的关系。麦克阿瑟夸夸其谈，目中无人，记者们喜欢挑剔、批评他。而对马歇尔，记者们十分尊敬他，但从不像喜欢艾森豪威尔那样喜欢他。麦克阿瑟和马歇尔在风格上有所不同——麦克阿瑟爱出风头，而马歇尔不喜欢抛头露面——但是他们都不怎么举行记者招待会。艾森豪威尔却时常举行记者招待会。他在 52 岁这年首次举行记者招待会。他很快表明，他不仅在与新闻记者打交道上，而且在谈话内容上都是一个天才。他和罗斯福一样，能准确地了解公众想听什么，会引起什么反响。

在第一次记者招待会上，记者们很快就被艾森豪威尔的举止谈吐所折服。他真诚自然的举止，幽默风趣的回答，和颜悦色的友好态度，给与会者留下了良好的印象，并最终征服了一向非常苛刻的伦敦新闻界。正如《纽约时报》所报道的，艾森豪威尔“出色地表现了有声有色的谈吐艺术，但是有关日后的军事行动，他什么也没有透露”。记者显然不会满足于这样冠冕堂皇的官样文章，他们从不同的角度对艾森豪威尔进行了机枪似的提问。

“请问艾森豪威尔将军，您有信心打赢这场战争吗?”

“是的，我有信心。我相信，在英、美两国首脑的领导下，英、美两国部队携手合作，在加拿大等盟国的配合下，我们一定能取得这场战争的胜利!”艾森豪威尔自信地回答，然后，他大手一挥，补充了一句，“我们一定能够彻底打败德国法西斯!”

“将军阁下，您觉得由谁来指挥一支联合部队更合适呢?英国军官还是美国军官?”一位记者把这个两难的问题摆在艾森豪威尔的面前。

艾森豪威尔笑了笑说：“我个人觉得，现在不应该是讨论谁更有能力指挥部队的时候，当务之急是尽快建立起密切的合作关系，尽早对德国发起进攻。”接着，他话锋一转，“至于我，在来伦敦之前，马歇尔参谋长已经明确告诉我，如果有什么紧急军事行动，应当在英国的指挥下进行，我们的军队只是配合英国军队完成任务。我想，我将尽我所能调动好在大不列颠的美军部队，全力做好配合工作。”

艾森豪威尔的回答赢得了在场记者的掌声。此后，报纸上有关他的报道越来越多。在他的家乡阿比林，记者们访问了他童年时代的朋友，想要了解一个穷孩子是如何成为一位举世瞩目的将军的，关于他的消息逐渐从他传奇的军事生涯扩展到他的家庭出身。玛米和他的家人也成了新闻的主题。艾森豪威尔并不想通过报道大出风头，不过，他认为如果通过报道能使英国民众更了解他和美国人民、美国军队，倒也不是什么坏事，毕竟美、英的友谊是取得战争最后胜利的必要条件。

艾森豪威尔眼下能调动的在英国本土的美军只有5.5万人。为了准备参加进攻欧洲大陆而开辟欧洲美国战区，美国不断地往英国运送军队。以艾森豪威尔为首的欧洲战区将领的任务是在欧洲战区准备和实施军事行动。美国政府关于建立欧洲战区的指令进一步强调："欧洲战区的指挥将领，将指挥现在和以后派往欧洲战区的所有美国陆军，包括被派遣去与陆军协同作战的海军陆战队。"指令还表明："在海军部和陆军部的同意下，指挥将领将对指定在这个地区参加战斗的所有海军实行计划指挥和作战指挥。"指令最后强调："欧洲战区的指挥将领在英伦三岛应服从防止损害英国主权所必需的一些限制，担负起战区司令官在战术、战略、地区防卫和行政管理等方面的职责。"

从表面上看，反法西斯联军的阵势很大，但艾森豪威尔也看出了其中潜在的危机。他面临着一项复杂艰巨的任务。盟军中有美国人、英国人、加拿大人，还有各殖民地的雇佣军，他们有着不同的信仰、不同的民族特点和传统，由这样一群人组成的军队，战斗力可想而知。

德国占领的一系列国家的反法西斯部队的代表人物，应该在未来的登陆部队中发挥相当重要的作用，而各国将军之间不可避免的竞争，加之军队进行战斗训练的方法、装备和语言的不同，都是艾森豪威尔要面临的问题。他在回忆录中提到，他对于在英国将要遭遇的困难是完全清楚的。

在有关会议上，艾森豪威尔指出，当前最重要的问题是加强美军和英军以及各参战部队的沟通能力，扫除隔阂，维护盟军之间的团结。为此，到达伦敦不久，艾森豪威尔就对美国军人进行了教育工作，甚至不惜采取坚决措施，将那些有伤英国人民感情的美国军官送回美国。

有一天，一名美国上校和一名英国军官因小事发生了争执，两人相互谩骂，闹得不可开交。艾森豪威尔把他们叫到自己的办公室教育一番后，先让英国军官走了，留下那位美国上校。

艾森豪威尔沉默片刻，问道："对于这件事，你还有什么需要解释的吗？"上校详细地解释了两人发生争吵的原因和经过，最后他说："这件事我确实有错，但是主要原因在他。"

艾森豪威尔静静地听着，等上校说完以后，他说："上校，我同意你的话，承认你在争论中是对的，甚至对于你骂他是混蛋，也可以不予追究。”

上校松了一口气，补充道：“我保证我所说的都是真的，您可以找在场的军官核实。”

艾森豪威尔脸上的表情十分复杂，默默地思考着什么。上校似乎预感到了什么，小心翼翼地问道：“将军，我可以回去了吗？”

艾森豪威尔严肃地说：“上校，你可以回去了，请你收拾好行装，回美国吧！”

上校不由得愣住了，过了一会儿，他才醒过神来，问：“将军，真的没有缓和的余地吗？”

“没有！”艾森豪威尔斩钉截铁地说，“如果你骂他是混蛋，我会宽恕你。但你骂他是英国混蛋，为此，我要把你送回家去！”

1942 年夏天，美军不断增加，最后有 200 多万人。在一个仅比科罗拉多州稍大的岛上，这些人的饮食、住宿、训练和装备问题，都要在已经住得很挤、营养不良的本地居民中解决。除此以外，美国士兵将自己视为前来解救英国的勇士，而英国人则把自己看成坚守堡垒的人。美国士兵的军饷在世界上是最高的，他们大部分没有结婚，毫不在意地花钱。看到美国士兵肆意挥霍，而英国女孩极力追求这些年轻人，这让英国人大为恼火。他们承认，美国士兵钱多，吃得好，但还是对他们的浪费感到震惊。

在自由法国的领袖夏尔·戴高乐①看来，美国士兵“脾气好，举止差”。英国著名外交家哈罗德·尼科尔森说，美国士兵“认识到在训练、装备、教养、文化、经济和历史方面的低下”的观点，反映出了许多英国贵族的想法。在伦敦流行的一种说法是：“美国士兵的问题是他们薪金过高，纵欲过度，吃得太好，并且是在这儿。”为了改变美国士兵的形象，艾森豪威尔命令指挥官们发起一场有力的运动，说

① 夏尔·戴高乐（1890—1970）：法国军事家、政治家、外交家、作家。“二战”期间创建并领导自由法国政府抗击德国的侵略，战后成立法兰西第五共和国并担任第一任总统。

服士兵们用一部分钱购买战争公债。他还让美国士兵了解英国人民过去和现在所做出的牺牲。

一天傍晚，艾森豪威尔站在伦敦的一处废墟前，背对着面向他的官兵们，夕阳的余晖使他的身影显得异常高大。他神情严肃，语调沉重地说："看到了吗？这就是德国人对英国人的所作所为。""我们来到伦敦，难道是为了吃喝玩乐吗？"艾森豪威尔接着又问道。

士兵中有人难过地低下了头。

"不，我们来伦敦是为了与英国军队一起完成反法西斯的神圣使命!"艾森豪威尔提高声音说，"我要求你们，必须改变自己的形象，使英国人相信，我们不是来混日子、来旅游观光、来找女人的！我们是肩负重任的反法西斯战士。"

每逢各国军队产生摩擦，艾森豪威尔总能适时地解决矛盾，这一点得到了美国军方高层的高度赞扬。许多人认为，艾森豪威尔作为欧洲战区美军总司令，从政治角度来看也是合适的，他在未来的登陆战役中将起到决定性的作用。当然，实现复杂的军事行动要做大量的准备工作，需要经验和组织能力。为此，艾森豪威尔加强了美国军队的训练，并严明纪律。他花了很多时间去视察野外的部队，监督他们的训练，并给官兵们解释演习的目的。

艾森豪威尔以他的亲和力和严明的军纪，渐渐改变了英国人对美军的态度，为美军博得了好印象。英国人发自内心地喜欢他。他是如此大方，如此心胸开阔，如此乐观，如此聪明，如此坦率，如此精力充沛，富于美国气息。除了他自己是美国形象的代表之外，他还代表着将赢得这场战争的美国军事机器，所以不可避免地成为人们关注的焦点。他与伦敦报界关系之好，就像和美国报界一样。这不仅是为了他自己，也是为了盟军的事业。他喜欢与报界打交道，在华盛顿工作时他便结识了一些记者，能随口叫出他们的名字，也愿意摆好姿势让他们拍照。他认为，如果抗战没有得到民众广泛的支持与理解，民主国家就无法发动战争，而报界能够创造这种支持与理解。在首次新闻发布会上，他告诉记者，他们是"参谋部的准成员"和"小组"的一部分。这让记者们十分高兴。他发誓自己一定始终做到开诚布公。

英国人对于他实事求是地对待英国人，既不模仿他们的癖好，又不取笑他们的生活方式十分赞赏。

艾森豪威尔告诉指挥官们，他要在英国组建“美国曾投入战场的最优秀的部队”。因此，他的职责之一就是挑选最优秀的指挥官。

1942 年夏天，当他的想法还在形成阶段时，他便写信给西点军校的同学，解释自己的选择标准。他说：“已经几乎形成了一种固定的看法，相信只要熟知一个师的指挥官，指挥官和部队简直毫无疑问是一致的。”在对未来的展望方面，他写道：“这是我们必须走的艰难路程。会办事的人一定能够挑选出来，就像太阳在早晨升起一样的肯定。沽名钓誉、油腔滑调、花言巧语和迷惑一时的表面功夫，最终将被拆穿，被扔到垃圾堆里去。”

迁就蒙哥马利

在处理与英国人的关系时，艾森豪威尔做得可以说是恰到好处，他和英国政府及军界的领导人之间关系很好，其中包括一些主要政治家、皇家空军将领、海军将领及在他的总部工作的英国参谋军官。唯一例外的是英国陆军将领，尤其是陆军的两位将领蒙哥马利和布鲁克。

对蒙哥马利来说，艾森豪威尔不过是个后起之秀，在英国军队中鲜为人知。战前他只是个少将，而且没有任何战斗经验，从来没有指挥过哪怕一个连。而且，艾森豪威尔不久前才临时被授予中将军衔。当艾森豪威尔来到伦敦时，由他管辖的 366 名将军，军阶都比他高。

但艾森豪威尔总能权衡利弊、化解矛盾，显示了他过人的政治头脑。他初到伦敦时，有一天被邀请去听讲演，在蒙哥马利开始演讲不久，他烟瘾上来了，于是抽了两口。

蒙哥马利立即怒道：“谁在抽烟?”

艾森豪威尔回答：“我。”

蒙哥马利申斥道：“不准在我的会议室里抽烟!”

艾森豪威尔默不作声地把烟掐灭了。这个小小的不愉快并没有使艾森豪威尔对蒙哥马利产生不良看法。他说蒙哥马利是“性格坚毅、精力充沛、具有良好职业修养的人”。但是在1944年至1945年的欧洲战斗中，固执的蒙哥马利未按统一布置行动，自行其是，也把艾森豪威尔气得够呛。

布鲁克也对艾森豪威尔毫无信心，认为他是个战争新手，根本不适合指挥盟军。战后，布鲁克在写到艾森豪威尔到达伦敦后他们第一次会见时，说：“当然，他没有给我留下很好的印象……如果有人告诉我，他未来会如此成功，我肯定不会相信。”

他们两人之间的关系是彬彬有礼的，但并不是那么和谐。艾森豪威尔认为，“布鲁克能言善辩，似乎很熟悉某些最优秀的军事战略书籍和军事行动，但是我认为，统治他的是过时的想法和僵化的概念，而不是对现代战争的深刻研究。他招人喜欢，是个很好的合作伙伴，脾气也不错，但就我而言，我只知道他过去的战争经历而不是目前的现实。”

其实他们都没有意识到，他们之间有着许多共同点。布鲁克把自己的想法都记录在他的战时日记里，和艾森豪威尔写给玛米的信中所说的十分相似。他们都深切地盼望和平，憎恨战争以及战争的无意义。

不管怎样，由于流传着一些故事，也由于报纸上经常登载他的照片，艾森豪威尔在伦敦成了一位很受欢迎的人物。出租汽车司机会对他招手，街上的行人会向他问好。除了与英国公众建立起良好关系外，艾森豪威尔与英国领导人也相处得很好，尤其是与丘吉尔。

艾森豪威尔来到伦敦不久，丘吉尔就每周邀请他到唐宁街10号来吃两三次午餐。有时，艾森豪威尔（克拉克也经常一起前往）还会和丘吉尔在首相乡间别墅度过漫长的夜晚。

多年来与身居高位的强权人物打交道的经验，使艾森豪威尔知道应该怎样与丘吉尔相处。他认为，与丘吉尔打交道，首先必须遵守的一条是：绝对不能胁迫他。他努力争取丘吉尔站在自己一边，这大大加强了英美联盟。他们之间也由此建立了热情而持久的友谊。甚至在战争后期，当他们的角色换过来时，丘吉尔也一直努力让艾森豪威尔接受自己的观点，这位盟军最高统帅勉强而温和地经受了丘吉尔无休止的恳求。艾森豪威尔后来评论说，丘吉尔曾经宣布："我想要的，就是经过合理的讨论，使我的愿望被接受。"尽管他们在战争期间经常发生激烈的争论，但他们仍然尊敬对方，并保持着双方之间的友谊。

对于历史的共同爱好，也是他们之间的一个强有力的纽带。丘吉尔很喜欢讨论历史及其经验教训，他发现艾森豪威尔不仅是个值得尊敬的对手，还是少数能与他匹敌的人之一。

丘吉尔发自内心地喜爱艾森豪威尔，每次吃饭的时候，他总是让艾森豪威尔坐在他的右边，按照规矩，只有高级官员和政治家才能占据那个荣誉位置。

艾森豪威尔与英国人的关系虽然保持得不错，在军事方面却很难达成共识，双方总是在不断地争论，尤其是以蒙哥马利为首的英国军队掌权派。步调不一致使艾森豪威尔的工作更为复杂。除了建立欧洲战区以外，他制订的杀伤性作战计划"铁锤"行动和预定在 1943 年进行的主要进攻计划"围捕"行动都遭到了英军的反对。相反，英军建议在 1942 年秋天进攻北非。

1942 年 7 月中旬，罗斯福派马歇尔、哈里・霍普金斯①和几名助手前往伦敦，指示他们要与英国达成协议。麻烦在于马歇尔和霍普金斯有着各自不同的议程。霍普金斯代表罗斯福，倾向于在欧洲开辟第二战场，他更关心盟军在 1942 年的行动，因此同意了丘吉尔关于盟军进攻法属北非的意见。

英军总参谋长布鲁克在日记中写道："这是一个奇怪的班子，哈里・霍普金斯力主在非洲作战，马歇尔却打算在欧洲。"马歇尔抵达英国后，要求艾森豪威尔拟订"铁锤"行动的具体计划。艾森豪威尔计划在勒阿弗尔附近登陆，让英国人指挥，美国派 2 个师参加，日期是 1942 年 9 月 15 日。他估计让先头师登陆的可能性是 50%，而建立 6 个师的滩

---

① 哈里・霍普金斯（1890—1946）：美国政治家，"二战"期间任罗斯福总统的私人顾问，参与和英国、苏联之间的所有重大战略决策，有"影子总统"之称。

头阵地的可能性是20%。总而言之，“铁锤”行动的成功概率是20%。

在绝大多数情况下，不应该冒这么大的风险，但是正如艾森豪威尔后来所强调的那样：“然而我们不应当忘记，我们所寻求的代价是维持800万苏联人继续进行战争。”他争论说，不进行任何努力来减轻苏联军队的压力，而使它崩溃，这将使西方盟国对“历史上最大的军事错误之一负有罪责”。所以，他愿意冒这一风险，并全力支持“铁锤”行动。

布鲁克警告丘吉尔“铁锤”计划风险太大，并指出了这一计划的问题所在。在第一攻击波中，登陆舰的数量只够运送4000人上岸。布鲁克估计，最多只能运上去4～6个师（这些部队还未经战斗检验），而他们要面对的却是25个德国师，德国人不必从东线调兵回来，就可以把他们吃掉。更糟糕的是，在法国的失利将使1943年减轻苏联红军压力的机会变得十分渺茫。

英国人确信“铁锤”计划是致命的，没有一点成功的希望。在盟国参谋长联席会议的争论中，蒙哥马利也坚持认为“铁锤”行动风险太大，得不偿失。他争辩说，法属北非是理所当然的进攻目标。

马歇尔依然为“围捕”计划据理力争，他不愿意陷进地中海。这并不是因为他的意见没有被采纳而心怀不满，而是由于他抱持着强烈的信念：无论盟军在地中海投进多少人力、物力，无论他们冒多大的风险和取得多大的胜利，都难以从中得到任何有意义的结果。德国人不会因为失去地中海而战败。因此，盟军必须在西北欧打败他们。

无休止的辩论让艾森豪威尔感到厌倦。他在日记中写道：“过去……几个星期，我们生活在过度疲劳、捉摸不定与紧张之中。”他感到自己似乎在参加“全美作文比赛”。对英国来说，卡萨布兰卡是不予考虑的，除非可以迫使金上将拨出几艘战舰；马歇尔不会让艾森豪威尔到阿尔及尔，更不用说到博纳或突尼斯了，除非同时在卡萨布兰卡登陆；除非盟军至少往东推进到阿尔及尔，但英国觉得没有必要进行这次战役。

8月15日，艾森豪威尔的副官布彻说，就他所知，马歇尔想取消整个计划。艾森豪威尔觉得真有这样的可能性。时间紧迫，假如要在入冬之前有所行动，必须马上制订详尽的计划，有一个确定的进攻目标。

与此同时，英军总参谋部发给艾森豪威尔一份正式电报，说他们清楚他的难处，不想为难他，然而他们“非常希望把计划定下来”。艾森豪威尔当然也希望如此，但是他和马歇尔仍然在为进攻目标而僵持着。关于进攻目标的争论迟迟没能得到解决，不过，艾森豪威尔在8月份花了很多时间，在盟军总部组建了参谋班子。一旦这一组织形式明朗起来，他的愁眉也就舒展开了。

马歇尔和艾森豪威尔都认为蒙哥马利的想法是荒谬的，德国大量部队驻扎在离多佛不到40公里之处，为什么要赶到伦敦以南将近1600公里之外去寻找敌人作战呢？马歇尔公开表示，进入北非将会分散许多力量，从而使横渡英吉利海峡的行动大大推迟。7月22日，马歇尔致电罗斯福，承认他和英国人已经陷入僵局。罗斯福复电说，由于英国不愿参加“铁锤”行动，美国将不得不在进攻北非方面与英国合作。丘吉尔给这次新的行动起了个代号叫“火炬”。这将是“二战”开始以来的英、美首次联合进攻。

在斯大林大声疾呼英、美等国给予援助时，丘吉尔亲自到莫斯科去说明了为什么不能在法国开辟第二战场的原因，并强调“火炬”行动有利于战争前景，也有利于苏联本身。丘吉尔每天都来电说，他需要持“火炬”的“超人努力”，他希望尽快发动“火炬”战役。

最后，华盛顿出面通过了“火炬”计划。英、美两国首脑放弃“铁锤”计划，而改在北非登陆，可以说是各有各的打算，他们在反对法西斯轴心国的同时，还念念不忘自己的帝国主义战略目标。英、美两国与苏联结成反法西斯联盟，并给予一定的军事援助，是为了“鼓舞苏联人继续抗战”，以免希特勒打败苏联后，挥师西进，直捣英伦三岛，进而威逼美国。当然，如果苏联能够抵挡住希特勒的进攻，在长时间的拼杀中两败俱伤，那就再好不过了。同时，北非是法国维希政府①的殖

① 维希政府：1940年6月德国侵占巴黎后，以贝当为首的法国政府向德国投降，并于1940年7月将政府所在地迁至法国中部的维希，故名。

民地，维希政府当时仍与美国保持着外交关系，在那里登陆，风险会小得多。

此外，对英国来说，如果能够占领北非，就可以确保直布罗陀的安全，恢复地中海航道，维护大英帝国的殖民体系，并可以北上意大利、巴尔干，进取东南欧，恢复英帝国的势力范围。对美国而言，占领北非，可以阻止德军以此为基地东进，与从苏联高加索南下的德军会师，进而在印度与日军携手，然后再进逼巴西，威胁美国的安全。

对于“铁锤”计划被否定，艾森豪威尔十分沮丧。7 月 23 日早晨，他告诉地面部队司令克拉克：“哎，我真不知道日子怎么过。”他认为 1942 年 7 月 22 日星期三“是历史上最黑暗的日子”。他之所以反应如此强烈，是因为他认为进行“火炬”行动的决定，否定了“盟国可能做些事情来帮助苏联人的想法”，而且到北非去的行动，代表着消极的、防御性的作战思想。

艾森豪威尔写信向玛米诉苦说：“我感到孤独，我常常受到人们的包围，因为我生活在金鱼缸里。我无家可归，我感到奇怪，为什么你不在这里?”如同“二战”中的千百万美国人一样，艾森豪威尔也不得不面对与妻子的通信问题，由于安全原因，他不能打电话，不能和她商讨工作，写信时只能说“我爱你”，或者像他自己所说的那样：“我手里拿着笔，心里想着我除了告诉她我身体好，还是像以前一样爱她外，还能说些什么?”在整个战争期间，他一共写了 319 封信给玛米。在玛米 46 岁生日时，艾森豪威尔告诉她：“我 26 年来一直爱你……你的爱和我们的孩子，是我一生中最珍贵的礼物。”

虽然不能谈论工作，但他可以诉说些只有她能够理解的不满。他没有充足的睡眠时间，烟抽得太多，英国的饭菜很糟糕，没有机会看电影。他向她描述了自己工作的复杂性和要求：“在这种地方，司令官……必须有点像外交家、律师、赞助商、推销员、社交迷、说谎者(至少可以摆脱社交活动)、江湖郎中、演员、残暴的工头、慈善家、小说家，其次还得是……一名军人!”接着，他有些惆怅地写道：“当兵不再是喊‘弟兄们，向后转’这么简单了!”他承认，如果哪天日程上写着“没有会议”，他就会很开心。

最重要的是，给玛米的信里没有战争，只有她、约翰和一起生活的日子。他写道：“看到这里的不幸，我为某些地方某些人仍能拥有相对轻松的心情而感谢上帝……我希望你能开心——可我多么希望你能在这边生活！你无法想象，在华盛顿那些艰难的岁月里，你曾给我的工作带来多大的动力。可惜我当时没有意识到这一点，至少是没有完全意识到——但我现在懂了。”

整个 8 月份，艾森豪威尔坚持认为最好的计划是一切都在地中海内进行，尽可能地向东挺进，而且赞同在直布罗陀进行冒险。马歇尔派副官去告诉艾森豪威尔，即便在阿尔及尔登陆，也太靠东了。假如有更多的船只，既能在地中海内的阿尔及尔和奥兰，又能在地中海外进行登陆，那就最好不过了，但是没有足够的战舰为 3 支运输船队护航。艾森豪威尔只好要求美国海军付出更大的努力。

这一期间，他一直在努力摆脱沮丧情绪和恢复精神。7 月 23 日和克拉克忧郁地共进早餐后，他写信给马歇尔说：“从我被授权主管实施该项建议之时起，我对所属人员做出了一项特殊规定，分析原来的决定是不是妥当的时候已经过去——我们正在……力所能及的范围内，制订出尽可能完善的计划……”

执行“火炬”计划

“火炬”行动的目标是把以德国为首的轴心国赶出北非，即摩洛哥、阿尔及利亚和突尼斯等非洲北部地区。按照原计划，英美联军将于 1942 年 11 月 8 日在法属北非登陆，再由西向东对德、意军队发动进攻，以彻底歼灭由德国将领埃尔温·隆美尔[①]率领的德、意军队，从而夺回地中海及中东地区，然后以此为根据地，向意大利和巴尔干半岛进攻。这是丘吉尔梦寐以求的事情。

---

① 埃尔温·隆美尔（1891—1944）：德国陆军元帅，绰号“沙漠之狐”“帝国之鹰”。

艾森豪威尔继续担任盟军总指挥，他考虑的第一项任务就是组建参谋部。由于他指挥的是一支多国部队，在筹划、组织参谋部的过程中，他尽量使每一个部门既有美国人又有英国人，号召大家互相尊重，友好相处，为顺利完成“火炬”行动而竭诚合作。

当时对于行动的细节，美、英双方仍然存在很大争议，但是对于行动的总目标，即赶在轴心国武装之前夺取突尼斯，则毫无疑义。双方同意指派一位英国军官指挥参与“火炬”行动的地面部队，从阿尔及利亚进入突尼斯。哈罗德·亚历山大①爵士是第一人选，肯尼斯·安德森②中将作为他的副手，被派往开罗接替克劳德·奥金莱克③爵士，丘吉尔已经撤销了后者中东地区总司令、第8集团军司令的职务。

不可否认，如果不是丘吉尔的支持，艾森豪威尔不会被任命为盟军最高统帅，或者不会在这个职位上待这么久。丘吉尔内心并不是很愿意让一个美国人来指挥盟军，但现实让他认识到，美国将会在战斗部队中占绝对优势，不可能继续服从一个英国指挥官的指挥。而如果要由美国人来担任司令，那么他希望这个人是艾森豪威尔。

正如人们所认为的，艾森豪威尔缺乏创造性的思想及一名指挥官所需要的领袖气质，但是，他采用了一种与众不同的方法，很称职地完成了自己的工作。这主要是因为，他成功地把一群来自不同国家、观点各异、喜爱争论的将军凝聚成了一个能打胜仗的集体。很多人低估了这一点，但这恰恰是他成功的主要因素。

艾森豪威尔在回忆录中写道：“考虑到1942年8月初我们在伦敦所遇到的问题，显而易见，如果我们决意要在那一年发动一场认真的进

---

① 哈罗德·亚历山大（1891—1969）：英国元帅，“二战”期间历任中东战区总司令、北非战区盟军最高副司令兼第18集团军群司令、地中海战区盟军最高副司令兼第15集团军群司令、地中海战区盟军最高司令。因指挥突尼斯战役获胜而被封为“突尼斯的亚历山大勋爵”。

② 肯尼斯·安德森（1891—1959）：英国陆军上将，“二战”期间历任第1集团军司令、第2集团军司令、东非司令部司令。战后任直布罗陀总督。

③ 克劳德·奥金莱克（1884—1981）：英军著名将领，陆军元帅，“二战”期间，他在北非战局岌岌可危之际出任中东英军总司令，力挽狂澜，为盟军最终战胜隆美尔奠定了基础。

攻，在进行准备工作时就一分钟也不能浪费。因为夏季已接近尾声，适合于作战的天气即将消逝，各项工作必须分秒必争地开展。”在所有问题中，首先必须解决部队的运输和集中问题，以前还从来没有哪个国家试图完成那样一次从基地跋涉万里，并以一场重大的进攻为目的的海外远征。

摩洛哥位于非洲西北端，东面和东南面与阿尔及利亚为邻，南面与西属撒哈拉接壤，西临大西洋，北隔直布罗陀海峡与西班牙遥遥相望，是地中海入大西洋的门户，面积约45.9万平方公里，1912年沦为法国的“保护国”。法国投降后，维希政府在法属北非约有军队20万人，500架飞机，4艘战列舰，12艘巡洋舰，40艘驱逐舰，20多艘潜艇和其他舰艇。这是一支不可忽视的力量。

北非的维希政府是希特勒的追随者。1940年，他们向希特勒投降是遵照合法的贝当[①]政府之命行事，因而也是合法的。在他们心目中，反对法西斯侵略和维护法兰西民族独立的戴高乐将军以及法国共产党领导的广大人民群众的抵抗运动，反而是非法的，因而将其视为仇敌。同时，由于英国政府支持戴高乐领导的自由法国运动[②]，并且曾与维希的武装力量发生过几次冲突，所以北非法国当局的反英情绪也很强烈。

鉴于维希政府与戴高乐之间的矛盾，1942年11月5日，罗斯福给丘吉尔发电报说：“任何使戴高乐参与‘火炬’计划之举，均将对我们努力争取在非洲的法军归附我远征军的工作产生不良影响，我对此深感忧虑。因此，我认为在登陆成功以前，还是不要把有关‘火炬’计划的任何情况告知戴高乐为宜。登陆成功后，你可以告诉他经我同意，英、美远征军的美国司令官坚持对此事严守秘密，这是一种必要的安全措施。”

---

① 亨利·贝当（1856—1951）：法国元帅，维希法国元首、总理。他一生颇为坎坷，集民族英雄和叛徒于一身。

② 自由法国运动：1940年6月18日，戴高乐在英国伦敦发表了著名的抵抗纳粹宣言《告法国人民书》，号召国土遭沦陷的法国人民团结起来抗击纳粹德国的侵略。这也标志着法国抵抗纳粹组织“自由法国运动”的诞生。

为确保计划万无一失，艾森豪威尔和参谋人员每天工作十几个小时，制订运输计划，收集潮汐和天气情报，研究空中掩护以及许许多多的有关细节。兵力和供应的总数军不知道，最终目标不明确，整件事情中唯一确定的因素是美、英两军统帅的进攻指令。但是，大兵团的战略、战术，登陆艇和船只的获得，海军后援部队的分配，空军部队的编制，出国部队集中地和训练基地的准备，前期与后期给养的安排，所有这些问题都必须尽快进行处理。任何一个环节出问题，都将影响全局，因此绝不能掉以轻心。这些对于以前从未参加，甚至从未研究过两栖作战的艾森豪威尔来说，都是全新的挑战。丘吉尔对此却抱着很高的期望，他希望到 11 月底，盟军“将成为法属北非的主人”。

根据计划，艾森豪威尔的部队进攻利比亚的的黎波里，而英国在埃及的第 8 集团军将从东面攻击隆美尔的非洲军团。丘吉尔扬言：“如果一切顺利，我们将在年底控制整个北非海岸。”在发动进攻前夕，艾森豪威尔将离开伦敦，第一次进入作战地区，这时他将依赖他的运气，而不是他的火力——他的总部将成为空袭的首要目标。炮弹可能会落到他的总部附近，甚至可能把总部彻底击毁。

随着事态的发展，艾森豪威尔对这次战役的各方利益有了清醒的认识。他意识到了摩洛哥位于大西洋沿岸的卡萨布兰卡的重要性。如果能有效利用卡萨布兰卡，盟国将能较为靠近主要目标突尼斯，从而有可能赶在德国从意大利和西西里岛派部队来之前进入突尼斯。

“卡萨布兰卡之所以重要的另一个理由是，在那个地点强行登陆必然会对西班牙和摩洛哥的部落民族产生影响。”艾森豪威尔继续说，“要是我们不在那里登陆，那么法国的维希政权就很可能把那些好战的部落引向与我们发生公开冲突，而这种局面几乎肯定会给西班牙更有力的理由站到轴心国一边进行干涉。”

不管哪种作战计划，奥兰和阿尔及尔两地是势在必夺。这两地都是重要港口，而且奥兰附近的飞机场对日后的作战是必不可少的，尤其是对从直布罗陀到前线一带——不管这些前线可能会在什么地方——使用短程战斗机时更为必要。阿尔及尔是该地区的政治、经济和军事活动中心，在战略上具有极为重要的地位。

艾森豪威尔说："一个方案是进攻卡萨布兰卡、奥兰和阿尔及尔；另一个方案则是进攻奥兰、阿尔及尔和波尼。在这个问题上，我们认真研究了很久。我个人终于赞成把全部兵力开进地中海。我相信，突尼斯城这个战利品如此之大，以致我们一开始登陆就应尽量选择一个位于东面的像波尼那样的地方。无可否认的是，如果不在卡萨布兰卡建立起一个基地而想开进地中海，必然要冒额外的风险。但我觉得既然我们已经在冒着不小的风险，那么不如孤注一掷，相信卡萨布兰卡在其东路被切断之后会自行陷落，要不就会被从奥兰沿铁路转回来的纵队攻克。"

麻烦的是，西班牙站在了希特勒那边，西班牙人也许会占领直布罗陀海峡，封锁地中海，进而切断在地中海作战的"火炬"部队的补给线。如果占领卡萨布兰卡，就能保证盟国的交通线，卡萨布兰卡是一个良港，有铁路通往阿尔及尔。

马歇尔此前反对"火炬"行动的主要原因是，北非离德国实在太遥远。但是，当罗斯福命令他实施这一战役时，他就主张在卡萨布兰卡登陆，这里距离突尼斯十分远。他想要压缩人力、物力，同时对初次登陆的成败和补给线的安全表示关注。

卡萨布兰卡是一个较为容易攻击的目标，马歇尔解释道："人们也许能接受'铁锤'行动的失败，因为公众已经对此有了适当的准备，然而'火炬'的失败只会带来嘲笑并使我们丧失信心。"英国认为实施"火炬"行动时，没有必要将一半兵力用来进攻摩洛哥。船只和军队的数量仅够进行两次登陆，英国想在地中海内一直延伸到突尼斯，而马歇尔只同意一次在"地中海内"登陆——在奥兰，而另一次在"地中海外"——在卡萨布兰卡。

英国人说，卡萨布兰卡的巨大海浪比西班牙在直布罗陀进行干预的可能性更加危险。和英国人一样，艾森豪威尔不相信佛朗哥[①]能占领直

---

① 弗朗西斯科·佛朗哥（1892—1975）：西班牙国家元首，大元帅，西班牙首相，西班牙长枪党党魁。1936 年发动西班牙内战，自 1939 年开始到 1975 年独裁统治西班牙 30 多年。"二战"期间，他名义上保持中立，实际帮助希特勒。

布罗陀，希特勒也没有多余兵力来占据西班牙，进而威胁直布罗陀。他看不出有什么让人信服的理由去停止距离目标千里之外的两栖进攻的海运阶段。更何况目标是在海岸上，乘船到那里比步行到那里要快得多。尽管他反对“火炬”行动，但他提出意见说，假如发动攻势，应当以最小的代价取得最大的战果。

无论“火炬”行动带来了多少争议，艾森豪威尔非常清楚，不能让任何原因导致盟军内讧。他眼下的问题便是确定“火炬”行动的日期。丘吉尔希望尽可能早地发起进攻，罗斯福则特意叮嘱说，“请在选举日之前行动”，因为这年 11 月 3 日，美国国会将举行中期选举。对于罗斯福的考虑，艾森豪威尔心领神会。权衡利弊之后，他把发动“火炬”战役的时间定在 11 月上旬。他对自己的下属说：“磨磨蹭蹭过日子的时刻已经过去了。”

艾森豪威尔从不擅自决定任何事情，大多数时候他会与美国驻英国的战术参谋部的成员一起商量，而英国首相丘吉尔总是指手画脚。这一时期，在丘吉尔的要求下，艾森豪威尔习惯于每个星期和丘吉尔会晤 2 次。经过大约 6 个星期的紧张筹划，他接到通知说，美国国务院驻北非高级官员罗伯特·墨菲将对他做一次秘密访问，与他讨论北非的政治局势和动向——这些因素在整个军事行动中仍是个很大的问号。

维希政府标榜“中立”，在整个战争期间，美国仍与这个政府维持着外交关系。英、美两国政府都认为，北非的公众舆论是支持同盟国的，如果有可能，他们还想使事情看起来盟军好像是应邀来到非洲的。

长期在非洲担任美国总领事的墨菲，早就获得了罗斯福总统的信任，并被告知在那一地区采取军事行动的可能性。他和助手一起，持续不断地进行民意测验，还联络了一些对轴心国持敌对态度的军政高级官员。

1942 年 9 月 16 日，墨菲秘密来到伦敦，与艾森豪威尔进行了长达 24 小时的会晤。墨菲说，艾森豪威尔可以用转向局外人亨利·吉罗将军的办法，绕过戴高乐的自由法国、贝当元帅的维希法国和法国殖民部队中的各种派别之间的斗争。

艾森豪威尔对亨利·吉罗有所耳闻。吉罗是法国著名军事将领，在第一次世界大战中受了重伤，失去了一条腿，并被当做阵亡者遗弃在战场上，结果被德军俘虏，关进比利时的一座监狱。后来，他带伤逃出监狱，重新回到法国继续战斗。战争结束后，他来到非洲服役，担任米兹的总督，之后又到军事学校教书。戴高乐是他的得意门生。第二次世界大战爆发初期，他先后担任过法国第7、第9集团军司令，英、法联军总司令。1940年5月，他在阿登森林视察前线时不幸被德军俘虏。两年后，即1942年4月，他在朋友的帮助下再次越狱成功，回到法国。

法国人十分高兴吉罗的归来，也对他敢于冒险、不畏牺牲的精神感到骄傲。在法国军人中，吉罗享有很高的威望。墨菲说："尽管吉罗将军目前不掌握一兵一卒，但我相信，他在法军中有着强大的号召力。"

墨菲还说，驻阿尔及尔军团司令的参谋长查尔斯·马斯特向他保证，如果吉罗到阿尔及尔，所有法国殖民部队都会集结在他的周围，因此，如果吉罗能够出面，盟军登陆时将不会遭到抵抗。

除了马斯特的话之外，艾森豪威尔没有任何理由去相信那些已经拒绝戴高乐邀请参加自由法国的职业军人，他们不会服从指挥官的命令。吉罗手下没有步兵、炮兵、飞机、海军，没有追随者，但他要求对美、英士兵拥有最高指挥权。为此，艾森豪威尔与吉罗进行了一场持续8个小时的唇枪舌剑般的争论，会谈最终破裂。吉罗最后站起身来，高声说道："我在这件事中，将是一个完完全全的旁观者！"艾森豪威尔认为，在部队即将登陆之时，自己耗费这么多的精力和宝贵的时间，与吉罗这样一个在法军中毫无地位的人进行争论，是毫无意义的。

艾森豪威尔并不完全信任吉罗。他告诉墨菲，如果维希政府的法国军队反抗，他打算以足够的兵力强行登陆，攻破法军的防线，并且拒绝把墨菲的地下组织考虑进去。当墨菲请求给他抵抗组织武装时，艾森豪威尔置之不理。当墨菲询问战役开始时间，以便使地下活动配合登陆作战时，艾森豪威尔拒绝告诉他登陆日期。他说，你可以告诉法国人，我们将于2月的某一时间来到。

事后，艾森豪威尔电告马歇尔，墨菲给他留下了“非常深刻的印象”，但对他提供的情况不能“完全相信”。

10 月 16 日，墨菲返回阿尔及尔后，发来了一份电报。马斯特再次报告说，除非让吉罗担任最高统帅，否则他不会参加。经过反复考虑，艾森豪威尔暂时决定任命吉罗为整个法属北非的总督来掌握“微妙的局势”。随后，他要求与法国海军上将弗朗索瓦·达尔朗[①]进行“恰当的接触”，并准备任命他为武装部队总司令。艾森豪威尔知道，盟军迟早得做出决定，究竟是要达尔朗还是吉罗作为“主要的合作者”。但是，他希望他们两人都愿意合作，以“取得对我们更有利的好处”。不过，这种事情与军事无关，它涉及的是政治和外交政策的问题。

在采取行动前，艾森豪威尔需要得到上级的权威性指示。那天是周末，丘吉尔正在契克斯别墅。艾森豪威尔打电话给他，请他立即回伦敦开会。

丘吉尔耐着性子听艾森豪威尔汇报了与吉罗、达尔朗合作的利弊。艾森豪威尔汇报完之后，征求丘吉尔的意见时，丘吉尔思索了一会儿说：“如果你一定要把法国海军搞到手，就得去拍达尔朗的马屁！”考虑到政治影响，会议最终没有做出决定，而是要求艾森豪威尔视情况发展而定。

但出乎意料的是，非洲的法国人对吉罗十分冷淡，甚至根本就不理睬他。吉罗做了一次广播讲话，宣布他将领导法属北非，并命令法军停止对盟军作战，但他的讲话毫无用处。艾森豪威尔如同被当头泼了一盆冷水，但后悔似乎有些晚了。

不管怎样，“火炬”行动还是要按计划进行。艾森豪威尔作为最高统帅，不会在前线直接带领部队作战，但是作为战役的总指挥，他确实想到前方去视察。飞离伦敦前，他给玛米写信说：

---

① 弗朗索瓦·达尔朗（1881—1942）：法国海军元帅、海军总司令，“二战”期间在维希政府中担任代总理、外交部部长、海军部部长、内务部部长等职。1942 年 12 月 24 日在阿尔及利亚被参与抵抗运动的青年费南德·邦尼所杀。

我希望你不要烦恼和忧虑。战争不可避免地给人带来危险，但是就我的情况来说，我的运气一直很好，这件事你必须永远记着。另外，即使我遇到最坏的情况，请不要过分悲伤。

他指出他在部队已经 31 年，到目前为止，他已经避免了一个士兵总有可能遇到的危险。他提醒妻子，他曾很可能在 1918 年到法国时在那里牺牲。“我真正感到美国和全世界今天面临的局势，比我们任何人所能理解的要严重得多，因此不应让个人的牺牲和损失把我们压倒。”

艾森豪威尔定于 11 月 2 日动身去直布罗陀，在直布罗陀下令发起进攻。然而，天有不测风云，11 月 2 日、3 日天气都很恶劣，飞机无法飞行。艾森豪威尔急得如热锅上的蚂蚁，深切体会到天气对战争起着至关重要的作用。

11 月 4 日，艾森豪威尔再也坐不住了，他不顾天气恶劣，命令驾驶员保罗少校紧急起飞。经验丰富的保罗少校勉强地同意了。飞行员最清楚，在这种天气飞行这么远的距离，无疑是与死神进行一场面对面的较量。6 架 B－17 轰炸机，载着艾森豪威尔及大部分参谋人员，排除发动机的故障，克服恶劣的天气，在击退一架德国战斗机后，安全抵达目的地。

为了了解战争情况，艾森豪威尔把总部设在了位于前沿阵地的一个年代久远的洞穴里。这里阴冷、潮湿、黑暗，空气流通很差，弥漫着难闻的臭味。正是在这种恶劣的环境中，艾森豪威尔坐在指挥桌前指挥“火炬”行动。此时，他的舰队已经起航，正在把大批部队悄无声息地运往目的地。

直布罗陀作为重要的战略要地，这时被推上了风口浪尖。盟军在这里建立了强大的防御体系。在它上边就是直布罗陀岩壁，岩壁上已爆破出许多坑道，以便安放控制地峡的大炮。另外，盟军还采取了必要的措施，以防备来自空中、海上和空降部队的进攻。

直布罗陀对反法西斯战争最重要的贡献，在于它的新飞机场的发展和使用。它最初仅是由跑马场改成的一个小型降落场，从 1942 年起不断扩建，最后成为一条约 1.6 公里长的宽阔跑道，其西端一直延伸到直布罗陀海湾，是用开凿坑道时挖出的碎石筑成的。“火炬”行动所使用的大批飞机就集中在这里。

艾森豪威尔说得好：“倘若没有英属直布罗陀，就不可能进攻西北非。”而北非注定要写入“二战”的光荣历史。

初次指挥部队参加战斗的艾森豪威尔，面临着严峻的政治及军事考验。这是他数十年来研究的课题，而此时正是他证明自己的极佳机会。

登陆北非作战

经过长时间的博弈和大量战前的准备，登陆北非的战斗终于要打响了。艾森豪威尔在回忆录中写下了内心的忐忑：“这场战役规模之大，天气变幻之无常，法国人态度之复杂以及来自西班牙的威胁，一切都是难以预料的。对司令官来说，这无疑是一场严峻的考验。”

艾森豪威尔将盟军分为三个部分：“东部”特混舰队由英国海军少将布罗斯指挥，负责攻击德军掌控的阿尔及尔及其东、西地区；“中部”特混舰队由美军弗里登少将指挥，负责在奥兰登陆；“南部”特混舰队由美军巴顿少将指挥，负责在 11 月 8 日拂晓前抵达摩洛哥海岸。由于部队是在夜间行驶，而且航程较远，所以登陆时间比原计划晚了 3 个小时。

参加“火炬”作战的英、美军队共有 13 个师、665 艘军舰和运输舰，其中包括 3 艘战列舰、7 艘航空母舰、17 艘巡洋舰、64 艘其他作战舰艇。首批登陆的兵力为 7 个师，其中有美国的 4 个步兵师和 2 个装甲师，英国的 1 个步兵师，共约 11 万人。此外，还有几个空降营将参加这次行动，负责占领敌军防御纵深内的机场和要地。这次登陆的空中保障，将由 1700 架飞机负责，其中绝大部分驻守在直布罗陀。

11 月 9 日，美军一边巩固自己的登陆点，一边向纵深推进，但因为弹药、油料还堆积在滩头，来不及运给战斗部队，所以部队前进的速度极为缓慢，而法军的抵抗开始加强。其他地区的战斗也在激烈地进

1942 年 11 月，北非战场的“火炬”战役，指挥官巴顿和艾森豪威尔商量登陆法属摩洛哥卡萨布兰卡的计划

行着。

战斗一开始就出现了问题，东面运送美军的船只被浪潮冲离海岸数公里，在黑暗中造成了一些混乱。艾森豪威尔不得不冒险飞抵直布罗陀，调整其中的关系。他很快就控制了局势，盟军节节胜利，只是在阿尔及尔港遇到了法军较为激烈的抵抗，2 艘英国驱逐舰在驶入港口时被击伤，许多士兵被包围，并在当天下午向法军投降。

这时，艾森豪威尔接到了一份令人沮丧的报告：美国军舰“托马斯·斯东”号载着美军的一个加强营在驶向阿尔及尔途中，距目的地仅 240 公里时，不幸被德军的鱼雷击中。不过，在军舰被拖到就近的港口之前，舰上的官兵都不愿默默等待。当司令官宣布都上救生艇以便准时赶到原定发动突袭的海滩时，他们都报以欢呼。然而，自下午弥漫起来的浓雾使他们的愿望未能实现，他们无可奈何地登上了驱逐舰和其他护航舰，在距原定时间约 20 个小时后被送上了岸。可喜的是，这些部队并没有明显影响部队的登陆计划。

丘吉尔也参与到战争中来了。总司令的大本营安置在山岩中，4 个房间的上方矗立着一大块花岗石。艾森豪威尔抵达直布罗陀后写道："我的指挥所在直布罗陀，不列颠帝国强盛的象征之中。" 伦敦政界人士认为，现在帝国的命运掌握在可靠者的手里。丘吉尔给艾森豪威尔发电报说："直布罗陀的岩壁掌握在您的手里，是不会发生危险的!"

在此期间，艾森豪威尔的司令部和阿尔及尔之间的无线电联系非常困难，但最后还是收到了一份电报，证实了早些时候的一个消息：达尔朗正在阿尔及尔！艾森豪威尔想："只要达尔朗能够对在土伦和达喀尔的大量法国舰艇发出一道必要的命令，我们就有希望立刻减轻在地中海的潜在的海军威胁，同时可以顺便增添我们的水面舰艇。" 他又想起在离开伦敦之前，丘吉尔诚恳地说过："如果我能见到达尔朗的话，尽管我极恨他，但即使让我以爬行 1 英里路作为交换，让他把舰队带到盟军这边来，我也会欣然照办。"

艾森豪威尔决定派克拉克将军前去调停。克拉克向盟军司令部发回电报说，如果没有达尔朗参加，就不可能达成和解，而他这一观点也得到了吉罗的支持。11 月 9 日那天，克拉克在阿尔及尔圣乔治大饭店会见了达尔朗，要求他发布停火令。克拉克身材高大，他俯视着瘦小的达尔朗说，如果达尔朗不合作，就坐牢。达尔朗坚持要等候贝当的命令。克拉克不由得发起火来。最后，达尔朗被迫同意在卡萨布兰卡和奥兰下令停火，但是，他仍然拒绝指示突尼斯政府的法国部队抗击德军。

艾森豪威尔敏锐地意识到，只有达尔朗能够说服突尼斯的法军抵抗德军，能将法国舰队交给盟军。然而时间不等人，希特勒很快便从最初的震惊中清醒过来，正在空运精锐部队和坦克前往突尼斯。艾森豪威尔说，只要他们"此刻头脑清醒过来，我们可以避免以后好几个星期的作战，并且在付出许多生命和物资后，我们会得到我们想要的东西”。为了减少不必要的伤亡，他命令克拉克竭尽全力与达尔朗达成协议。他警告克拉克，不得在阿拉伯部落中引起纠纷，“或者鼓励他们与现行的统治方法决裂”，因为他不希望发生“任何内部的骚动和麻烦”。

1942 年，北非战场盟军最高司令艾森豪威尔与法国海军元帅达尔朗（中）和美国将军马克·克拉克（右）在一起

11 月 13 日，艾森豪威尔从直布罗陀飞到阿尔及尔，会见了达尔朗，达成了协议。该协议在军事上具有重大的意义，减少了盟军的伤亡，但是遭到了国际舆论的诟病。

英、法、美等国舆论界有很多人表示了强烈的不满，认为这是一桩卑鄙龌龊的勾当，而其对象“乃是一位与我们不共戴天的仇敌”，因此在他们心目中，北非登陆的胜利以及阿拉曼战役的胜利已黯然失色。这一强烈反应使艾森豪威尔十分吃惊，并让他感到难过。这倒不完全是由于协议被抨击，在某种程度上他已经预见到这一结果，他只是没想到抨击居然如此猛烈。更令他难受的是，人们攻击他是一位头脑简单的将军。

艾森豪威尔对抨击自己的言论感到十分困惑，但他又不愿意做过多的解释，只是在给家人的信中表达了这种愤懑。他写信给哥哥埃德加说："唯一使我对此事有点气恼的是，竟有人认为我是这样令人难以置信的愚蠢，而完全没有意识到这只是我在军事上的权宜之计。"他给儿子约翰写信说："我被称为法西斯分子，甚至几乎是希特勒主义者，但是，我认为在历史上没有任何一场战争，专制压迫和独裁统治的势力如此明确地与维护人权和个人自由的势力相对垒。我是坚决站在反法西斯这一边的，作为一个战士，我唯一的目标就是尽力粉碎希特勒匪帮。"他写信给妻子玛米说："阿拉伯人是十分难以捉摸的，他们具有爆炸性，充满偏见。这里所做的许多看起来是古怪的事情，正是为了使阿拉伯人不致被激怒起来暴动。我们坐在火山上！"

11 月 14 日，艾森豪威尔给英、美参谋长联席会议发了一封电报，为自己的行为辩护。他说："与法属北非举行的谈判在伦敦和华盛顿造成了某些困惑，这不难理解。此间人们的态度与先前设想的状况全然不同。"在北非，一个不容置疑的事实是"贝当元帅具有相当高的声望"。所有法国军官都认为，他们是在"贝当的领导下"生活与工作。法国人也一致同意，只有一个人能"继承贝当元帅的衣钵"，而"那个人就是达尔朗"。他们愿意追随达尔朗，"而绝对不愿意听命于他人"。

艾森豪威尔认为，"国内可能有人觉得我们受了蒙骗"，但是，如果没有达尔朗的话，他只能完全凭借武力占领北非，而这将造成时间与资源的"极大浪费"。

这封电报给罗斯福留下了深刻的印象。陆军部部长史汀生看后也强烈要求罗斯福支持艾森豪威尔。

与此同时，丘吉尔也出面为艾森豪威尔辩护。他写信给罗斯福说："我应该让你知道，与达尔朗所签的协定引起了强烈的愤怒。我越考虑这个问题，就越相信它只能是一种仅仅出于战事急迫而不得已采取的权宜之计。人们会以为我们愿意和当地的吉斯林[1]之流妥协，这种看法不仅在法国而且会在全欧洲，给我们的共同事业带来不良的政治影响，我们对此决不能忽视。”

罗斯福很快就明白了丘吉尔的用意，他与马歇尔讨论之后马上举行了记者招待会。在会上，马歇尔严厉批评了美国记者。他说，估计“火炬”计划的登陆作战，美国的损失将高达 1.8 万人，但事实上只有 1800 人，与达尔朗的协议使美国少伤亡 1.62 万人。他告诉新闻界，他们对艾森豪威尔和达尔朗协议的抨击是非常愚蠢的，这会上英国人的当，他们会要求由一个英国人来代替艾森豪威尔。如果这种抨击继续下去，美国在世界上的声誉将处于前所未有的低下地位。美国民众这才真正理解了艾森豪威尔的用意。

但是，与达尔朗的协议所付出的代价，远远超过艾森豪威尔个人的不安及对他声誉的损害。这个协议造成了长期的影响。苏联领导人怀疑英、美和法国维希分子背后有默契。法国抵抗运动领袖戴高乐对此也表示了强烈不满。他说：“如果盟军在‘解放’一个国家时，却与现在投敌的官员们签订协议，那么抵抗还有什么意义?”这个协议不仅伤害了抵抗运动成员的感情和士气，而且对日后戴高乐与美国的长期合作也产生了严重影响。

艾森豪威尔越来越意识到自己现在处于风口浪尖的位置，因此做起事来更加小心谨慎。他写信向妻子诉苦说：“我从来没有像现在这样拼命工作过，却没有取得好的结果。”没过多久，他在野战司令部食堂吃晚饭时，一名通信兵送来一份电报：“达尔朗被刺身亡。”

艾森豪威尔听到这个消息后喜忧参半。正如克拉克所说：“在我看来，达尔朗之死是上帝的旨意。把他从政治舞台上清除掉，就像刺破脓疮一样。他起到了他的作用。”

达尔朗之死，为艾森豪威尔解除了一个政治上的包袱，稍稍缓和了

① 维德孔·吉斯林（1887—1945）：挪威国家统一党元首，“二战”期间曾任挪威首相，因与纳粹德国积极“合作”，他的名字成了“卖国贼”“叛国者”的代名词。1945 年被处以死刑。

他所处的不利局面，但并没有完全消除国际舆论对他与通敌者合作的强烈不满，尤其是对维希分子在法属北非全部留任的做法，更是使当地民众无法忍受。人们最不满意的是，虽说“解放了”，但是反对法西斯德国和维希政治制度的积极分子，仍然没有被释放出狱。

当然，如果艾森豪威尔能够在前线取得一些进展，证明协议发挥了作用的话，便比较容易渡过难关，可惜的是，他没能做到这一点。这其中既有达尔朗的责任，也有他自己的问题。

早在“火炬”行动刚开始不久，艾森豪威尔便表示他不愿冒险行事。他拥有一支隶属于英国第78师的水上预备队。这支部队仍在海上，具有很强的机动能力。他本可以派这支部队前往比塞大，但到11月11日，他认为比塞大过于危险，于是让部队在阿尔及尔以东仅160公里的布日伊登陆。与此同时，德军冒着更大的危险继续在突尼斯集结。

盟军参谋长联席会议本指望这支水上预备队能够发挥更大的作用，他们建议艾森豪威尔进攻由装备差、士气低落的意大利军队防守的撒丁岛，扩大在地中海的作战范围。一旦占领撒丁岛，盟军便可以利用岛上的机场对突尼斯、西西里和意大利发动攻击，威胁法国南部沿岸。最重要的是，整个意大利半岛将受到包抄。

然而，由于没有摆脱参谋人员按部就班的思想，再加上指挥职责的压力，艾森豪威尔对这一提议感到十分吃惊。他没有地图、计划和情报，没有任何准备。他对参谋们说：“如果现在要减少‘火炬’行动的既定兵力，对于这样的建议，我坚决反对。”他表示自己也想抓住机会，但循序渐进很重要，当务之急是建立一个稳定的后方。

12月中旬，艾森豪威尔认定盟军兵力不足，仍然不能发动进攻，于是下令再次推迟对突尼斯的攻势。盟军参谋长联席会议提醒他，“宁可在坚决的突击战初期遭受重大损失，也不可在消耗战中浪费资源”。这其实是在指责他过于谨慎。

12月22日，艾森豪威尔出发赶赴前线，想亲自了解那里的情况并指挥战斗。圣诞夜，他视察了作战部队。连绵的阴雨把整片田野变成了一片沼泽。车辆一旦离开道路便寸步难行，即使在公路上行驶也很困难。为此，艾森豪威尔决定停止所有攻击，以等待天气好转及更多的援军。

1943 年 1 月 14 日至 24 日，罗斯福和丘吉尔各带着一批军政要员，前往卡萨布兰卡这一新解放的海港城市开会，以便对 1943 年的战略取得一致意见，并对英、美联军指挥权的问题做出适当的安排。

斯大林拒绝参加这次会议，这使两个西方盟国有机会秘密会晤，解决“火炬”行动的遗留问题。丘吉尔深知，一旦美国加入地中海战事，它就会“一不做二不休”。他宣布拿下北非后，“必须继续进攻意大利，为在 1943 年对轴心国下腹部发动更大的进攻做准备”。

不过，斯大林对于这次会议的影响依然存在。他要求丘吉尔和罗斯福于 1942 年后半年在西线开辟第二战场，以进一步减轻他的部队所承受的巨大压力。

1 月 15 日，艾森豪威尔到卡萨布兰卡报告战区的形势。起初他给罗斯福的印象并不好。罗斯福对顾问霍普金斯说：“艾克看上去紧张不安。”霍普金斯解释说，这是因为艾森豪威尔乘坐的飞机出了问题。飞越阿特拉斯山脉时，艾森豪威尔乘坐的飞机有两台发动机失控，他几乎要跳伞。加上他的感冒尚未痊愈，以及对突尼斯的战争失败感到失望，他给罗斯福留下“紧张不安”的印象也就不足为怪了。

丘吉尔和罗斯福都知道，他们至少和艾森豪威尔一样，要对达尔朗协议负责。他们对艾森豪威尔在卡萨布兰卡的汇报印象深刻。他们对艾森豪威尔的工作感到满意的是，他继续致力于同盟国的事业，他是促成一个混合的参谋班子在一起工作的神奇人物。尽管英国在突尼斯投入了优势兵力，但丘吉尔知道，法国军队是不会接受由英国人来指挥的，因此必须由艾森豪威尔继续担任盟军总司令不可。

自“火炬”行动开始以后，马歇尔越来越清楚地看到，艾森豪威尔作为一个中将，却要去指挥那些军衔比他高的英国和法国军官，这使他的工作变得很困难。因此，在卡萨布兰卡，马歇尔试图说服罗斯福把艾森豪威尔晋升为四星上将，却遭到了反对。罗斯福抱怨说，除非有很好的理由，否则他不会晋升艾森豪威尔，晋升应该属于那些打了些仗的人，他要让这成为一条规定，艾森豪威尔的表现是不错，但他还没有把德国人从突尼斯赶出去。

卡萨布兰卡会议结束以后，马歇尔去拜访艾森豪威尔，表示正在举荐他晋升四星上将，以便保住他的总司令职位，至少是暂时确保。随后，马歇尔费了不少口舌，终于说服罗斯福在 1943 年 2 月 10 日把艾森豪威尔的名字报给国会，晋升他为四星上将。不久，国会批准了总统的提名，四星上将是当时美国陆军最高的军衔，1943 年时，拥有上将军衔的只有马歇尔和麦克阿瑟两人。

在政治、外交方面，艾森豪威尔遇到了许多烦恼，但在军事方面，他依然展现了他的才华。他指挥的部队，拥有海、空支援的 50 万装备精良的部队，最后集结在地中海；但是，这支部队花了半年多的时间才肃清非洲沿岸的轴心国部队。此外，他们花了 3 个月时间消灭德国在西西里的 2 个师；又花了 3 个月时间才使盟军在意大利南部站住脚。直到 1944 年 6 月，盟军发动地中海战役一年半以后，英、美部队才打到罗马。

在初次战斗中，由于没有多少把握，艾森豪威尔时常情绪低落、烦躁，容易根据并不充分的情报仓促做出判断，他的思想情绪和战术都是防御性的。19 个月以后，他有了明显的进步，他的上级和下属也是如此。

1944 年 6 月，进攻法国的部队已大大超过 1942 年 11 月进攻法属北非的部队。从这个方面来说，“火炬”行动付出的代价是值得的。美军的登陆部队尽管开始时较为顺利地占领了阿尔泽湾和安达鲁斯，但在向奥兰实施向心突击的过程中被阻于半路。2 艘载运美军的英国军舰，在强行驶入奥兰港时被击毁，乘员死伤过半。

1944 年 11 月 9 日，美军的进攻仍无进展。此时，法军指挥官已获悉美、法双方在阿尔及尔进行谈判，抵抗意志大为削弱。美军装甲部队于 11 月 10 日乘隙从南部突入奥兰，逼近法军司令部。中午，法军宣布投降。

艾森豪威尔曾对玛米承认：“任何配得上担任高级指挥职务的人，

都对于他肩负的巨大职责深表担心，而他自己的能力又经常地显得与他的职务不相称，因此对世人所称的成功或晋升并不特别介意。”他说，身居这样职位的人，“孤独是不可避免的”。此外，在他四星上将这一级的地位上，“风险总是非常大的，而惩罚是以丧失生命或者给国家造成大大小小的灾难这种形式表现出来的”。总之，他告诉玛米，“晋升的结果使我觉得十分自卑，但是我并不认为我已经功成名就，而仅仅是开始”。他保证，要永远尽最大的努力来履行自己的职责。

遭遇“沙漠之狐”

还没等艾森豪威尔为自己晋升为上将而感到高兴，希特勒为了报复，派兵占领了法国全境。同时，为了扼守北非，德、意两国陆续增兵 25 万人，集中于突尼斯，企图负隅顽抗。形势根本不容艾森豪威尔太过乐观。

按照卡萨布兰卡会议确定的向突尼斯进攻的军事斗争战略，艾森豪威尔开始加紧积蓄力量，整顿部队，以便发动一次强大的攻势。令人不安的是，他的对手是素有“沙漠之狐”美誉的德军名将隆美尔。

隆美尔用兵如神，难以对付。更为要命的是，驻守在突尼斯中部和西部地区的美第 2 军的 4 个师都是仓促组成后派到北非的，不仅没有作战经验，而且战备观念极差。除了 1942 年 11 月与维希法国部队有过零星交锋外，他们根本没有体会到战争的残酷。同时，后勤保障也十分困难。最糟糕的是，指挥官劳埃德·弗雷登道尔过于担心自己指挥所的安全，于是把它设在离前线几公里的峡谷边上，还让 200 名工兵修建地下掩体。

艾森豪威尔虽然对弗雷登道尔这种躲在坑道中的做法表示担心，但他只是告诉弗雷登道尔，“最让我不放心的一件事，就是我方某些将军习惯于守着自己的指挥所”，并请他“务必十分仔细地查看部下是否存在这个问题”。艾森豪威尔提醒弗雷登道尔亲自熟悉地形的好处，还说：“将领就像军队中的其他东西一样，也是可以牺牲的。”但弗雷登道尔对这些暗示无动于衷，继续待在他的指挥所里。

在这场战争中，德军拥有某些有利条件，其中包括西西里优良的机场、突尼斯的良好机场、运输线较短，以及靠近战场的海港。德军还有着经验丰富的指挥官、作战经验丰富的部队，以及较多的坦克。但是，他们没能获得更多火炮来加强突尼斯城的防御。而盟军的问题是必须找到足够数量的船只，将美国制造的产品运到前线。

随着飞机数量不断增加和使用前方机场，盟国空军开始从德军手中夺取了制空权。这使德军感到越来越难以切断盟军的供应线，或保卫自己的供应线。不过，尽管美军的物资和装备源源不断地运抵前线，飞机和坦克的数量也在增加，美军士气高涨，但是，艾森豪威尔仍然很担忧，他最担心战线的南端。果然，他担心的情况出现了。

1943 年 2 月 11 日，盟军总部情报处长、英国准将艾里克・莫克勒・弗里曼报告说，阿尼姆①正从隆美尔非洲军团那里得到增援，将在短期内向美第 2 军防线北端的丰杜克发动主攻。艾森豪威尔闻讯，马上驱车赶往费德山口。夜色中，费德山口就像一张黑洞洞的大嘴，似乎要把所有人都吞噬掉。艾森豪威尔判断，德军的主攻方向在北面。

出乎意料的是，艾森豪威尔离开费德山口半个小时后，德军通过山口向 A 战斗群发动了进攻。但他仍认为，主攻的方向在北面，这可能是佯攻。直到 2 月 14 日，当隆美尔的坦克部队消灭了美军 1 个坦克营，击溃 1 个炮兵营，并且孤立了美军残余部队之后，艾森豪威尔才意识到自己判断失误。

艾森豪威尔立即要求英国第 1 集团军司令肯尼斯・安德森调丰杜克的 B 战斗群投入战斗，但安德森坚持认为原先的情报是正确的，拒绝执行艾森豪威尔的命令。艾森豪威尔只好试图派别的援军到法伊德地区，但是因为距离较远，道路状况不佳，根本不可能支持被围的 A 战斗群。2 月 15 日，隆美尔的部队继续向前推进，摧毁美军坦克 98 辆、半履带车 57 辆和大炮 29 门。

正如艾森豪威尔预料的那样，2 月 16 日，隆美尔果然率领非洲军

---

① 阿尼姆（1889—1962）：德国陆军一级上将，“二战”期间在北非指挥第 4 坦克集团军，奉命固守突尼斯。1943 年 3 月隆美尔因伤病回国后，出任北非轴心国军司令，5 月被盟军俘获。

德国陆军元帅　隆美尔

团扑向另一山口——卡塞林山口。德军眼前是一片开阔地和盟军位于勒凯夫的主要补给基地。面对危急的局势，艾森豪威尔可以将弗雷登道尔撤职，或是把所有下属换掉，但他不想在作战期间换掉弗雷登道尔。不过，他撤掉了自己的情报部长，因为对方“过于迷信单一类型的情报”——无线电侦听（实际上侦听到的情报很准确，但隆美尔根本没有服从上级命令，而是自行发动了进攻）。

随后，艾森豪威尔紧急调派援军加入战斗。他命令第 9 师的炮兵急行军 1100 多公里赶赴前线，将第 2 装甲师和第 3 步兵师的装备交给弗雷登道尔，并向前线输送阿尔及尔和摩洛哥其他部队的卡车、坦克、火炮与弹药。

在战斗最激烈的时刻，他告诉马歇尔："战士们学得很快，虽然我相信，现在以生命换来的许多教训其实在国内时就应该未雨绸缪。我向您保证，经历过这场战役的部队，一定会在战斗中做到机动灵活，在战术方面富有效率。"幸运的是，原先不愿冒着敌人炮火前进的美军士兵，正迅速从隆美尔的打击中清醒过来。他们不再喜欢被动挨打，而是开始踏踏实实地战斗。

然而，隆美尔最终于 2 月 21 日通过了卡塞林山口。战争结束时，隆美尔表面上似乎占了大便宜，实际上，德军的损失也很严重，在希特勒忙于欧洲战场无暇他顾、无力对非洲军团提供补给的情况下，隆美尔暴露了他的致命弱点。

艾森豪威尔认为，敌人此举构不成威胁，反而会陷入挨打的局面。如果盟军在卡塞林山口集中兵力和火力优势，完全可以给只有一条脆弱补给线的隆美尔以致命打击。艾森豪威尔向马歇尔保证："我们有足够的力量阻止他前进，并准备歼灭他。"

与此同时，他还想更进一步。他要求弗雷登道尔立即在隆美尔的侧翼发动反攻，夺取山口，切断非洲军团的退路，最终消灭它。但弗雷登道尔并不认为隆美尔已成强弩之末，他希望敌人再发动一次进攻，自己采取守势来迎敌。

初次交手，隆美尔同样感受到了美军的实力。他没想到美军的"装备这样好"，"有着远比德军好得多，并且更充足的"武器。美军的"车辆和零件的标准化"给他留下了深刻印象。假如他知道美军过感恩节和圣诞节还能享用从得克萨斯州冷藏运来的火鸡和花色配菜，或许对美军的印象会更深刻。隆美尔审时度势，于当晚开始退兵，并且成功完成了撤军。盟军丧失了稍纵即逝的良机。

艾森豪威尔不断地总结经验，多次与士兵们交流。他在日记中写道："所有这一切结果，都成了零打碎敲的行动，而敌人前进是因为在坦克数量上大大超过我们。"美军这一仗打得很糟糕，既不能恰当地巩固阵地，又不能有序地撤出阵地。

但是，艾森豪威尔和美军都吸取了教训。他向马歇尔报告，战士们

“现在激动不已，做好了战斗的准备”，他本人也是如此。他又说：“从上至下，我们全体将士都认识到这并非儿戏，决心要大战一场。”今后他指挥的部队（包括前线部队）“绝不会停止训练”。他果断地撤掉了弗雷登道尔，由巴顿接替。

这个时候，非洲的雨季来临了。美、英联军临时修建的机场变成了烂泥塘，车辆行驶也极为困难。艾森豪威尔也因气候原因而得了流行性感冒，身体十分虚弱，但略有好转后，他就立即赶到卡塞林视察战况。

深绿色的越野吉普车行驶在泥泞的公路上，公路两边到处是美国士兵的尸体。在路边的一座小山上，艾森豪威尔看见一群阿拉伯人正从阵亡的美国士兵身上，把靴子、衣服以及其他可以拿到集市上去卖的物品剥下来，放到他们的骆驼背上。艾森豪威尔非常愤怒，质问负责掩埋阵亡士兵的人都到哪里去了。军官们这才安排了更多的人手去掩埋阵亡士兵。之后，艾森豪威尔一行来到霍芬伯奇将军的地下指挥所。霍芬伯奇也毕业于西点军校，是艾森豪威尔的老朋友。在卡塞林战役中，他负责驻守山口。

与指挥所外面泥泞、肮脏的景象形成鲜明对比的是，霍芬伯奇的办公室崭新、干净。在那里，艾森豪威尔看到了全新的办公桌、地图、电灯，还有全套的通信设备、厨房和洗漱间，以及一些北非的雕塑艺术品。他实在忍不住了，说：“霍芬伯奇，我命令你的部队坚守要塞，可是你被隆美尔的部队吓破了胆。现在，有1500名美国士兵躺在泥土里，就像是屠宰场里的猪，被人任意掳掠。”他的声音在颤抖，因为他第一次目睹了战争的残酷。

一辆辆烧毁的坦克后面，收容队正把阵亡士兵的尸体排列起来运往山下。一些尸体的衣服被剥光了，有一具尸体右手戴戒指的手指被截断了。艾森豪威尔怀着沉重的心情，慢慢走过去俯视着那些士兵的尸体，情不自禁地流下了眼泪。这是他在战争中第一次，也是最后一次让人看见他落泪。

马歇尔得知美军伤亡惨重，连忙从华盛顿飞往前线，与艾森豪威尔讨论战略和指挥部署问题。他对艾森豪威尔的“整个态度简直像父亲对儿子一样”。他担心艾森豪威尔工作过度，超出身体所能忍受的程度，于是对艾森豪威尔说：“你应该有一个按摩师，在睡觉前轻松一下是很好的。”艾森豪威尔说，别人给他擦背，会使他更加兴奋而无法休息。马歇尔说“你应该运动运动”，但艾森豪威尔说自己没有时间。

马歇尔只得去找艾森豪威尔的副官布彻，把自己的想法告诉他。很快，布彻请来一个按摩师，然后告诉艾森豪威尔，他在执行马歇尔的命令。艾森豪威尔发着牢骚，让按摩师给自己擦了一次背，随后就解雇了他。艾森豪威尔准许布彻在阿尔及尔郊外 24 公里处替他弄一座别墅，这是一个面朝大海，通向一片林区的僻静之地。一位英国军官还给艾森豪威尔弄来 4 匹壮实的阿拉伯公马。

这次视察使马歇尔意识到艾森豪威尔正处于危险之中，他不仅需要各种帮助，而且把过多的时间花在写报告证明自己行动的正确，以及对付法属北非的拜占庭式的政治上，而在指挥“火炬”行动上花的时间则少得可怜。对此，马歇尔建议艾森豪威尔找几个了解和信任的军官担任耳目。艾森豪威尔接受了这个建议，并拟出了一份按优先顺序排列的参谋名单，第一个就是他在西点军校时的同学布莱德雷少将。

2 月末，布莱德雷来到了北非。自毕业以来，他们一直没有见过面，这次重逢使艾森豪威尔非常高兴。不过，马歇尔派布莱德雷前往北非，其实是想派布莱德雷去加强后方，改变那里的混乱状态，但是艾森豪威尔把他送到了前线，于是马歇尔又把布尔少将派去，结果他也被派到了前线。

3 月 6 日，巴顿走马上任成为第 2 军军长，他惊讶地发现布莱德雷也在弗雷登道尔的司令部里。布莱德雷对艾森豪威尔的邀请感到十分高兴，但他并不喜欢一个没有实权的顾问职位。他对巴顿说，美国在北非的问题不仅仅局限在第 2 军，即使艾森豪威尔这样身居高位的人也缺乏一种紧迫感，他认为艾森豪威尔也不知道战争的结果会是什么样。

很快，在巴顿的游说下，史密斯任命布莱德雷为第 2 军副军长，因为巴顿不能容忍自己的司令部里有一个“艾克的间谍”。

1943 年 3 月下旬，在做好各种准备后，艾森豪威尔指挥英、美联军对突尼斯发起了进攻。

东面，亚历山大率领第 18 集团军群首先向突尼斯港口比塞大发起进攻。第 18 集团军群包括 20 个师和 2 个独立旅，人员和装备齐全。而驻守突尼斯的德、意联军只有 14 个师和 2 个旅，人员和装备均不齐全，每个师平均人数不超过 5000 人。

隆美尔认为，突尼斯的地理位置虽然十分重要，但处在亚历山大和蒙哥马利两支大军之间，形势十分不利，轴心国的军队若继续留在非洲，等于“明显的自杀”。因此，他请求希特勒迅速从北非撤军，但没有得到许可。3 月 9 日，隆美尔要求他的下属阿尼姆将军代理指挥军队，自己回欧洲养病去了。隆美尔这一举动也使他本人成了希特勒眼中的“悲观主义者”，从而失去了对非洲军团的指挥权。

隆美尔的离开使得北非战场发生了颠覆性的变化，艾森豪威尔感到盟军很快就可以将德、意联军彻底赶出北非。

西面，英、美联军以蒙哥马利的第 8 集团军为主力，向敌人的主要阵地马雷斯防线展开了进攻。马雷斯防线位于利比亚和突尼斯的交界处，原来是法国在“二战”前为防止意大利入侵突尼斯而修筑的一条长达 32 公里的防御工事。

1943 年 2 月上旬，阿拉曼战役结束之后，德、意联军退到马雷特防线固守，与蒙哥马利率领的第 8 集团军遥遥相对。马雷特防线组织严密、工事坚固，北起地中海，南到陡峭的马特马塔的山丘，正面是一道道防坦克战壕和铁丝网。除了特巴戈山和梅拉布山之间那条狭窄的弯路之外，没有其他路径可以进行迂回行动。而敌人已经在这个隘口修筑了工事，由德国装甲师和意大利步兵把守。整个防线上共有 2 个德国师和 6 个意大利师，并以德第 15 装甲师作为后备军。

隆美尔离开北非后，意大利的乔瓦尼·梅塞[①]上将获得了前线的指挥权。3 月 20 日，蒙哥马利集中绝对优势兵力，对敌军阵地发起突击。

① 乔瓦尼·梅塞（1883—1968）：意大利陆军元帅，“二战”期间担任过北非德意联军和苏德战争中意大利征苏军的指挥官，是少数善用装甲部队的意大利将领。

其中，右翼由第30军担任主攻，对马雷特防线的沿海地区发动了猛烈的攻击。经过一整天的激战，英军攻占了瓦迪济佐。但是，3月22日，德第15装甲师趁着月色发动反击，阻止了英军前进的步伐，迫使英军撤出瓦迪济佐。之后，蒙哥马利派新西兰军对敌军右翼实施深远迂回，又将第10军加强于此。梅塞担心被围，慌忙撤到厄尔哈马。

进入4月份，巴顿率领的第2军已经从背后威胁到梅塞的右翼。至4月6日，巴顿与蒙哥马利顺利会师，德、意联军面临被合围的危险。梅塞不得不北撤马雷特防线的守军，并于4月中旬退至突尼斯北部。艾森豪威尔马上命令亚历山大元帅指挥英国第1、第8集团军和美国第2军，由南向北对轴心国部队发动一次突击。

敌军进行了顽强抵抗，英国第1、第8集团军只能缓慢地向前推进。艾森豪威尔非常焦虑，正如他的副官在4月25日所写："艾克目前的情况有点像母鸡在孵蛋。他在等待鸡蛋孵化，而心里在嘀咕，能不能破壳而出。"看来，希望只能寄托在美军身上。由于突尼斯的局势得到了控制，艾森豪威尔决定把巴顿送回摩洛哥，继续制订"爱斯基摩"行动计划，并任命布莱德雷担任第2军军长。

在4月的最后一个星期，艾森豪威尔巡视了前线，巡视完后，他心情大好，断定美第2军军长布莱德雷"干得很不错"。他很高兴听到一个英国老兵说，美军第1步兵师"是他所见到的最好的作战部队之一"。第9步兵师和第1装甲师表现也很出色。但第34步兵师则是另一副模样了，他们在卡塞林山口的战斗中表现不佳，现在士气低落，急需振作起来。

为了在战火中锤炼这支部队，并在实战中转变它的战斗作风，艾森豪威尔让布莱德雷分配给第34步兵师一个重要任务，并务必保证他们能拿下这个阵地。布莱德雷遵照执行，把609高地这个战略要地分派给第34步兵师。这一阵地本身具有高度优势，还有炮火的掩护，以及邻近高地炮火的掩护，这使盟军在通往高地山坡的时候受到了交叉火力的阻击。

4月30日，攻击向前推进。士兵们艰难地一步一步向上爬，一个个在交叉火力中倒下去。艾森豪威尔对亚历山大说："我真诚地希望第34步兵师今天能攻占609高地，这对该师和整个战役都会有很大好处。"到第二天上午，该师终于占领了609高地。德军疯狂地反攻，但都被击退了。

艾森豪威尔坚持使用第34步兵师的决心取得了良好的结果。此后，不仅在突尼斯战役中，而且在整个战争中，第34步兵师都立下了功勋。

随着609高地被攻占，英军也开始了行动。为防止敌军破坏港口设施并撤退到群山中去，亚历山大对已成困兽的敌军没有采取围困战术，而是实施代号为"闪击"的快速突袭战法。他命令蒙哥马利将第8集团军的装甲部队交由第1集团军司令安德森指挥，由第1集团军向突尼斯城的德军第5装甲集团军发起决定性进攻。左侧，则由布莱德雷率领的美国第2军从比塞大湖南北两侧出击。

5月6日凌晨3点30分，安德森对德第5装甲集团军发起决定性进攻，一举突破了德军防线。亚历山大命令安德森"不顾一切地向敌人心脏突尼斯城刺去"。

5月7日，安德森的部队进驻突尼斯，生擒德、意联军总司令阿尼姆。同一天，布莱德雷的第2军攻占比塞大。在这次战斗中，盟国空军功不可没，一天之内竟出动飞机2500多架。

几个星期以来，轴心国空军逐渐溃败，在这一危机面前，他们只能出动飞机60余架次作为报复。战事的高潮已近在眼前。在盟军的海、空封锁下，敌人在海上的活动已经停止，空军的努力亦已告终。

守军在给德国最高统帅部的报告中哀求道："守不住了！在敌人的胜利中，英、美空军起了决定性的作用，因而在突尼斯导致德、意桥头阵地的毁灭。现在我们已经到了上天无路、入地无门的地步，愿上帝保佑!"

在对敌人展开围歼的日子里，艾森豪威尔在前线度过了这次战役的最后一个星期。这使他难以忘怀。他在写给玛米的信中说："每当我感到烦恼时，我就会想到战士们浑身泥浆，坚持在突尼斯寒冷的山地上，在寒冷的雨水和污泥中战斗、奋勇冲杀的情景，这让我的心情平静下来。”5 月份，他在美国报纸上读到了一篇关于他的家人的文章。这篇文章强调他的母亲艾达的和平主义信仰，以及冷嘲他的儿子成为将军。艾森豪威尔对这些所谓“和平至上”的言论十分反感。

他写信给他的兄弟阿瑟说，他们的母亲“在信仰上所得到的幸福快乐，比报界所发表的任何令人生厌的俏皮话，对我来说都更有意义”。谈到和平主义者，他说：“我怀疑他们这些口头上空谈憎恨战争的人，是否会像我这样痛恨战争。和平主义者也许没有看到过战场上腐烂的尸体，没有闻到腐烂的人肉的恶臭。他们没有到过挤满重伤员的野战医院。我与和平主义者的区别是，我憎恨纳粹更甚于战争。还有我对战争的憎恨，永远比不上我这样的信念：‘当出现战争危机时，我们每个人都有责任去执行我们政府的命令。’”或者，正如他对儿子约翰所说的那样，“在反法西斯战争中，唯一不可宽恕的罪行，是不尽你的责任”。

5 月 13 日，在盟军的猛烈打击下，轴心国在突尼斯的残余部队投降了。盟军共俘虏敌军 27.5 万人，其中一半以上是德军。这一胜利与三个半月前苏联红军的斯大林格勒大捷遥相辉映。希特勒和墨索里尼[①]两个独裁者的非洲远征，使他们的国家伤亡和被俘的士兵高达 95 万人。此外，近 240 万吨的船舶沉没，近 8000 架飞机被击毁，这还不包括被击伤的船舶和飞机。此外，他们还损失了 6200 门大炮、2550 辆坦克和 7 万辆卡车。

各方贺电纷纷向艾森豪威尔飞来。1943 年年底，他被选为“美国第一父亲”。对此他表示感谢，并且说，美国的父亲们可以为在突尼斯取得胜利的儿子们感到骄傲。

---

① 墨索里尼（1883—1945）：意大利国家法西斯党党魁、法西斯独裁者，第二次世界大战的元凶之一，法西斯主义的创始人。1922 年至 1943 年任意大利王国首相。

将军的婚外情

当艾森豪威尔在战场上春风得意的时候，他和妻子玛米已经分开整整一年了。在硝烟弥漫的日子里，他承受了巨大的压力，而玛米远在万里之外，他感到没有一个倾诉的对象。这个时候，一个叫凯·萨默斯的女士走进了他的生活，她是艾森豪威尔的女司机、女秘书。两人几乎每天都在一起，久而久之产生了感情。

艾森豪威尔与凯·萨默斯是在珍珠港事件之后认识的。当时艾森豪威尔以美国陆军代表的身份来英国考察，对给他开车的这位美丽动人的英国女士产生了好感。凯·萨默斯是英国汽车运输队的成员。这个运输队是在对德宣战后由参加工作的妇女志愿者组成的。美国对德、意、日法西斯宣战后，成批的美国高级军官经常到英格兰和苏格兰活动，有的视察飞机场，有的视察海防，还有的整天整夜和英国军政领导人会谈。大使馆需要司机及时把这些军人送往他们要去的地方，这也成就了艾森豪威尔与凯·萨默斯的缘分。

当时凯·萨默斯正和一位名叫理查德·阿诺德的美国军官谈恋爱。理查德是西点军校的毕业生，长得非常英俊，是个上尉，但战争时期显然不太适合结婚。他们在各自的岗位上紧张地为战争服务，约定打败法西斯后再举行婚礼。理查德对凯·萨默斯说："只有全世界赢得和平，我们才能过上甜蜜的生活。"不幸的是，理查德后来触雷身亡。

凯·萨默斯与艾森豪威尔相处的时间越长，交谈越多，彼此的了解也就越深。有一次，艾森豪威尔说："凯，我听说了你母亲的这么多事，真想见见她，你为什么不找个时间请她来和我们一起吃饭呢？"

没多久，凯·萨默斯的母亲便与艾森豪威尔一起度过了一个美好的夜晚。凯·萨默斯的母亲非常愿意和他交谈，把凯·萨默斯的姐姐埃维及其丈夫的情况告诉了他，还谈到凯·萨默斯死去的妹妹希拉。她还向他谈到凯·萨默斯当工程人员的弟弟，眼下他正在奥德·温盖特①将军麾下参加战斗。

艾森豪威尔在凯·萨默斯家里过得非常温馨，他用双手握着凯·萨默斯母亲的手说："我们后会有期，我还想多听些你们爱尔兰的故事。"这次相会彼此都留下了良好的印象。凯·萨默斯高兴地对别人说："那次宴会后，我真觉得我好像成了将军家庭中的一员，或者说将军成了我的家庭成员。"

工作之余，艾森豪威尔经常约凯·萨默斯打桥牌。他们刚开始打牌就配合得相当好，不久便达到了心领神会的程度，成为十分默契的一对。

凯·萨默斯与别人从来没有过这样直接的感情交流。桥牌使他们超过了长官与司机的关系，战争则加深了司机和将军的友谊。凯·萨默斯时刻感觉到将军在关注她，而艾森豪威尔也感到，在盟军最高指挥部，特别是在他身边，有这样一位美丽、活泼的女性，消除了他和妻子长期分离所带来的孤独和寂寞，使他的生活充满了乐趣。

这时的玛米一个人留在美国，日子也不太好过，她感到孤独、苦闷，常常卧病在床。她胃口不好，体重掉到了 112 磅。用她自己的话来说，她"过着无头绪的生活，整晚阅读惊险小说——并默默地等待着"。她没有什么朋友，唯一能说得上话的女友露丝也起不了什么作用，因为露丝嗜酒如命，还与丈夫离了婚。

玛米讨厌在公共场合露面，但她收到了数不清的来信，对于每一封信，她都亲自回复，以此消磨无尽的时光。给丈夫写信对她来说是一种莫大的满足。尽管她在信中表示自己很快乐、充实，但艾森豪威尔仍能从字里行间看出她偶尔流露出的真实感情。"你的信常常流露出孤独感，"艾森豪威尔在 1943 年 6 月的一封信中说，"你写起信来神情恍惚，似有无尽忧伤……我宁愿在你的身边而不愿到世界任何地方去。"

---

① 奥德·温盖特（1903—1944）：英国陆军上将，特种作战的先驱，狂热爱好个人冒险。他的名字在中东、东非和缅甸就是一个传奇。

后来，玛米听到了一些风言风语，而且在刊登艾森豪威尔照片的报纸上，她总能看见一个女人与他形影不离，或者站在他的身旁，或者紧靠在他的后面。艾森豪威尔的确很喜欢凯·萨默斯，尽管他比她大 20 岁，但他无法对她的温情、迷人和美丽无动于衷。他的周围尽是些身居高位，脾气古怪的将军、内阁部长以及政治家，他的内心深处需要柔情，需要微笑，需要体贴，他要摆脱无休无止的战争和死亡的压力，而聪明美丽的凯·萨默斯正好满足了这一要求。

有关艾森豪威尔和凯·萨默斯的流言，在伦敦，在华盛顿，都传得沸沸扬扬。玛米听到越来越多关于“将军与他的司机”的传言后，非常伤心，她忧心忡忡地向艾森豪威尔表达了自己的不满和关切。她抱怨说，丈夫不再是她“个人的财产”。她希望丈夫做出解释。艾森豪威尔在信中说：“不管人们怎么说，你说我不再属于你和约翰，那是错误的。作为一个人，至今我仍牢记在心，我是这个家庭里（你的、约翰的和我的）三分之一的成员。因此，你没有必要对目前这种状况感到烦恼，至少我还没有因政治而头脑糊涂。”在信中，他还讲了一个小故事：“一天，我和凯·萨默斯在外面骑马，一个士兵对我们投以冷眼。我没有别的办法，只是用目光回扫了那人一眼，继续策马而去。似乎全世界都在误解我们。我不想对那些流言蜚语作任何评论。要知道，凯·萨默斯有男朋友。在我心目中，我和凯·萨默斯的关系完全是正大光明的，不过是开些玩笑而已。”

一天早晨，凯·萨默斯到圣·乔治饭店向艾森豪威尔请示工作，他面露微笑地说：“你想做新军装吗？我看你可以做两套。”

“谢谢你，我只要一套就够了。”

“你不知道，我是多么愿意为你做点事。”

艾森豪威尔说话的声音带有一种难以捉摸的意味，那样的表情令她不知所措。两人沉默不语，屋子里一点声音也没有。凯·萨默斯坐在桌子旁边看着他。艾森豪威尔摘下老花眼镜，伸出手来说：“凯·萨默斯，你和别人不一样。”她顿时热泪盈眶，深深感到将军对她和别人不同。他把手放在她的手上，脸上带着微笑，这种微笑跟他有名的咧嘴而笑不同。这是一种温情的、近乎震颤的，甚至带点悔恨的微笑，既充满激情又满怀深情。

凯·萨默斯回到座位上，假装清理文件，以掩饰自己纷乱的心绪。后来她说，那天早晨，生活中出现了几乎让她承受不了的甜蜜气氛。她像飘浮在一朵云彩上而悠然自得。她没有去想未来，只是反复思考那感情中的插曲，回忆她和将军在爱情道路上的每一个细节，他说过什么话，做过什么事，有过什么表情。然而这里是总部，现在正在打仗，堆在她桌上的信件需要处理。

凯·萨默斯爱上了这位头发稀疏、戴着眼镜、面容消瘦而疲倦的中年人，她想把他搂在怀里，紧紧地贴着他。她简直要高兴地喊出来："上帝啊，我真的爱上了这个人!"凯·萨默斯想，这就是恋爱。一年多来，艾森豪威尔和她在一起的时间比其他人都多，他们一起工作、打桥牌、骑马，一起分担烦恼，在不知不觉间，感情发生了变化，彼此的依恋成了他们生活中不可缺少的一部分。

但是，艾森豪威尔毕竟是个已婚男人，两人注定没有结果。其间，艾森豪威尔要回美国休假几个星期，然后飞回伦敦建立盟国远征军最高指挥部。艾森豪威尔走后，凯·萨默斯感到十分寂寞和孤独。她妒忌将军的妻子有这么一个好丈夫，他的儿子有这样一个好父亲。她还有其他一些想法，一想到将军要回家，要回到他妻子的身边，她就感到烦恼。

而艾森豪威尔回到家后，也止不住对凯·萨默斯的思念。在家里，他因为想念凯·萨默斯，始终把家里的宠物狗叫做凯·萨默斯。玛米听了非常生气。

没多久，艾森豪威尔又回到了英国，凯·萨默斯照例去机场接他。

"我真该死!"艾森豪威尔自言自语道，"你难道不知道那是不可能的。我真傻，我要你把她忘掉。""将军，我不理解你的意思。"凯·萨默斯故意装作无动于衷地说。第二天，突然铃响了四声，这是他叫凯·萨默斯的信号。她镇定自若地抓起铅笔和本子走进去。艾森豪威尔说："我想告诉你，明天早晨裁缝来这里，首先给你量衣服。布彻可以开车送我去办公室，你量完衣服再去。"

“哦，我不想量了。”凯·萨默斯冷冷地说，“我现在的衣服完全够穿。谢谢你，我想我不该量。”艾森豪威尔激动地说：“你真该死，你这个顽固的爱尔兰人，你得去量衣服，这是命令。你难道不知道，我想你都想疯了？”

他们情不自禁地拥抱起来。他的吻彻底揭开了所有的奥秘，而她的反应也像开了闸的河水。他停下来，用双手捧着凯·萨默斯的脸颊说：“该死的，我爱你！”艾森豪威尔的脸染上了口红，凯·萨默斯用手绢使劲地给他擦掉，担心万一有人进来看见。艾森豪威尔把手搭在她的肩上：“我们必须非常小心谨慎，我不想让你受到非议，我不想让任何人说你的闲话。”“我认为一切都将是奇妙的。”当凯·萨默斯从他的办公室出来后，开始感到惊慌，想到她的头发是否乱了，或者有什么泄露秘密的迹象，她总觉得自己干了什么见不得人的事情。

后来，作为欧洲盟军最高指挥官，艾森豪威尔曾想方设法让凯·萨默斯参加美国陆军妇女队，授予她少尉军衔，又任命她为自己的秘书和私人副官，并使她加入了美国国籍。

艾森豪威尔开始考虑和凯·萨默斯结婚，并着手做了一些准备。关于这件事，美国总统杜鲁门在他的口述传记中曾经提及，这件事曾在美国报刊上掀起轩然大波。然而现实是无情的，艾森豪威尔回国后青云直上，最后登上了总统的宝座。而他和凯·萨默斯的一段情只在双方的内心留下了深刻的痕迹。凯·萨默斯不得不沉痛地感叹：艾森豪威尔为了他的事业而牺牲了爱情。

凯·萨默斯晚年开始撰写自己和艾森豪威尔的恋爱史。1973 年下半年，她被诊断只能活 6 个月，但她的生命延续了一年多。她每天照常顽强地生活着，直到生命的最后一刻，她说：“生命没有停顿的时刻。”

她最后的工作是当电影《后妻》的服装顾问。周末她经常开着破旧的汽车去汉普敦斯，和老朋友们打桥牌，偶尔也打高尔夫球。她还写作，只是为了把事实真相公之于众。

“我一向非常谨慎。”她说，“现在将军过世了，而我也活不长了。一旦我死了，希望这本书能为我澄清事实。我希望世人了解我和艾森豪威尔爱情的真相。”“漫漫长夜，追忆往事，历历在目，犹如昨天的事使我难以忘怀。我谨向将军——艾克，我所钟爱的人致以真诚的告别。”凯·萨默斯在书中写道：“我永远不知道什么时候会发生大事，有时发生了大事也往往要很久以后才领悟。我遇到艾森豪威尔将军就是这样的。那时他是少将，两颗星没有给我留下什么印象。”

向意大利进军

战场上的残酷与甜蜜的爱情形成了巨大的反差。在与隆美尔的几次交锋中，艾森豪威尔可以说吃尽了苦头，但他带领美军经受住了战争的考验，有效地提高了部队的作战能力。

突尼斯战役结束后，艾森豪威尔没有被胜利冲昏头脑，他开始考虑西西里及其他问题。

西西里岛是地中海中最大的岛屿，面积2.57万平方公里，人口500多万。该岛位于亚平宁半岛和北非之间，隔墨西拿海峡与意大利本土相望，最窄处仅3219米，是意大利南部的重要屏障。

由于西西里岛特殊的地理位置，法西斯轴心国对盟国的战略意图是比较清楚的。对于这一点，极力主张进攻西西里岛的丘吉尔也承认：“除了该死的蠢货，谁都会明白下一步是西西里。”

尽管德、意联军在北非和地中海的惨败，以及德军在苏德战场上的失利，使意军的士气和战斗力急剧下降，但是在亚平宁半岛、科西嘉岛、撒丁岛和西西里岛担任防御的意军共有44个师加6个旅、600架飞机和163艘舰艇，德军共有7个师加2个旅、500架作战飞机和60余艘舰艇。至1943年7月初，西西里岛驻有意军第6集团军，下辖9个意大利师和2个德国师，共20多万人，可以得到500余架飞机的支援。

面对这样庞大的守备兵力，盟军要想进攻西西里岛并且得手，势必付出相当大的代价。艾森豪威尔告诉马歇尔，攻占西西里后，他打算进攻撒丁岛和科西嘉岛，利用它们作为进攻意大利西部的跳板。他知道扩大地中海的攻势范围，直接违背了马歇尔和陆军参谋部作战处的战略部署。

但他安慰马歇尔说：“‘围歼’计划是正确的方向，我个人对它的信念从未动摇。在 1943 年夏季，如果盟军一事无成岂不是很遗憾？更何况占领这些地方并不需要很多的投入！”他指出，地中海早已成为主要战区，只要付出较少的额外投入，盟国就能继续保持对德国的压力，满足公众希望军队有所作为的要求。

1943 年 5 月，盟军参谋长联席会议在华盛顿召开，这次会议整整持续了 2 周，最后，参谋长们一致承诺在 1944 年越过海峡发动进攻，但是并没有决定占领西西里岛后在地中海战区的部署，他们把这个权力交给了艾森豪威尔，让他自行决定怎样完成这些目标，除了将于 11 月 1 日调往英国的 7 个师外，早已部署在战区的兵力均任由他调用。

对于这一结果，所有人都不满意。由于艾森豪威尔拥有决定权，丘吉尔飞到阿尔及尔，劝说艾森豪威尔对意大利发动进攻。布鲁克和其他参谋军官还劝说马歇尔陪着丘吉尔一起去，形成了上级恳求下级的奇特场面。

作为一位战区司令官，艾森豪威尔不能不倾听英国人，尤其是英国首相丘吉尔的意见。丘吉尔在这里逗留了一个星期，不断对他施加影响，要求他放弃撒丁岛，进攻意大利本土。

5 月 29 日晚上 11 点，艾森豪威尔正准备睡觉，突然电话铃声大作，他犹豫了一下，伸手拿起了听筒。

“艾森豪威尔先生吗？我现在想去拜访您一下，好吗？”

艾森豪威尔听出是丘吉尔的声音，他极力压制内心的厌烦，轻声劝说道：“首相先生，如果您还是要谈关于进攻西西里岛以后的事情，能不能换一个时间，现在太晚了。”

但是，丘吉尔显然不容拒绝，艾森豪威尔只得同意。15 分钟后，丘吉尔来了，开始一遍又一遍地重复他的理由：“艾克，我觉得进攻撒丁岛只是为了方便，而进攻意大利本土才是一场光荣的战役！”为了强调进攻意大利的重要性，丘吉尔有意地停顿了一下，“这种光荣来自占领罗马，那将是非常伟大的成就！”

……

丘吉尔离开的时候，已经快凌晨 2 点了，在这两个多小时里，艾森豪威尔几乎没有插上话。

在饱受丘吉尔纠缠的同时，艾森豪威尔还要承受来自马歇尔的压力。马歇尔认为，打败意大利弊多利少，因为盟军的船只必须用来支援居民，仅用煤一项，每年就需要 1000 万吨，而且还有大量的食品。意大利一旦被盟军占领，虽然可以轰炸德国南部的机场，但这远远不值得兴师动众。他对艾森豪威尔说："早晚必须做出决定性的努力，从英国进攻欧洲大陆，如果在地中海西西里战役之后不再发动攻势，实施'围捕'行动就会更快一些"。

马歇尔既不想进攻撒丁岛，也不想进攻意大利本土。他敦促艾森豪威尔一结束西西里战役就开始在地中海减少兵力。他不信任英国人，怀疑他们横渡海峡发动进攻的决心。但英方坚持盟军应把他们的海、空军用来封锁德国，而把"地面战斗让苏联人去干"，盟军则乘机扩大在地中海和巴尔干半岛的势力。对此，艾森豪威尔感到左右为难。

这一期间，艾森豪威尔还受到了法国问题的"折磨"。达尔朗被刺后，罗斯福把法国局势说成是"可怕得一团糟"，企图削弱戴高乐的力量，但没有成功。

5 月中旬，在被德国占领的法国，抵抗运动①委员会成立，并宣布效忠戴高乐。在沙漠里与英军并肩作战过、支持戴高乐的法国部队，渗入阿尔及尔，在吉罗的人中间进行争取工作，取得了巨大的成功。居住在阿尔及尔的法国知名人士要求由戴高乐取代吉罗。6 月，吉罗屈从于顾问们的压力，会见了戴高乐。双方同意成立一个法国全国解放七人委员会，由吉罗和戴高乐共同担任主席，吉罗保留武装部队总司令的职务。

不久，戴高乐和吉罗便发生了争吵。戴高乐想用他的人来代替维希

---

① 抵抗运动："二战"期间，欧洲各国人民反对德国、意大利占领和奴役的反法西斯斗争的统称。其基本任务是争取民主自由、民族独立和祖国解放，因而具有广泛的民族民主运动的性质。

政府的旧官员，并要求废除反犹法律，而且想从吉罗手中把军队的控制权夺过来。6 月 10 日，在法国全国解放委员会的一次会议上，戴高乐说明了自己的立场，但未能取得多数人同意，他只好“非常遗憾”地宣布，“他不能再与委员会发生任何联系”，并且辞职。罗斯福得知消息后很高兴，认为现在这位自由法国的领导人被排除在政治核心外了。

罗斯福告诉艾森豪威尔，“戴高乐这种情况是早晚要出现的”，因为他“变得使人几乎难以容忍”。但是，在阿尔及尔的戴高乐的追随者们认为，当时的法国不能没有戴高乐。法国全国解放委员会对戴高乐辞职的反应是，将委员会扩大为 14 名委员，戴高乐重新担任两主席之一，对武装部队的控制权由戴高乐、吉罗、阿尔方斯·朱安①和另外两人组成的小组委员会掌管。在新的委员会中，戴高乐占有优势，他正在一步步地掌控法国的事务。

艾森豪威尔并不赞成罗斯福的看法，他认为不应该与戴高乐决裂，而应该有效地与戴高乐合作。因为在阿尔及尔，他感到戴高乐的政治力量及影响无处不在。鉴于戴高乐的威望，他担心如果戴高乐被迫退出法国全国解放委员会，北非将出现内战。他正在准备进攻西西里，后方不能出现混乱。他设法使罗斯福冷静一些，请求总统不要再弄出新的危机，并答应去会见吉罗和戴高乐，让吉罗指挥法国的武装部队。

实际上，艾森豪威尔非常欣赏戴高乐，钦佩他的能力及其毫不动摇地献身于解放法国的事业，而戴高乐也很钦佩艾森豪威尔的直率和诚实，两人见面后相谈甚欢。戴高乐开门见山地说：“我是以法国总统的身份到这里来的。如果你有意向我提出请求，请放心，我事先已准备好让你满意。”艾森豪威尔于是很有礼貌地要求戴高乐让吉罗指挥法国武装部队。戴高乐非常气愤地回答道：“法国军队指挥权的问题，是法国政府权限范围内的事，不是你们的事。”艾森豪威尔重申了自己的立场，

---

① 阿尔方斯·朱安（1888—1967）：法国元帅，“二战”期间与盟军一起参加了突尼斯战役，并赢得了胜利。战后历任法属摩洛哥总督、中欧盟军司令。

戴高乐问道："你是一名军人，你认为一位领袖的权力，如果要仰仗某一国的鼻息，还能存在吗?"他承认艾森豪威尔在主管着用美国装备重新武装的法国军队的工作，处于有利的地位，但是他提起第一次世界大战，美军使用的是法国的大炮，驾驶的是法国卡车和法国飞机。他问："我们因此而要求过美国任命这名或那名领导人，或建立这样或那样的政治制度了吗?"

艾森豪威尔本来不想过问法国的政治，对提出这一要求感到为难，只是迫于罗斯福的压力才这样做。最后，他在写给马歇尔的信中，建议承认法国全国解放委员会是法国临时政府，并强调了进攻西西里时拥有一个巩固后方的重要性。他提请马歇尔注意，不要让罗斯福的行为酿成危机。丘吉尔和艾森豪威尔的政治顾问也都认为，承认戴高乐政府是最好的解决办法。但是，罗斯福给艾森豪威尔发来一份严厉的指责电报，警告他"无论如何都不能承认这个委员会"。艾森豪威尔则坚持认为，"某种有限的承认"将会是有益的。

到了 8 月份，罗斯福终于妥协了。他在毫不隐讳地宣称不会"给戴高乐一匹白马让他进入法国，成为法国政府的首脑"之后，采取了承认法国全国解放委员会"对法国的海外领地施行政权"的立场。

法国的问题解决后，艾森豪威尔开始着手实施代号为"爱斯基摩"的西西里作战计划。

至 1943 年夏，盟军已在北非沿海港口集中了大量军队，准备在西西里岛登陆。这次行动主要由副总司令亚历山大将军指挥的第 15 集团军群负责。该集团军群下辖蒙哥马利指挥的英第 8 集团军和巴顿指挥的美第 7 集团军，共有 13 个师和 3 个独立旅，总兵力达 47.8 万人；作战飞机 4000 余架，各种战斗舰艇和辅助船只约 3200 艘。

亚历山大计划首先以空军重创敌人的海、空力量，然后英第 8 集团军在西西里岛东南部沿锡拉库扎到帕基诺地段登陆，美第 7 集团军则在该岛西南部杰拉至利卡塔地段登陆。与此同时，空降兵应越过滩头堡着陆，夺取要点，支援登陆部队。主力上岸后向北发展进攻，分两路围歼德、意守军，占领全岛。

在进攻该岛之前，艾森豪威尔主张先攻占位于突尼斯和西西里之间的潘泰莱里亚岛。这座岛屿有意大利重兵把守，海岸都是岩石，没有沙滩，唯一的通道是一个狭窄的海港。

艾森豪威尔想把这个岛作为盟军的机场和前进基地，但亚历山大反对攻占这座岛屿。海军司令安德鲁·坎宁安[①]也同意亚历山大的意见，认为艾森豪威尔的计划太冒险了。空军司令阿瑟·特德[②]本来也持这一观点，但是他想要飞机场，于是又转而支持艾森豪威尔，他是艾森豪威尔的副手中第一个支持这一行动的。负责指挥突击的英国将领认为艾森豪威尔的计划行不通，并且伤亡将是巨大的。

但艾森豪威尔坚持不惜任何代价，必须占领这个岛屿。由于反对意见异常强烈，他决定在突击前亲自去侦察一下。6 月 7 日清晨，他和海军司令坎宁安乘坐皇家海军“曙光”号前往潘泰莱里亚岛。这艘军舰一直开到海岸，向敌人打了几炮，结果只有 2 门意大利海岸炮回击，并且都打歪了。艾森豪威尔对坎宁安说：“安德鲁，如果你和我坐上一艘小艇，我们自己就能占领这个地方。”回到阿尔及尔，艾森豪威尔马上命令军队按计划发动攻击。经过一个昼夜的激战，守军 1. 1 万多人都投降了。

首战告捷，艾森豪威尔万分高兴。7 月 7 日，他飞往马耳他，来到坎宁安的指挥所，亲自指挥“爱斯基摩”战役。

西西里岛的意大利守军大都为当地人，恐战、厌战情绪严重，他们认为战斗越激烈，家乡的破坏也就越严重，因而不想进行认真的抵抗。而德军在该岛的坦克和运输工具不足，战斗力不强。岛上的抗登陆防御也很薄弱，意第 6 集团军在南岸 200 公里的正面上只配置了 2 个师，大部分兵力驻守在岛屿的西北部，企图在美、英军登陆时实施反突击，歼灭登陆部队于滩头，如果不成功再转入纵深进行决战。

---

① 安德鲁·坎宁安（1883—1963）：英国海军元帅，海军航空兵的倡导者，塔兰托战役、马塔潘角海战等战役的胜利者。“二战”期间任北非盟国远征军海军总司令。

② 阿瑟·特德（1890—1967）：英国皇家空军元帅，“二战”期间任中东皇家空军司令、北非战区空军司令、地中海战区空军司令和盟国远征军最高司令部副司令。

为确保登陆成功，从7月3日起，盟军对西西里岛、撒丁岛和亚平宁半岛南部的机场、港口、潜艇基地以及工业中心进行了猛烈的空袭，迫使德、意军的远程航空兵将其基地撤至意大利北部。墨西拿海峡的5艘火车渡轮也被击沉4艘，西西里岛与意大利本土的联系十分困难。到盟军开始登陆时，德意联军的空、海军已无法进行有效的抵抗。

7月9日，即登陆前一天，天气突然变差。风从西方吹来，风力越来越强，地中海上白浪滔天。巴顿的部队正乘坐登陆艇从突尼斯驶往西西里岛，船在风浪中颠簸不已。参谋人员建议推迟进攻，但坎宁安的气象专家说，黄昏时风力会减弱。

风终于小了下来，艾森豪威尔决定采取行动。他在坎宁安的陪伴下爬上马耳他高地，看着英第1空降师乘坐运输机，冒雨飞往西西里岛。

7月10日凌晨，3200艘大小军舰和运输船只，载着16万盟军，在1000架飞机的掩护下，对西西里岛东南部发起了进攻，实行两栖登陆。但是，盟军空降兵的行动发生了意外。美国的伞兵部队本应在杰拉地域着陆，结果被大风吹离了目的地；而英军的133架滑翔机中，只有12架降落在预定的锡拉库扎以南地域，50架坠入海中，其余的基本被撞坏了。所幸两栖进攻取得了巨大的成功。第8集团军的登陆十分顺利，蒙哥马利命令他的2位军长毫不迟疑地向内陆挺进，沿海岸向卡塔尼亚前进。

美军的3个登陆地点中，最重要的是格拉。第1步兵师在正对着格拉平原的海滩上登陆。德国的赫尔曼师和意大利的里窝那师企图把美军撵到海里，却失败了。到7月12日，美国的2个军在西西里建立了稳固的桥头堡。

墨索里尼的垮台

随着盟军登陆西西里岛，墨索里尼感到自己的末日到来了。

墨索里尼是意大利法西斯独裁者，1922年至1943年，他担任意大利王国首相，建立了意大利法西斯主义独裁统治。他和希特勒都是发动“二战”的罪魁祸首。

意军在北非、地中海、西西里岛接二连三的惨败，加深了墨索里尼政权的军事、经济和政治危机。这样一来，人心更加慌乱。意军兵员缺乏，士气低落，兵力分散。在国内担任防御的 47 个师战斗力很差。在苏德战场上作战的意第 8 集团军的 22 万人，现在只剩下 8 万人。在法国和巴尔干担任占领任务的意军，在当地游击队的打击下，已是自身难保。而意大利的盟友德国在斯大林格勒惨败后，再也无力对意军进行大规模的支持。

意大利国内怨声载道，人们开始痛恨战争。由于连年征战，意大利的经济日益恶化：1942 年意大利的工农业生产分别比战前下降了 35% 和 20%；进口额减少了 78%；国债从 1460 亿里拉增加到 4050 亿里拉；国家预算赤字大增，1939 年是 120 亿里拉，1943 年上升到 870 亿里拉，收入只是支出的 36%。全国各地黑市猖獗，食品匮乏，民不聊生。

早在 1943 年 3 月，米兰、都灵等地的工人就举行了大罢工，人数高达 30 万人。面对这种情况，墨索里尼还是决定动员 100 万人，强迫 14～70岁的男子和 14～60 岁的女性为国家服役。但意大利人民厌倦了，军队士气涣散，反战情绪高涨。贫穷的意大利帝国已无法继续进行战争。

战争打到这个时候，全国民众都失去了信心，就连谨小慎微的意大利国王维克多·埃曼努尔三世①也感到形势不妙，他在笔记中写道："德国在进入战争的第 5 年时是疲倦而沮丧，罗马尼亚和匈牙利是军心颓丧，南斯拉夫处于全面暴动状态，丹麦和挪威的全体人民都是反德的；苏联看来很强大，有丰富的资源和人力，有很好的军事和民政领袖……盟国无疑是了解意大利军队的可怜状况的，除了几辆德国坦克以外，没有装甲部队。"他还说："我们绝不要忘记对英、美政府领袖做出各种有礼貌的姿态。"国王觉得时机已到，于是联合总参谋长维克多

---

① 维克多·埃曼努尔三世（1869—1947）：军事教育家、意大利国王，曾支持意大利参加"一战"，支持墨索里尼上台。"二战"时盟军在诺曼底登陆后，他策划并成功逮捕了墨索里尼，德军占领罗马后逃奔意大利南部的美军部队。后因亲近法西斯政权而被迫退位。

里奥·安布罗西奥将军、佩特罗·巴多格里奥[①]元帅等人，组成了酝酿推翻墨索里尼的政治势力的核心。

同时，在法西斯党内，一些元老也对墨索里尼有所不满，准备召开从1939年以来就一直没有举行过的法西斯党的决策机构——最高委员会会议，以此作为给墨索里尼的最后通牒。随着形势的发展，两个密谋集团加紧了推翻墨索里尼的活动。

在意大利国内局势发生变化的同时，盟军加紧了对意大利的进攻。在东海岸，英军遭到了德国军队的猛烈抵抗，进军缓慢，直到8月5日才攻克卡塔尼亚。此后，整条英军战线向前推进到埃特纳火山南面和西面的山坡，而在中部和西部，美军进展较快。

7月23日攻下巴勒莫以后，巴顿挥师东进，于8月16日先于英军占领了西西里首府墨西拿城。第二天上午10点，最后一名德军士兵被驱逐出西西里。在这次战役中，英、加、美官兵伤亡和失踪约为3.1万人，其中美军损失7445人。意、德军共损失16.5万人，其中被俘13.2万人，逃往意大利本土的有10万人以上。

为了彻底摧垮意大利法西斯的抵抗意志，盟军轰炸了罗马等城市，并散发传单，号召意大利人民抛弃法西斯，向盟军投降。

7月24日下午5点，意大利法西斯最高委员会开会。这是一次与墨索里尼摊牌的会议。该党元老、前外交部部长和驻英大使迪诺·格兰迪[②]提出了一项决议案，内容包括恢复宪制、国王应掌握更大的权力、指挥军队；墨索里尼只是党的领袖，不应再主持国务等。经过激烈的讨论，7月25日凌晨2点30分通过了决议案，19票赞成，8票反对，1票弃权。投赞成票的包括墨索里尼的女婿、外交部部长加莱阿佐·齐亚诺[③]。面对投票结果，墨索里尼站起来说：“你们挑起了政权的危机。

---

① 佩特罗·巴多格里奥（1871—1956）：意大利王国首相、元帅。在墨索里尼独裁统治时期，支持意大利君主政体和对外侵略扩张。

② 迪诺·格兰迪（1895—1988）：意大利法西斯党内民族法西斯主义派负责人，极力推行扩张侵略的外交路线，接近德国，但同时企图与西方大国保持关系。

③ 加莱阿佐·齐亚诺（1903—1944）：意大利贵族，曾担任意大利法西斯最高委员会委员、外交大臣等要职，“二战”期间参与了慕尼黑会议、德意结盟等重大历史事件。

简直糟糕透了!”他愤怒地宣布会议结束。但是他没有想到，不仅会议结束了，他在意大利 21 年的独裁统治也在这一天结束了。

意大利共产党、社会党和其他政党联合起来，建立了反法西斯阵线，并提出了“停止战争，推翻法西斯统治”的战斗口号。这一口号得到了意大利广大群众的积极响应，被压抑了 20 多年的革命烈火终于燃烧起来，墨索里尼的法西斯统治已经江河日下、日薄西山。

国王埃曼努尔三世与总参谋长安布罗西奥将军等人联系，密谋推翻墨索里尼。这一提议也得到了墨索里尼政府很多官员的赞同，甚至包括墨索里尼的女婿齐亚诺等人。当然，他们的意图不外乎要把一切罪过归咎于墨索里尼一人，以维护资产阶级在意大利的统治地位。不管怎样，在墨索里尼仍浑然不觉时，一个倒墨集团成立了。

7 月 25 日当天，墨索里尼应国王邀请，乘车前往萨沃亚宫拜见国王。他一向自认为与国王关系密切，因此没有任何怀疑，根本没想到这次约见竟是一个圈套。

20 多年来，墨索里尼习惯了对国王颐指气使，习惯了让国王在他起草的文件上签字。但是，忍耐了 20 多年的国王终于盼来了雪耻的一天。墨索里尼进入客厅之后，没有受到以往的礼遇，只见国王严肃地站在那里，宣布罢免他的一切军政职务，由巴多格里奥组建新政府。之后，几名国家警察根据国王的命令，以“保护安全”为名将墨索里尼软禁起来。

两天以后，巴多格里奥将这个法西斯头目拘押在蓬察岛上。当天晚上，意大利向全世界广播，将由前三军总参谋长巴多格里奥元帅负责组建一个包括军事首脑和文官在内的新内阁，巴多格里奥即日起出任政府内阁总理。就这样，统治意大利数十年的法西斯头子墨索里尼被赶下了台。

意大利的局势发展让艾森豪威尔感到高兴，在他看来，利用意大利对轴心国的背叛，争取到巴多格里奥的合作，盟军便可以用较小的代价占领意大利全境，加快向德国进攻的步伐。

就在墨索里尼倒台当天，艾森豪威尔便想通过无线电台直接向意大利提出建议，承诺让意大利得到体面的和平，盟军作为解放者出现在意大利。同时，他准备承诺：准许意大利得到和平，并允许萨伏依王朝①和巴多格里奥继续执政。

意大利的局势变化令希特勒有点措手不及。墨索里尼垮台后，他当即抽调部队进入意大利北部，其中包括从法国调来的 2 个师，计划占领罗马以南的意大利领土。其间，艾森豪威尔也想马上采取行动，他的脑子里装满了计划和打算，想要利用墨索里尼垮台所造成的有利局势。如果协议能帮助他在不付出多少代价的情况下迅速占领意大利半岛，他愿意冒个人风险与一个欧洲的反动将领再做一次交易。

与此同时，希特勒连夜召集纳粹头目开会，决定采取一切措施营救墨索里尼，占领罗马，并尽一切可能支持已经垮台的意大利法西斯政权。如果巴多格里奥政府与盟国签订了停战条约，则必须制订新的计划，以便夺取意大利的舰队，占领意大利全国要塞，威慑意大利在巴尔干半岛和爱琴海的驻军。那天晚上，希特勒还下令占领意、德边境和意、法边境的阿尔卑斯山的所有山口。为此，他从法国和德国南部迅速集结了大约 8 个德国师，编成 B 集团军，由精悍的隆美尔元帅指挥，准备占领罗马以南的意大利国土。这之后，又有几个德国师被调往意大利，使意大利的德国部队多达 19 个师。德国最骁勇的部队之一——第 2 伞兵师也从法国开赴罗马，准备占领意大利军队的“大脑”——总参谋部。

在德国的压力下，盟军与巴多格里奥政府的谈判足足拖了一个月。丘吉尔和罗斯福对艾森豪威尔的做法颇为不满，设置了种种障碍来拖延商讨意大利投降的秘密谈判。7 月 28 日，罗斯福发表广播演说，他强调：“我们对意大利的条件仍与我们对德国和日本的条件一样不变，那就是无条件投降。我们不与法西斯主义以任何形式打交道。”

然而，意大利方面提出，在他们宣布投降的同时，要有一支充分强

---

① 萨伏依王朝：欧洲历史上著名的王朝，曾统治萨伏依公国、撒丁王国，也是 1861 年至 1946 年统治意大利王国的王室。

大的盟军部队登陆意大利，以确保意大利新政府和各大城市免遭德军的残酷破坏，同时，他们很想得到盟军详细的作战计划。对于后一项要求，艾森豪威尔没有答应，因为他担心意大利新政府背信弃义，泄露盟军的计划。而对于前一项要求，艾森豪威尔表示接受。

随着谈判的展开，意大利人接受了一个事实：他们其实没有别的选择和讨价还价的余地，但是他们深感忧虑，不知道德国将如何反应，因此请求盟国把意大利宣布投降的日期推迟到盟军登陆和保护罗马以后。7 月，盟军轰炸了罗马的两个大型铁路货运编组站，这里是意大利南北铁路交通的枢纽。8 月份的另一次空袭又给意大利人施加了更大的压力。盟国开始确信意大利的投降是早晚的事，但是为了保证协议的完成和争取让意大利人反抗德国，有必要做出适当的让步。

9 月 3 日凌晨，根据艾森豪威尔的命令，蒙哥马利的英第 8 集团军强渡墨西拿海峡，向意大利进军。迫于盟军的强大压力，巴多格里奥终于决定向盟军投降。当天，在西西里岛东南部城市锡拉库扎附近的一个橄榄树林中，双方举行了停战协定和意大利投降协议签字仪式。代表艾森豪威尔的史密斯与代表巴多格里奥的朱塞佩·卡斯特拉诺将军，分别在协定上签了字。

巴多格里奥政府同意将意大利的港口、机场、海军舰艇以及一切海陆交通线交由盟军支配，并同意将驻南斯拉夫和希腊的意军全部撤回或就地解除武装。双方约定在 9 月 8 日下午 6 点同时宣布该协定，届时美第 82 空降师将在罗马空降，占领机场，控制罗马。

然而，事情的发展却急转直下，9 月 6 日，艾森豪威尔派第 82 空降师的泰勒将军秘密前往罗马，与巴多格里奥做最后的协商。到达罗马后，泰勒将军发现意大利军队胆小如鼠，担心盟军派往罗马的力量太小，抵挡不住德军的冲击。为了防止受到德国的报复，意大利决定不给盟军第 82 空降师提供机场，巴多格里奥也不再公开发表与盟军合作的声明。

艾森豪威尔对此十分气愤，但决心不做任何妥协。9 月 8 日，他给巴多格里奥发了一封措辞强硬的电报：“不管你采取什么行动，我都将按原定时间广播停战协定。如果你不能按原先协商的那样合作，我将向全世界公布此事的所有细节。你们拒不执行已签署的协定所规定的全部任务，这将会对你们国家的形象造成严重的损害。如果在我宣布的同时得不到你的响应，那么意大利在战争中将不会再有朋友，你们今后的任何行动都不足以使我们恢复对你们的信任，你们会发现：出现在你们眼前的，是国家和政府解体的悲哀。”

当天晚上 6 点 30 分，艾森豪威尔在阿尔及尔广播电台发表了声明：“我是盟军总司令德怀特·艾森豪威尔将军。意大利政府已命令它的武装部队无条件投降。我以盟军总司令的身份，已经批准了军事停战协定。”“停战立即生效。”他希望意军“帮助盟军把德国侵略者从意大利本土驱逐出去”。

声明发表后，巴多格里奥毫无回应。艾森豪威尔等了 10 分钟，又把巴多格里奥的声明全文通过阿尔及尔广播电台发送出去。一个半小时后，巴多格里奥不得不在罗马电台发表了内容相同的声明，命令意大利军队停止所有对抗盟国的敌对行为，并协助盟军与德军作战。

随后，驻意大利德军立即包围了罗马，解除了意军武装，并占领了意大利大部分领土。

9 月 10 日早上 5 点，国王、巴多格里奥及重要军事领导都离开罗马，逃往南方寻求盟军的保护，根本没人向意大利地面部队（总兵力约 170 万人）下达命令。除了被德军解除武装的多数意军之外，其他人则丢下军装，混入百姓之中。一夜之间，意大利军队不复存在，意大利成了一个被占领的国家。

艾森豪威尔发电报给逃到布林迪西的巴多格里奥，敦促他采取行动。艾森豪威尔说：“意大利的未来与荣誉完全取决于意军现在准备发挥的作用。”他要求巴多格里奥向所有意大利爱国人士发出呼吁，“掐住每个德军的喉咙”。

这一呼吁收效甚微，盟军从停战中得到的只有国王与巴多格里奥象征性的领导权，而这两人都已经逃离首都。

此前，盟军在地中海战区已集中了 40 个师、3000 余架飞机、650

艘舰船。艾森豪威尔的考虑是：以蒙哥马利指挥的英第 8 集团军强渡墨西拿海峡，在亚平宁半岛南端的卡拉布里亚地域夺占登陆场，以克拉克指挥的美第 5 集团军在那不勒斯东南的萨勒诺附近攻占登陆场。然后，盟军从两个登陆场实施相向突击，占领包括那不勒斯在内的整个意大利南部。

当时德军在意大利境内共有 17 个师。隆美尔指挥的 B 集团军群驻守在意大利北部。阿尔贝特・凯塞林①指挥的德军驻守在意大利南部。他们不但要对付盟军的进攻，还要对付意大利人民的抵抗运动。

停战协定签字后，艾森豪威尔就下令盟军加速向意大利本土全面进军。这样，9 月 8 日，在蒙哥马利的军队从墨西拿进发的同时，美第 5 集团军的 2 个军也分别从阿尔及利亚的奥兰和利比亚的的黎波里起航，计划于 9 月 9 日凌晨在那不勒斯以南的萨勒诺湾登陆，而后占领那不勒斯，并迅速向罗马推进，与第 82 空降师会合。英第 1 空降师也于同日从利比亚起飞，准备占领塔兰托。

9 月 8 日夜晚，美第 5 集团军（包括美军 4 个师、英军 3 个师）乘军舰驶近萨勒诺时，从广播中听到了巴多格里奥政府宣布投降的消息。许多士兵以为这次战斗将会是轻而易举的事，结果恰恰相反。9 月 9 日凌晨 4 点 30 分，克拉克的部队开始在萨勒诺登陆。尽管对德军阵地进行了夜间轰炸，舰艇也进行了强大的炮火支援，但第 5 集团军仍遇到了德军的顽强抵抗。德军航空兵首次使用了遥控导向滑翔炸弹，对盟军的炮火支援舰艇进行了突击。盟军在上陆的第一天仅攻占了一小块立足点，直至 9 月 11 日才占领萨勒诺，建立了一个登陆场。

由于盟军行动极为缓慢，德军最高统帅部得以调集 2 个师的兵力于 9 月 13 日向萨勒诺地区进行反突击，迫使盟军后退，并将盟军分割为两个部分。盟军面临着失败的危险，幸好大批空军和 3 个师的增援部队及时赶到，才保住已夺占的登陆场。

---

① 阿尔贝特・凯塞林（1885—1960）：德国空军元帅，“二战”期间指挥空军参与了入侵波兰与法国的行动、不列颠战役和巴巴罗萨行动，还曾担任南方战区总司令、西线总司令。

当萨勒诺的战斗进行时，英军对意大利南部的塔兰托进行了一次成功的袭击。亚历山大利用意大利宣布投降的有利时机，从英国第 1 空降师中精选了 6000 名士兵，前往塔兰托执行一项似乎是很冒险的任务。这支空降部队因缺少运输机，只好乘军舰于 9 月 9 日从海上直接驶进港口。幸运的是，英军在那里没有遇到任何抵抗，很快就占领了这个可供整整 1 个集团军使用的大海港。

9 月中旬，英第 8 集团军在追击由意大利南部向北退却的德军时，与从萨勒诺地域向北推进的美第 5 集团军会合。盟军于 10 月 1 日进入已被德军放弃的那不勒斯，10 月 6 日到达康波巴索、特尔莫利和那不勒斯以北一线。

11 月初，德军将第 10、第 14 集团军合编为 C 集团军群，在凯塞林的指挥下，撤到有防御准备的加里格里诺河和桑格罗河地区，即古斯塔夫防线。盟军于 11 月中旬抵达这个地区后，试图突破该地防御，但遭到了德军的猛烈抵抗，因而没有成功。盟军只好停止前进，准备寻找机会重新组织进攻。

这样，在意大利南部战役中，盟军夺占了萨勒诺、塔兰托、那不勒斯等海港，使其有可能迅速增强亚平宁半岛的力量，为日后从德军手中夺取整个意大利创造了有利条件。

第五章　导演“霸王”行动

在开辟第二战场的特殊时期，艾森豪威尔指挥着全世界人数最多、战斗力最强的部队，这一刻他是当之无愧的“霸王”。而“霸王”导演的这场“霸王”行动无疑拉开了世界反法西斯战争胜利的大幕。从此，德军连连败北，最终为盟军所消灭。艾森豪威尔的声望也在这一刻达到了顶峰。

筹备“霸王”行动

1943 年 12 月，艾森豪威尔把地中海战区的指挥权移交给亚历山大，自己则赶赴伦敦筹划规模更大的军事行动——“霸王”行动。

就在这一年 8 月，罗斯福与丘吉尔在加拿大魁北克会晤，主要议题是在欧洲开辟第二战场的日期。当时，苏联红军正信心百倍地从波罗的海到黑海的漫长战线上展开进攻，盟国在欧洲开辟第二战场的必要性越来越迫切了。

魁北克会议通过了在 1945 年 5 月底到 6 月中旬，英、美军队在法国北部登陆的决定。随着战局的发展，意大利战场已成为次要战场，为跨越海峡发动进攻而集结兵力的工作正在积极进行着，同时盟军总部关于更换司令官一事也众说纷纭。

流传最广的说法是马歇尔要到伦敦来担任总司令，而艾森豪威尔则回华盛顿接手马歇尔的工作。艾森豪威尔本人也不止一次地听朋友提及此事。从内心来说，他也认为马歇尔是负责“霸王”行动的盟军总司令的最佳人选。自“二战”开始以来，马歇尔就显示出无与伦比的军事才能，指挥数百万美军协同盟军在全世界广阔的战场上与德、意、日法西斯军队作战。此外，马歇尔还具有高超的政治艺术，协助罗斯福建立了国际反法西斯战线，陪同罗斯福与斯大林、丘吉尔等个性倔强、处世机敏、最难周旋的人打交道，在苏联和英国均享有很高的声誉。

但是，一想到要回令人讨厌的参谋部工作，艾森豪威尔就感到郁闷。一天吃早餐时，布彻和史密斯问及艾森豪威尔是否可能成为陆军参谋长，艾森豪威尔放下手中的牛奶，很无奈地说："我个人觉得，这恐怕是一个极大的错误。"

看着布彻和史密斯吃惊的眼神，艾森豪威尔解释道："我这样说没有别的意思，只是觉得我在气质上不适合这种工作。""我担心这个工作会毁了我，我对政治家们没有耐性，"艾森豪威尔停了停，继续说道，"我做不到在逻辑上已经证明对方的立场站不住脚后，还要耐着性子与对方继续争论。""不过，"他又补充说，"如果真的让我回华盛顿，那我也没有办法，我会连你们一起带走的。"

关于总司令的人选，美国军界也有许多不同的声音。美国军事委员会的三个资深成员沃伦·奥斯汀、斯泰尔斯·布里德杰斯和约翰·格尼，都公开反对马歇尔离开华盛顿。他们认为马歇尔对国会所起的作用很大，华盛顿不能没有马歇尔；他们担心敌人正帮助和煽动人们赶走马歇尔，因为敌人希望撤销马歇尔陆军参谋长的职务，因为他对总统、对参谋长联席会议都有很大的影响。

在第一次世界大战中战功卓著的潘兴也反对将马歇尔调离，他亲自给罗斯福写信说："调离马歇尔将是我们军事政策中一个基本的非常重大的错误。"空军司令亨利·阿诺德①、海军金上将及威廉·莱希②等人也私下分别找罗斯福商谈，请求总统把马歇尔留在华盛顿。他们一致认

---

① 亨利·阿诺德（1886—1950）：美国空军五星上将，被称为"美国现代空军之父"。"二战"期间历任美国陆军航空兵司令、主管航空兵事务的陆军副参谋长、陆军航空队司令等职。

② 威廉·莱希（1875—1959）：美国海军五星上将，历任军械局局长、航行局局长、美国海军作战部部长。"二战"期间担任新设置的总统参谋长职务，并主持美国参谋长联席会议。

为，马歇尔对于协调参谋长联席会议的工作起着十分重要的作用，对各兵种联合作战起着支配作用。

面对这些反对的声音，罗斯福颇感为难。说实话，任命马歇尔为“霸王”行动总指挥，他并非没有想法。他认为，如果让马歇尔执掌帅印，一方面，苏联和英国都会满意；另一方面，马歇尔会不折不扣地把他的战略意图贯彻下去，更不会对丘吉尔及英国将领的奉承和劝诱做出让步。当然，他也希望马歇尔能够通过指挥这场决定全局的战争行动而名垂青史，成为一代名将。

罗斯福承认艾森豪威尔有足够的能力指挥军队联合作战，“火炬”行动的胜利已经证明了这一点。对此，英国海军上将坎宁安也曾由衷地对艾森豪威尔表示赞叹：把两个国家的部队合在一起，编成一支队伍，是一件很了不起的事情，因为两国部队的组成不同、人员的素质不同，对参谋工作的看法也不同，“我认为除了你，没有人能干得了”。

艾森豪威尔的谦和赢得了将军们的一致推举，可谓众望所归。几乎每个人都喜欢他。他那迷人的微笑、随和的态度、乐观的精神，是极富魅力的。“二战”中著名的英、美战将，如蒙哥马利、布莱德雷、巴顿等，都愿意在其麾下听命，“享受着为他服务的乐趣”（布莱德雷语）。同时，艾森豪威尔还非常善于和士兵们打交道，很容易调动起士兵的情绪。可以说，他具有成为“霸王”行动统帅所需要的一切素质。

但是，罗斯福还是想把这个名垂青史的机会留给马歇尔，因而迟迟不肯下达任命书。1943 年 11 月底，在去开罗参加盟国参谋长联席会议途中，罗斯福来到了地中海。艾森豪威尔飞往奥兰与他见面，然后陪他一起前往突尼斯。他们乘车参观了古战场和刚发生过战斗的地方，并且进行了一次长谈。他们提到了“霸王”行动，罗斯福觉得应该给马歇尔一次公平的机会，让他能够以野战部队司令的身份名留青史。当天晚些时候，金上将告诉艾森豪威尔，他曾坚决要求总统把马歇尔留在华盛顿，但没有成功。他还说：“我很不愿意看到马歇尔将军离开参谋长一职，但想到你能接替他的工作，我又感到很宽慰。”金上将的这席话，使艾森豪威尔“认为自己很快就会卸去战地指挥权，返回华盛顿”。

1943 年 11 月 29 日，伊朗，德黑兰会议，（左起）苏联领导人约瑟夫·斯大林、美国总统富兰克林·罗斯福和英国首相温斯顿·丘吉尔

随后，罗斯福、丘吉尔和斯大林在伊朗德黑兰举行了会谈。三方经过讨价还价，就在欧洲开辟第二战场达成了协议。斯大林坚持主张目前仍在古斯塔夫防线与德军对峙的英、美联军，要放弃占领罗马，继续在法国南部作战，以便把德军从法国北部引开。然后，苏联将从法国北部对德作战。这个时候再发动“霸王”行动。

斯大林的主张得到了认可，这也使他在盟军统帅人选上有了相应的发言权。和罗斯福谈话时，他以非常婉转的方式提到了艾森豪威尔，说：“我对于罗斯福先生提名艾森豪威尔作为统帅候选人表示特别满意。我们将采取行动，在盟军预定在法国登陆的日子里表示支持。”

德黑兰会议结束后，罗斯福回到开罗，开始第二轮会谈。这一次，他将决定指挥“霸王”行动的人选。他曾对潘兴说，他希望“乔治成为第二次世界大战中的潘兴，但如果我们把他留在陆军部，他就不能成为潘兴”。是留住这个参谋长，还是奖赏他忠心耿耿的工作，罗斯福一时难以抉择。为此，他特地派霍普金斯去试探马歇尔的口风，但马歇尔表示：“无论总统做出什么样的决定，我都将全心全意地去执行。”

12月6日，在丘吉尔的坚持下，罗斯福和他一起参观了世界七大奇迹之一的大金字塔和斯芬克斯雕像。罗斯福很随意地提起了这个话题，建议任命艾森豪威尔指挥“霸王”行动，并问丘吉尔：“英国人能接受艾森豪威尔吗?”丘吉尔优雅地回答：“英国非常愿意把自己的命运交给艾森豪威尔。”

12月7日，罗斯福到达突尼斯，马上把这件事告诉艾森豪威尔，他说：“艾克，将由你来指挥‘霸王’行动。”艾森豪威尔回答说：“总统先生，我知道这项任命包含着非常困难的决定。我希望不会令您失望。”

这可以说是战争史上最令人向往的指挥职位，它给了艾森豪威尔一个绝佳的机会。如果没有这样的机会，他很可能只是一位著名的盟军将领，而不是“二战”的伟大统帅，后来也不太可能成为美国总统。

罗斯福后来解释说，如果马歇尔不在国内，他就无法安睡。这也是说，艾森豪威尔之所以成为不二之选，只是因为马歇尔实在太重要了。当然，不可否认的是，艾森豪威尔有着他的优势。

首先是指挥英、美联军作战的成功经验。“霸王”行动与“火炬”行动一样，是一场联合作战，艾森豪威尔已经用实际行动证明，他不但能建立和管理一个由多国人员组成的参谋部，更能成功指挥英、美联军的作战行动，而其他将领并无这种经历。马歇尔确实有着过人的能力，但他耐心不足，无法与自负自大的人密切合作，尤其是那些不听指挥的英国人。马歇尔也缺乏艾森豪威尔在登陆作战方面的经验。连一向爱嘲讽艾森豪威尔的布鲁克也承认：“选择艾森豪威尔而不是马歇尔，这个决定很好。”

其次，艾森豪威尔身体健壮，足以应付长期征战的艰辛与压力。时年53岁的他每天晚上只睡四五个小时，即使在精疲力竭的时候也能振作起来，用欢悦的神情面对下属。不过，他在写给朋友的信中也承认：“有些晚上挣扎着上床时，我觉得自己无比苍老。”但不管怎样，在人们的印象中，他是一个充满活力、热爱工作的人。

再次，艾森豪威尔是个值得信赖的人。他总是言出必行，不管是对他的参谋人员和部队、上级和下属，还是对外国政要。当人们谈及艾森豪威尔时，几乎都会提到一个词——信任。尽管他们可能不同意他的决策，但绝不会怀疑他的动机。蒙哥马利认为艾森豪威尔称不上是真正的军人，但他觉得艾森豪威尔聪明睿智："他真正的力量在于其为人的品质……他能够征服别人的心，就像磁铁吸引金属片一样。只要他冲你微笑，你就会立即信任他。"

所有这些，加上他本身所具有的优秀品质，使他成了盟国远征军最高统帅的最佳人选。这也可能是罗斯福所做的最好的任命。

丘吉尔热烈地拥抱了新任盟军最高统帅艾森豪威尔。毫无疑问，丘吉尔更喜欢艾森豪威尔——他和马歇尔已经不止一次发生冲突了。马歇尔无法忍受丘吉尔的说服和专横，除了工作关系之外，他不可能和丘吉尔建立别的关系。

重任在肩的艾森豪威尔全力以赴，马上进行了人事安排工作。布莱德雷已经被选派去指挥美第 1 集团军；英国地面部队司令则由蒙哥马利担任；他继续让史密斯当自己的参谋长；特德担任"霸王"行动的副司令；卡尔·斯帕茨[①]指挥美国驻英轰炸机部队；斯特朗担任情报处处长。斯特朗是一位坦率而大胆的苏格兰人，由于他谦逊朴实，能够默默无闻地努力工作，完全没有英国人通常具有的那股傲慢劲儿，因而很受美国人欢迎。

艾森豪威尔又想起了他的老朋友巴顿，他非常希望巴顿能够指挥坦克部队来协助自己。为了得到巴顿，他不得不付出一定的代价，因为当时巴顿"打人事件"被媒体渲染得沸沸扬扬。

1943 年在西西里战役中，巴顿和卢卡斯将军顺道到一个野战医院去看望伤员。他们离开时，一个士兵说受不了去当炮灰。一听说这个战

① 卡尔·斯帕茨（1891—1974）：美国空军上将，美国空军发展的重要人物，也是美国陆军航空兵司令。战后成为首任美国空军参谋长。

“二战”期间策划“霸王”行动的诺曼底登陆战役的盟军将领，由左至右依次为：艾森豪威尔、空军上将利·马洛里、空军上将阿瑟·特德、蒙哥马利

士要开小差，巴顿怒火骤起，一个巴掌打了过去，叫他迅速归队。

这件事马上被报到了艾森豪威尔那里，艾森豪威尔感到十分棘手。按照规定，巴顿是要受到军事法庭制裁的，而且有 5 万名士兵对巴顿打人感到十分愤怒，表示一有机会就要干掉他。艾森豪威尔首先取得了记者的谅解，没有公布这一消息；然后要求巴顿公开道歉。巴顿最初不同意道歉，后来得知士兵要向他开枪，他才感到问题严重，于是向官兵们公开道歉说：“我想，我就站在这儿，让各位士兵看看我巴顿是不是你们所想象的那样的混蛋。”最终他取得了士兵们的谅解。然而，事情并没有就此平息。后来，巴顿打人的事被公开了。

艾森豪威尔、陆军部和白宫都收到上百封信件，大部分信件都要求将巴顿解职。马歇尔也听说了“打人事件”，他非常生气，要求艾森豪威尔做出解释。艾森豪威尔在答复时写了满满 4 页纸。他向马歇尔保证，尽管报道说巴顿没有受到惩处，实际上他已经采取了“恰如其分的纠正行动”。他认为最好的办法是“保持冷静，由我来承担责任”，并预测这场风暴会马上过去。

巴顿于 1944 年 1 月底到达英国，直接到伦敦和艾森豪威尔会面，艾森豪威尔给了巴顿冲动的行为一个“严厉的咆哮”，使他认清了自己的位置。布彻后来评论说，巴顿是个“拍马屁的高手”，他能把自己与艾森豪威尔之间的分歧“变成对最高统帅观点的恭敬从命……‘艾克，你现在是世界上最有权力的人物，与你争论是愚蠢的。’……艾克面色阴沉、毫无表情地制止了这样的奉承”。但同时，艾森豪威尔也告诉巴顿，他将指挥目前还在美国，但不久即将到达英国的第 3 集团军。

1943 年 12 月 27 日，艾森豪威尔在阿尔及尔为盟国记者举行最后一次记者招待会。在回答战争将在什么时候能结束这个问题时，他乐观地说：“我相信 1944 年，我们将打赢在欧洲的战争。”

在暴风雨来临之前，马歇尔开始催促艾森豪威尔回美国休息一段时间，但艾森豪威尔表示手头工作太多，恳请放弃休假。最后，马歇尔不得不给他发了一封电报：“即刻起程回家，与夫人团聚，远征军总司令部的公务暂时委托他人代理。”艾森豪威尔这才决定飞回美国，度假 2 个星期。

他在 1943 年最后一天的中午起程。离开地中海之前，他写信给一位朋友说：“我在这里度过了艰苦的一年，是该与家人团聚的时候了。”玛米在他到达前几个小时才知道丈夫要回来。她非常激动，因为她一直渴望着这一天的到来。艾森豪威尔赶到家中时已经是凌晨，但玛米没有入睡，而是静静地等着他。随后，他们说说笑笑，谈了一整夜。

长期的分离不可避免地影响了他们之间的关系。当然，他们彼此深爱对方，这一点并没有改变。玛米说：“对男人来说，回到家中、住在家里是多么困难啊，而对我们来说，让男人留在家里又是多么艰难啊。”玛米渴望与丈夫交谈，她也抱怨他不在华盛顿时的生活，但艾森豪威尔对此似乎没有什么耐心。在他的世界里，时间是极为宝贵的东西，一秒也不能浪费。离别对他来说是家常便饭，只是在玛米监狱般的狭窄生活里，这种离别是令人讨厌的习惯。

回家第二天，艾森豪威尔就被召进白宫，与罗斯福会面。当天晚上，马歇尔为艾森豪威尔夫妇举行了宴会，许多军官和国会议员也参加了。夜里，艾森豪威尔夫妇被送到马里兰郊外一个偏僻的火车道旁边，他们将乘坐马歇尔的专用列车，冒着暴风雪连夜赶到西点军校看望他们的儿子约翰。一家人终于团聚了，这是自 1942 年夏季以来的第一次全家团圆。

1 月 6 日，艾森豪威尔夫妇坐上马歇尔的专列，前往白硫磺泉镇。他们将在那里的一幢私人小农舍里，尽情享受完全的私人空间。但是，这次假期过得并不愉快，因为艾森豪威尔有两次把玛米叫成了“凯”。这使玛米大为恼火。艾森豪威尔红着脸解释道，凯在自己心目中无足轻重，只是在过去一年半的时间里，她是自己身边唯一的一个女人，他叫错名字也在所难免。但玛米觉得这个解释实在有些勉强。

回到华盛顿后，艾森豪威尔又参加了一系列的会议，并拜见了马歇尔和陆军航空队司令阿诺德将军。他很关心美驻英空军的编制与命令体制。联合参谋部已经为“霸王”行动调派了战术空军部队和战斗机。它们的行动直接听命于皇家空军利・马洛里①元帅，而他又直接对艾森豪威尔负责。轰炸机不属于“霸王”行动的建制。亚瑟・哈里斯②将军统领皇家空军轰炸机部队，而卡尔・斯帕茨将军指挥美国第 8 航空队，他们都认为“霸王”行动并无必要。斯帕茨的部下曾扬言，只要 20 个或 30 个完整的飞行日，他们凭自己的力量就可以结束战争。

艾森豪威尔认为这是一种危险的无稽之谈。他相信，要想让德国放弃战争，唯有在陆地上击败他们，因此，“霸王”行动是这场战争中的重要步骤。在初始阶段，盟军在法国处于 1∶10 的劣势，只有空中优势才能使“霸王”行动得以实施。为了支援“霸王”行动，他想抽调那

---

① 利・马洛里（1892—1944）：英国空军上将，“二战”期间历任英国战斗机司令部总司令、盟国远征军空军司令、东南亚盟国空军总司令。因飞机失事而去世。

② 亚瑟・哈里斯（1892—1984）：英国空军元帅。“二战”期间历任英国皇家空军副参谋长、轰炸航空兵司令，是“轰炸机制胜论”的倡导者，人称“轰炸机”哈里斯。因主张对平民无差别轰炸而被称为“屠夫”。

些正在对德采取行动的轰炸机。为此，他不得不亲自指挥皇家空军轰炸机部队和第 8 航空队。但是，这个问题迟迟得不到解决。

1 月 12 日，艾森豪威尔前往白宫与罗斯福见面，两人主要探讨了与法国和德国有关的事务。美国政界对戴高乐的态度，使艾森豪威尔深感不快。他离开阿尔及尔之前曾与戴高乐会面，他对戴高乐说："我必须得到你的帮助。此次前来，就是向你提出这一请求。"戴高乐答道："了不起！你是个真正的男子汉，因为你知道怎样认错。"艾森豪威尔希望抵抗运动能在诺曼底登陆那天发起破坏活动，并借助它来搜集德军部署与调动方面的情报。他知道，抵抗运动只会听从戴高乐的命令。

但是，华盛顿没有人愿意与戴高乐打交道，这使艾森豪威尔无比沮丧。罗斯福坚持称，法国人民不会服从自由法国的领导，将戴高乐强加给法国，会引发内战。艾森豪威尔认为总统的立场并不现实，于是礼貌地说出了自己的看法，但罗斯福固执己见。盟国对于戴高乐的故意冷落，使艾森豪威尔在诺曼底登陆之前不得不面对某些"最头痛的问题"。

接着，他们开始谈论占领德国的问题。艾森豪威尔表示，将德国分为三个区（一个区给美军，一个归英军，最后一个归苏军）的计划并不正确，盟军应成立联合部门，由一个司令官领导，对军政府实施管理。这样可以简化行政工作，更容易控制在其占领区内的苏军。但罗斯福也没有同意，只是说他能对付苏联人。

假期转眼就过去了。玛米对丈夫一心扑在"霸王"行动上，急于返回伦敦，只有很少的时间和她待在一起而郁郁寡欢。看着他收拾行李，即将奔赴战场，她知道挽留不住，毕竟战争需要他。她虽然一刻也不愿离开丈夫，但她必须以大局为重，全力支持丈夫的工作。

回到伦敦后，艾森豪威尔开始筹划开辟第二战场的具体事宜，并把总部设在格罗夫纳广场 20 号。

1944 年的伦敦与 1942 年时相比已经大不一样了。这个城市的军事人员比以往任何时候都多，并且经常遭受德国空军的轰炸。不同还在于，整个国家充满了希望的气氛。

在接下来的几个月里，希特勒动用了一种新的恐怖武器——从荷兰发射的、装满高爆炸药的V-1（后来是V-2）导弹，这种导弹会不加选择地攻击，经常造成平民伤亡。几个街区以外就是丘吉尔的一个防空掩体，里面有独立的卧室。他把这个掩体送给艾森豪威尔使用，但艾森豪威尔拒绝使用，理由是士兵们并没有这样豪华的掩体，他有责任分担同样的危险。他一点也不担心从天而降的死亡。

不过，比起1942年6月的战役准备工作，这一次要容易得多。盟国远征军最高司令部的成员主要来自盟军总部，战场司令官除了利·马洛里之外，在地中海都有过实战经验。总而言之，这套班子经受过战斗的考验，致力于盟军团结，对艾森豪威尔充满信任，并且热心地工作着。与当年的“火炬”行动班子相比，这个班子好了许多。正如艾森豪威尔所说：“秩序代替了混乱，坚定与信心代替了恐惧和怀疑。”他很高兴地看到，人人都在拼命地工作，大家都确信，“我们正在接近一次无可估量的巨大行动”。

与“火炬”行动相比，艾森豪威尔不用再向英国人证明自己。他与丘吉尔已经建立了极为密切的关系，就算他在某些问题上提出强烈的反对意见，也不会影响两人之间的友谊和彼此互相尊重。除了布鲁克外，他和英军参谋长们也相处融洽。他和蒙哥马利基本能做到以礼相待。特德成了他的知心好友，坎宁安和他则相互敬佩。

由于进攻时间和地点都已确定，不再是双方争论的话题，英、美军官似乎比以往更容易建立密切的私人关系。唯一没有解决的问题是，投入战斗的登陆艇和空军的规模。登陆艇始终短缺，这主要是因为，在1943年，盟国的计划人员没有确定跨海登陆作战的地点和规模，没有及时确定生产和运送这些装备的需求，美国造船厂正紧张地赶制其他类型的战舰，也牵制了其生产能力。加上金上将和海军对这项计划不够热心，认为它会对海军的建造计划产生可怕的影响。这一切都导致1944年登陆艇数量的不足。为了满足修改后的“霸王”行动的需要，盟国不得不把地中海战区宝贵的登陆坦克抽调出来。

另外，关于空军的指挥问题，也是两国之间争论的焦点。毫无疑

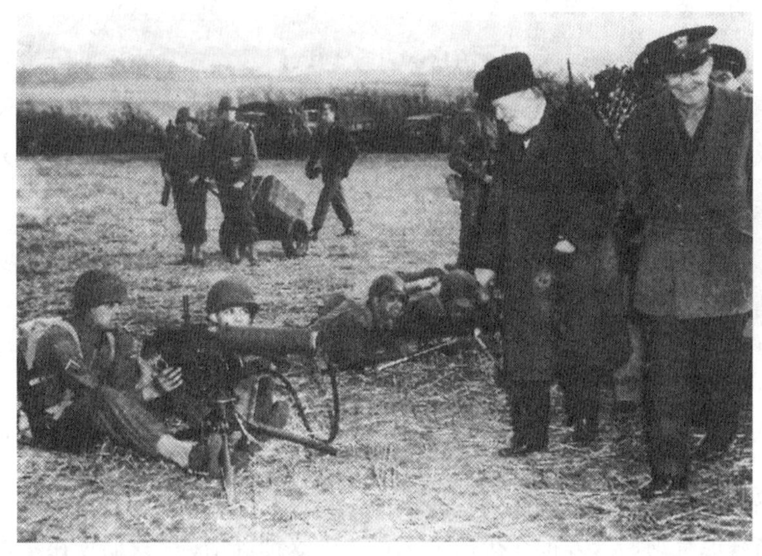

1944 年 3 月 23 日，英国首相丘吉尔与艾森豪威尔（右）一起视察驻英美军的军备情况

问，马歇尔是支持艾森豪威尔的，而丘吉尔则支持哈里斯等人。最后，丘吉尔提出一个折中方案，轰炸部队“配属于”盟国远征军最高司令部执行某些具体任务，但是最高司令部的飞行计划要得到盟国参谋长联席会议的批准。艾森豪威尔对此表示强烈反对，并且拒绝一切不能完全指挥轰炸机部队和美国战略空军的作战行动。他说，如果他的上级扣住轰炸机不放，拒绝把全部力量投入“霸王”行动，他就“干脆回家”。丘吉尔被迫做出了部分让步，答应给予艾森豪威尔“监督”轰炸机部队的权力。但马歇尔建议把“监督”改为“指挥”，丘吉尔拒绝了。

3 月 22 日，艾森豪威尔通知盟国参谋长联席会议，如果问题无法得到解决，他就请求解除他的指挥职务。丘吉尔在英国战时内阁会议上雄辩地谈到艾森豪威尔的沉重负担，表示不要再给他增加压力。但是，他又说，他从来没有想到为了掩护登陆部队，空军要对法国北部的德军阵地以及防区实行狂轰滥炸，这样法国人民将遭受重大损失。因此，他决定把这个问题交给罗斯福去解决。罗斯福的答复是，军事上的考虑必须是首要的。这样一来，艾森豪威尔将按照罗斯福的意见采取行动。

艾森豪威尔确信“霸王”行动是一次伟大的战役，他在报告中说：“必须克服一切障碍，忍受一切艰苦和冒一切风险，来保证我们的打击是决定性的。我们不能失败。”在“霸王”行动中，他所起的监督作用远远大于领导作用。

“霸王”行动是历史上规模最大的两栖进攻，集结了前所未有的空军机群和海军舰队。它需要一个周密详尽的计划，并需要成千上万的人投入这项工作。仅远征军最高司令部就有 1.6 万多人，其中包括 2800 名军官。此外，美、英的集团军，军和师一级的参谋人员，将全部投入这一行动中。

在准备阶段，艾森豪威尔最重要的任务是挑选 50 名师一级的指挥官。在紧张的备战中，艾森豪威尔的工作十分繁忙，但丘吉尔、美国大使和其他“重要人物”随时都可能打电话找他。为了排除干扰，1944 年 2 月，艾森豪威尔把总部迁到了郊区的布歇公园。

“霸王”行动是直接对敌人有准备设防的阵地进行的正面攻击。德军的战线，或称为“大西洋壁垒”，是连成一片的。德军还有作战经验丰富的官兵和便利的陆地交通线，而艾森豪威尔的部队没有这些优势。艾森豪威尔的优势是掌握了制空权和制海权，盟军的轰炸机和军舰可以大规模轰击敌人的战壕。他还准备集中兵力，采取重点突破的办法，尽快在诺曼底登陆。

为了赢得这一战役的胜利，作为数百万大军的统帅，他必须知己知彼，统筹兼顾。他的联络副官布彻在 5 月 12 日写道：“艾克看上去疲惫不堪，显得过度劳累。自从我和他一起工作以来，他现在看上去比任何时候都更加衰老。随着预定发起进攻日期的临近，每天都出现数不清的问题——有许多是没有解决的，有些是不可能解决的——他的身体状况将会变得更坏。”但是布彻认为，一切问题都能迎刃而解，艾森豪威尔能够经受住考验："幸亏他有一种能力，好好地睡上一个晚上就恢复过来了。"

随着战役的临近，艾森豪威尔更加忙碌了。他号召官兵们抓紧训练，搞好战备工作。他说："战备工作多一分，将来的牺牲和损失就少一分。"在预定发起进攻之前，他花了很多时间到前线去视察部队。他要让尽可能多的士兵见到他。他设法亲自和成千上万的士兵谈话。从2月1日到6月1日这4个月内，他视察了26个师、24个机场、5艘战舰和无数的仓库、工场、医院以及其他设施。他允许士兵们在他讲话时不按队列聚集在他的周围，然后绕场一周和他们握手。

在这段紧张的日子里，艾森豪威尔和自己私人世界的唯一联系就是给玛米写信。但长期分离的婚姻生活使玛米有时难免失去耐心，无法理解丈夫肩负的巨大责任。沉浸在问题之中的艾森豪威尔也完全忘记了"母亲节"——这使他和玛米的关系又出现了麻烦，玛米抱怨他在过节时对自己没有任何表示。他平静地接受了责备，说："我对此确实有些麻木。"但是他巧妙地提醒玛米，"你不该怪罪我的疏忽，因为我容易忘事。上帝知道我很忙，我尽量经常给你写信……请别生我的气！你和你的信件对我来说是如此重要，当这件可怕的事情结束以后，我马上就回来。"

为了更好地协调各国、各兵种作战，艾森豪威尔不插手英国或加拿大将军们挑选部下，但是他坚持自己挑选美国将军。他认为师一级的指挥官在战争中是最重要的。在他看来，这个位置比军或集团军一级的指挥官负有更大的责任，更能有所作为。师是能够作为一个单位作战的，是指挥官能够施加其个人性格影响的最大建制单位，是士兵们能够认知自己部队的最大组织。艾森豪威尔希望他的指挥人员具有作战经验，但是要得到这样的人并不容易，因为大部分美军还没有参加过战斗。

5月15日，一切军事上的准备就绪之后，艾森豪威尔在古老的圣·保罗学校举行了战前动员大会。圣·保罗学校在肯辛顿，是蒙哥马利第21集团军群的总部所在地。这是一个隆重但规模不大的会议。盟

“二战”时期，加拿大第1军团司令亨利·克里勒（左）和盟军最高统帅艾森豪威尔（右）

国远征军最高司令部发出了精致的正式请帖。出席会议的有英王乔治六世①、首相丘吉尔、元帅和其他显要人物。艾森豪威尔先致简短的欢迎词，接着由地面部队司令蒙哥马利主持会议。蒙哥马利向出席会议的指挥员们介绍了阵前敌军的情况。

蒙哥马利铿锵有力地说：“尽管有这些暗淡的前景，但是，我们对

① 乔治六世（1895—1952）：英国国王，乔治五世次子，退位的爱德华八世之弟，现任英国女王伊丽莎白二世之父。他是最后一位印度皇帝、最后一位爱尔兰国王，以及唯一一位印度自治领国王。

夺取这一战役的胜利具有充分的信心。在突击滩头我们已经做了充分的准备，在预定发起进攻当天就深入内地，到处开花并迫使战斗朝着对我们有利的方向发展。在第一天有可能深入内地 51 公里抵达法莱士，并派遣装甲纵队迅速向卡昂挺进。因为这样一来将打乱敌人的计划，在我们集结兵力时，使敌人不能接近。我军必须迅速抢占阵地，并在内地牢牢站稳脚跟，然后沿着海岸向塞纳河推进。”

英王也发表了讲话。接着，丘吉尔要大家“按照开始缓慢但结束迅速的时间进行安排”。他说，勇敢、智慧和坚定是人类的优秀品质，比武器装备更为重要。这次会议进一步鼓舞了将士们的勇气，打消了丘吉尔长期以来的疑虑。1944 年年初，丘吉尔还怀疑横渡海峡的进攻是否明智。有一次，他对艾森豪威尔说：“当我想到诺曼底的滩头上挤满了英、美两国优秀的青年时，不由得产生了怀疑。”同年 5 月初，艾森豪威尔与丘吉尔共进午餐。他们分别的时候，丘吉尔激动起来，含着眼泪说：“我和你一起把这件事做到底，如果失败了，我们一起下台。”但是，圣·保罗会议后，丘吉尔告诉艾森豪威尔：“我对这一事业正变得坚定起来。”

诺曼底登陆战役

万事俱备，只欠东风。“霸王”行动的总体计划是在法国西北部登陆，夺占登陆点和港口，保障主力登陆和后勤供应，然后发动攻势占领整个法国西北部地区，并且和在法国南部登陆的部队配合进攻内地，协同苏联军队最后战胜德国。说“霸王”行动是一场大赌博，西方文明的前途系于这一战，似乎有些夸大，但并不为错。因为英国和美国把所有的本钱都押在了这次战役上，并且显示出了两国之间从来不曾有过的团结一致。

关于登陆地点，艾森豪威尔、参谋部与有关人员进行了反复商量和比较。为了选择最佳方案，参谋情报人员多次深入现场进行勘察。从康坦丁半岛登陆虽然易于成功，但该岛地形狭窄，登陆后不易展开兵力向纵深发展。加来地区距英国海岸最近点只有 33 公里，有其登陆的有利条件，但该地区距英国海港较远，运送人员和物资不便，同时又是德军重点设防地区，登陆必然遭到激烈抵抗；加上这一地区缺乏内陆通道，即使登陆成功，也不易于向纵深发展。而诺曼底地区与前两个地区相比，登陆条件要优越得多。

诺曼底沿海地势开阔，可以同时容纳 26～30 个师活动；它距英国西南海岸的各大港口较近，便于输送部队和物资；德军在这里兵力薄弱，登陆容易成功；这里虽然缺乏良港，但可以用人造港来补救。艾森豪威尔经过权衡利弊，决定把在法国西北部登陆的地点选为诺曼底。

要想在诺曼底顺利登陆，部队必须在一天之内把 17.6 万名作战人员运过英吉利海峡，送往法国海岸。艾森豪威尔明白，要想做到这一点，一定不能让德国人提前知道这支声势浩大的军队将在什么地方、什么时候发动攻击，他要让德国人相信攻击将会在实际登陆点以外的其他地方发起。盟军尽管掌握空中优势，可一旦登陆，那就是陆军之间的较量了。

德军在法国布置了 58 个师，而盟军登陆时仅有 7 个师的兵力。这些德国师大都训练有素，装备精良，士气也很高，其中许多人曾在东线久经沙场。盟军要想减少伤亡，必须引诱希特勒把他的精锐部队，特别是装甲师调离登陆地区，并不再回防。这似乎是一件很难办到的事情。幸运的是，艾森豪威尔手下有一批优秀的间谍，即英国情报机构的情报人员。随着“坚毅”计划的顺利实施，盟军完全愚弄了德国人。

“坚毅”计划是根据德国人的预想而制订的。指挥西线德国部队的龙德施泰特①元帅与希特勒的看法一致，认为登陆将发生在“横跨英吉利海峡的较狭窄的部位”。理由是：距离较短，可以缩短飞机和舰艇的

① 卡尔·龙德施泰特（1875—1953）：纳粹政权军官中资历最老的指挥官之一，先后经历过普鲁士时期、第一次世界大战。

往返时间；距离德国工业中心地区鲁尔和莱茵很近；等等。为了保证在加来地区的登陆，盟军可能会在诺曼底实施佯攻。

为了使德国人相信相反的东西，盟军不得不大规模地设立虚构的作战力量。

首先，盟军派遣了 20 多名军官，分散于苏格兰各地。1944 年春季，他们一直互发电报："第 80 师需要 1800 双爬山鞋，1800 双滑雪板绑带""两个兵团汽车连需要引擎使用手册"，等等。这些电报还故意让德国人截获。

同时，他们又通过新闻媒体编造假消息，刊登"第 4 集团军的足球赛"广告等。英国广播公司甚至播发过诸如"在第 7 兵团战地的一天采访"之类的文章。

其次，在加来海峡对面的多佛尔，英国人让电影和剧院的舞台布景人员建立了一个假的油料码头。英国国王郑重其事地视察了这一设施，艾森豪威尔也对码头的完工发表了一次情绪激昂的演讲。英国皇家空军的飞机天天在码头上空巡逻，使德国的侦察机无法降到 1 万米以下的高度进行侦察。这样一来，即使在德国侦察机的摄像机镜头里，码头也没有任何纰漏。

为了摧毁德国的运输线和海岸炮兵阵地等军事设施，削弱德军对诺曼底登陆的反击力量，艾森豪威尔又下令对诺曼底和加来地区进行了轰炸。每向诺曼底投掷 1 吨炸弹，就向加来投掷 2 吨炸药。对比利时和法国北部的地下抵抗运动空投物资时，也采取了同样的方式。为此，盟军付出了相当大的代价，从 1944 年 4 月 1 日到诺曼底登陆期间，盟军共损失 1.2 万名官兵与 2000 架飞机。其中，为制造在加来登陆的假象，损失官兵高达 8000 人，飞机高达 1300 架，但敌人被迷惑了。

最后，也就是"坚毅"计划的登峰造极之作，盟军虚构了一个威胁加来海峡的美第 1 集团军，并由巴顿去指挥第 1 集团军。英国情报处利用被策反过来的德国间谍的情报，使德军很快就知道巴顿到达了英国。巴顿在伦敦看了一次戏，光顾了几家酒吧，参加了一次晚会，名字也频繁出现在报纸上——这使德国进一步相信，巴顿将指挥美第 1 集团军对加来发动进攻。

狡猾的德国人上当了，希特勒落入了圈套。

1944 年 6 月 1 日，戴高乐应丘吉尔之邀来到伦敦。他对盟军的每一项要求都表示无法赞同，其中最重要的是，他不同意在预定发起进攻开始之前，向抵抗运动广播，命令他们服从盟国远征军最高司令部的指挥。戴高乐拒绝这个要求，直到盟国承认法国全国解放委员会为止。

6 月 2 日，艾森豪威尔从伦敦驱车前往紧靠朴次茅斯以北的索斯威克别墅。这是一座美丽的英国庄园，有着宽阔的视野，原来是海军上将伯特伦·拉姆齐①的司令部所在地，现由艾森豪威尔的盟国远征军最高司令部接管。在这里，艾森豪威尔写下了著名的反攻动员令：

各位联合远征军的海、陆、空战士们：

你们马上就要踏上征程，去进行一场伟大的圣战，为此我们已精心准备了数月。全世界的目光都注视着你们，各地热爱和平的人们的期望与祈祷伴随着你们。你们将与其他战线上的英勇盟军及兄弟并肩战斗，摧毁德国的战争机器，推翻压在欧洲人民身上的纳粹暴政，保卫我们在一个自由世界的安全。我对你们的勇气、责任心和作战技巧充满了信心。我们一定要赢得彻底的胜利！祝你们好运！并让我们祈求万能的上帝祝福这伟大而崇高的事业获得成功。

6 月 3 日，他要在这座别墅里处理令人恼火的戴高乐问题。他曾在 1 月间与罗斯福讨论过戴高乐问题，但没能得到理想的结果。这一次，艾森豪威尔继续敦促对法国采取现实的态度，也就是承认法国全国解放委员会为法国临时政府，由戴高乐担任临时政府首脑。承认临时政府是重要的，因为艾森豪威尔希望得到法国抵抗运动的合作，同时由于随着战线的推移，他想将乡村交由法国政府管理。但罗斯福依然不同意。艾

---

① 伯特伦·拉姆齐（1883—1945）：英国海军上将。“二战”期间协助计划和实施盟军在北非及西西里岛的登陆作战。在“霸王”行动中任盟国远征军海军司令，负责海上输送和保障任务，在执行任务中因飞机失事殉职。

森豪威尔退而求其次，想与戴高乐的代表马里－皮埃尔·柯尼希[①]将军在民政事务方面达成协议，但罗斯福也表示反对。

6月3日晚，丘吉尔带着戴高乐来到索斯威克别墅见艾森豪威尔。艾森豪威尔带领戴高乐参观作战室，指点着地图，解释“霸王”行动计划。会见结束后，艾森豪威尔走进自己的帐篷，写了一份备忘录作为日记。这使他能够好好考虑他所担心的问题。第一个是戴高乐问题。他口授了三段有关与法国人打交道的困难情况。第二个是气象问题。他抱怨说：“这个国家的天气实际上是没办法预测的。”如果天气变坏，他知道至少有些同僚会劝他取消这次行动。他说：“可能对于最后决定该怎么办而不负有具体直接责任的人，不会懂得这些负担的分量。”仅有最高统帅能区别这些相互矛盾的气象报告，并决定根据哪一个报告来采取行动。

随后，艾森豪威尔在别墅的餐厅见到了他的司令官们和英国皇家空军斯泰格上校。斯泰格是艾森豪威尔的主要气象情报人员，他带来了一个不好的消息——低气压。外面刮起了风，天色阴暗下来，但艾森豪威尔必须做出最终决定。去见斯泰格前，他写道：“我犹豫不决的想法是，多么希望在下一次涨潮的有利时机行动，而天气又是如此难以捉摸，以致我们根本不能预期同时具备完全理想的天气和合适的潮汐条件。所以，除非天气确实严重恶化，否则我们必须开始。”

德军方面，隆美尔曾到奥马哈视察防御设施，对德军设置的障碍物和火力配系非常不满，随即命令守备部队立即加固这一地段的防御工事。于是，德军在水下修筑了3道用钢筋和水泥构筑的屏障，并在屏障之间布设了水雷；在岸上修建了许多能够扫射滩头的坚固支撑点和战壕；在盟军有可能登陆的进出道路上布置了大量的地雷。

同时，隆美尔还把德军中战斗力极强的第352摩托化步兵师调到奥马哈。这样一来，整个西线战场上，奥马哈成为真正的“大西洋壁

---

① 马里－皮埃尔·柯尼希（1898—1970）：法国元帅（追赠）。法国失陷后前往伦敦参加戴高乐领导的自由法国部队，1942年指挥自由法国旅在北非的比尔哈凯姆战役中成功阻击隆美尔的部队，使盟军得以顺利撤退到埃及准备反攻。

垒”。遗憾的是，盟军的侦察部门没有发现德军在奥马哈的兵力部署和防御体系的变化。而法军提供的情报也只是说德军在奥马哈海滩仅配置了6门射程为12海里的155毫米口径的法国火炮。

6月4日，德军根据巴黎的空军气象站信息判断，由于天气条件极差，盟军在半个月之内不会有登陆行动。于是，德国防空部队接到了“不必执勤”的命令，海军也因风浪太大而撤回了巡逻艇。

当天凌晨4点30分，艾森豪威尔在索斯威克别墅见到了他的部下。斯泰格说，海上的情况将比预期的略有好转，然而阴天使空军无法出动。蒙哥马利说，无论怎样他都要干下去。特德与利·马洛里则希望延期。拉姆齐表示海军可以执行任务，但当问到他整个战役是否应当进行时，他却没有表态。艾森豪威尔指出，“霸王”行动是让并非占压倒优势的地面部队来进行的。这次战役之所以能够进行，很大程度上是因为盟军的空中优势。假如没有这一有利条件，登陆是过于冒险的。他问在场的人是否有不赞同的。当没有人表示反对时，他宣布延迟24个小时。这一命令用事先安排的信号下达给了美国舰队。美国舰队表现出高超的航海技术，迎着暴风雨重新驶进港口，添加燃料并准备第二天起航。

当天吃过晚饭后，艾森豪威尔和蒙哥马利、特德、史密斯、拉姆齐、利·马洛里、斯特朗及其他高级参谋军官在餐厅里开会。落地窗门的窗框在风雨中断断续续地“咯咯”作响。这个餐厅非常大，一边放着一张大桌子，另一边摆着安乐椅。房子两边都摆着书架，然而大部分是空的。房子的第三边是落地窗，第四边的墙上挂着一幅巨大的英国南部与诺曼底的地图，上面满是大头针、箭头及标出盟军和德军位置的其他符号。军官们懒洋洋地靠在安乐椅上，喝着咖啡闲谈着。9点30分，斯泰格带着最新的气象消息走了进来。

艾森豪威尔让大家都坐好。斯泰格报告说，天气露出转机。斯特朗回忆说，大家对他的预报“发出一阵欢呼声，从来没有见过中年人如此高兴地欢呼”。斯泰格继续说，正在下着的倾盆大雨，将在两三个小时内停止，接着为36个小时好转的天气，风力中等。尽管受到云层的妨碍，但轰炸机与战斗机可以在6月5日至6日之间的星期一晚间出动。

利·马洛里表示，这看来对空军仅是一个较好一些的夜晚。特德叼着烟斗，用力喷出一口烟，说使用重型与中型轰炸机是“危险的”。艾森豪威尔针锋相对地指出，盟军能够派出大批战斗轰炸机。

有些人想推迟行动，并在第二天早上再次举行会议。众人对此都颇为动心，但是，拉姆齐打消了他们的这种想法，他说：“必须在接下来的半个小时内通知指挥美国特遣舰队的艾伦·柯克海军上将是否在周二（6月6日）实施‘霸王’行动。如果他接到了行动的命令，舰队起航后又撤回来的话，他们不可能在周三早上再次完成备战。因此，行动如果再次推迟，就会延误48小时。”这就是说，一旦推迟行动，舰队到6月8日才能发起进攻，而那时的潮汐状况并不合适。

艾森豪威尔来回地在房间里踱着步，突然，他抬头看着史密斯。史密斯说：“这是一场豪赌，但我们已经争取了最好的机会。”艾森豪威尔点点头，又走了几步，然后抬头看蒙哥马利。蒙哥马利挺起胸膛，盯着艾森豪威尔说：“你能找到星期二不打的理由吗？我想说的是，打！”

艾森豪威尔又把视线转向特德。特德再次表示这么做过于冒险。最后，艾森豪威尔环顾各位司令官，开口说道：“问题在于，如果一直引而不发的话，你们又能推迟多长时间呢？”他必须现在做出决定。“一位面临重大决定的司令官必须承受孤独与寂寞，因为他深知自己的选择将决定成败。”史密斯对此深有体会。窗外风雨交加，艾森豪威尔冷静地分析着各种方案。晚上9点45分，他终于开口了：“我确信，命令必须下达。”

拉姆齐马上冲出门去，向舰队下达了命令。5000多艘舰船开始向法国挺进。随后，艾森豪威尔驱车回到自己的简易活动房，断断续续地睡了一会儿。凌晨3点30分，他醒了，外面暴雨倾盆。他穿好衣服，忧愁地开车来到索斯威克别墅参加最后一次会议。现在取消行动似乎还来得及。

餐厅里，冒着热气的咖啡驱散了压抑的情绪和忐忑不安的感觉。斯泰格说，他所期待的转变即将出现，数小时之内天气将会好转。或许是上天护佑，就在他说话的瞬间，雨停了下来，天空开始放晴。

接下来，众人进行了短暂的讨论。蒙哥马利和史密斯仍然想开始行动。拉姆齐虽然担心舰炮的瞄准问题，但也觉得值得冒险一试。特德已经做好了准备。而利・马洛里仍然觉得飞行条件低于能够接受的最低限度。

斯泰格退了出去，接下来几个小时里都没有出现新的气象报告，战舰正在驶往英吉利海峡。如果要撤退，现在必须下达命令。艾森豪威尔想了一会儿，平静而又清晰地说：“好，我们行动吧。”

就在6月5日这一天，隆美尔回家为他的妻子过生日。在路上，隆美尔看着车外的风雨说：“不会有登陆战发生，如果登陆，他们甚至走不出海滩。”同一天，驻守诺曼底地区的德第7集团军司令弗雷德里希・杜尔曼也认为这种天气不会有登陆战发生，于是召集他的高级将领们到160公里之外去进行沙船演习。

6月5日晚上，史密斯打电话给艾森豪威尔——他还牵挂着其他事情：戴高乐顶住了丘吉尔施加的巨大压力，仍然不打算发表讲话。艾森豪威尔控制不住自己，激动地答道：“去他的吧，假如他不干，我们就和别人打交道。”然而他找不到别人，只好继续努力说服戴高乐发表广播讲话及同意发行货币。最后胜利的是戴高乐。在进攻当天，戴高乐发表讲话，强调说：“必须不折不扣地执行法国政府与法国政府所认可的领袖们发布的命令。”

在登陆日这天，艾森豪威尔共拥有39个师的兵力。他拥有的空军可以投入8000架轰炸机去对付敌人。拉姆齐准备了284艘军舰、4000多艘登陆艇及其他舰只。不过，艾森豪威尔手中最宝贵的财富是人：陆、海、空三军几乎有300万人，时刻准备听从他的调动。一支难以想象的、庞大的军事力量，将要去袭击一片小小的海滨地区。为此，部队的所有分队聚集起来，将要挤着穿过5个“针眼”——斯沃尔德、朱诺、果耳德、奥马哈和犹他海滩。

6月6日凌晨，登陆战即将开始，飞机已经升空，舰船已经开出，但诺曼底的德国海军气象站却提出，这种天气不要说登陆，甚至连空袭也不可能。盟军的空降伞兵被认为是声东击西的手法，西线海军向总司令报告说："荧光屏上有大量黑点。"而西线总司令的参谋长却说："什么？在这样的天气里一定是你们的技术员弄错了。也许是一群海鸥吧！"

6 点整，盟军部队开始陆续登陆，由于德军群龙无首，准备不足，加上盟军又掌握着制空权，因此除了奥马哈登陆点遭到德军的激烈反抗外，其余各登陆点的进展都相对顺利。

奥马哈位于犹他海滩的东面，科唐坦半岛南端维尔河口到贝辛港之间长 6.4 公里的海滩，海岸是 30 多米高的悬崖陡坡，有 4 个被海水冲刷出来的深谷，成为通往内陆的天然出口。海滩上高低潮之间的落差约为 270 米，海滩是硬质沙地，上面筑有高耸的鹅卵石堤岸，后面是沙丘、草地、树林，唯一通往内陆的道路沿途有 3 个小村庄，村舍都是用厚石砌成，四周是一片田野，田间土埂上长满了小树，这就是诺曼底地区特有的树篱地形，易守难攻。德军充分利用有利的自然地形构筑防御工事，在低潮线到高潮线之间设置了 3 道障碍物，还混杂有大量水雷，在卵石堤岸上筑有混凝土堡垒，在堡垒前有蛇腹形铁丝网和地雷，4 个深谷出口都用地雷和钢筋水泥障碍物封死。海岸上有 16 个坚固支撑点，配有机枪和反坦克炮，悬崖上还构筑暗堡，内有威力极强的 88 毫米火炮，炮火杀伤范围可以覆盖整个海滩，在霍克角悬崖上还有 6 门 155 毫米海岸炮，对海上军舰的活动构成了极大威胁。

盟军之所以选择这里登陆，是因为从维尔河口到阿罗门奇之间正处在美军犹他海滩和英军登陆海滩当中，位置非常重要，而这段 32 公里长的海岸只有这一段勉强可以登陆，其余地段都是悬崖峭壁，根本无法登陆。此外，盟军认为这里的守军是第 716 海防师的一个团，既无装甲部队，又无机动车辆，士兵多是后备役，战斗力很差。用艾森豪威尔的话说，"强大的军队像卷曲着的弹簧一样绷得紧紧的"，等待着"释放它的能量并飞越英吉利海峡时刻的到来"。盟国远征军最高司令部除了气象条件之外，一切都已准备妥当。天气成了唯一令人焦虑的问题。在当时，天气是无法以人的意志为转移的，是不可能控制的。历史上计划最完善的战役，最后都取决于变化无常的风向与海浪。潮汐和月亮的条件是能够预测的，但风暴不能。从一开始，每个人都期望在预定发起进攻之日可以有起码能够通得过的天气，所以没有准备应急计划。

就在盟军紧张准备的同时，希特勒也没有闲着。对于盟军将在1944年发起的进攻，希特勒认为盟军在西欧登陆可能会带来两种后果：一是造成德军的总崩溃，二是成为德军扭转败局的大好时机。如果不能击退盟军的登陆部队，可能会导致前一种结果。但如果能一举歼灭盟军的登陆部队，将使盟军与苏联红军两面夹击的计划破产，德军就可以腾出50个师的兵力来加强东线，从而阻挡住苏联红军的进攻。为此，德军最高统帅部研究制订了抗登陆的方针，即集中大部分兵力于盟军可能登陆的主要方向，对已登陆的盟军实施决定性的反突击，一举歼灭登陆之敌。希特勒下令密切关注盟军动向，提前查明盟军登陆地点，以便做好反击准备。

从一开始，奥马哈的登陆战斗就进行得异常激烈。只见一艘登陆艇冲上了海滩，前方的登陆斜板刚刚放下，就听见巨大的爆炸声，海滩上卷起一阵阵火舌，登陆艇被德军设在海岸绝壁上的火炮击中了。这些炮台的位置较高，射界开阔，几乎可以打到海滩的任何位置，但又很隐蔽，一般人难以发现。

又一艘登陆艇勇敢地向岸滩冲去，突然，它被地雷线挂住了，就在操纵手继续向前冲时，地雷爆炸了，登陆艇笼罩在烟火之间。好不容易冲过障碍物的登陆艇放下了第一批登陆士兵，当戴着钢盔的突击队员叫喊着向岸边冲击时，岸上响起了一阵阵枪声。在德军的猛烈火力下，许多士兵倒下了，鲜血染红了海水。危急时刻，冲过死亡线的2个突击营凭借绳梯爬上悬崖峭壁，消灭了德军部分海岸炮台。同时，第1师16团团长泰勒上校冒着被误伤的危险，坚决要求驱逐舰用炮火对德军进行压制射击，这才将德军的火力压了下去。与此同时，第29师副师长诺曼·科塔大喊着：“在这块海滩上，呆着不动只有两种人，一种是死人，另一种是垂死的人。让我们冲出这个鬼地方吧！”他冲锋在部队前面。士兵们也毫不示弱，他们满不在乎地说：“人总有一死，也只有一死。我们都欠上帝一死。”

就这样，奥马哈成为一个血染的登陆点。在战斗进行得最艰苦之际，美军地面部队司令布莱德雷曾经考虑过撤离奥马哈，但形势还是朝好的方向一点点地转变。中午时分，第 2 梯队 3 个团的生力军提前登陆，在舰炮和坦克支援下，一步一步地扩大登陆场，接着在“喷火”式飞机的校射指引下，美军战列舰和巡洋舰上的重炮也加入对岸射击，更是炸得德军抱头鼠窜。

天黑时，第 1 师和第 29 师终于杀开一条血路，占领正面 6. 4 公里、纵深 2. 4 公里的登陆场，到夜间，登陆场正面进一步扩大到 8 公里，上陆人员共 3. 5 万人。当天晚上，第 5 军军部上了岸，并建立了前进指挥所，军长罗杰少将向布莱德雷发出的第一封电报就是：“感谢上帝为我们缔造了美国海军!”当然代价也是惨重的，美军伤亡达 3400 人；29 辆水陆两用坦克下水后，只有 2 辆上岸，数十辆两栖装甲车沉没。

与奥马哈登陆相比，犹他登陆点、金滩登陆点、剑滩登陆点及朱诺登陆点的盟军就幸运多了，几乎没有遭到像样的抵抗。

6 月 6 日晚上 10 点，隆美尔终于赶回到西线德军 B 集团军群的指挥所，这时，盟军已经控制了诺曼底海岸，近 150 平方公里的桥头堡阵地基本连成了一片。

此时，多佛尔海峡角还笼罩在一片烟幕中，隆美尔得到的敌情分析是，英吉利海峡可能还有另一次大规模的进攻。但是，隆美尔已经顾不了那么多了，他需要马上应对眼前的紧急情况。他打电话给第 7 集团军参谋长贝姆塞尔，命令道：“不管发生什么情况，你必须阻止盟军占据滩头阵地。”但贝姆塞尔绝望地回答道：“这已经不可能了!”

隆美尔闻言十分愤怒，大骂贝姆塞尔无能。短暂的沉默之后，贝姆塞尔挂断了电话。隆美尔这才意识到，战事的进展比自己想象的还要糟糕。但他并不想轻易放弃，于是又打电话命令第 21、第 12 装甲师在 6 月 7 日清晨发动反攻。这是他曾经寄予厚望的机动突击部队。

然而，德军已经失去了战场上的主动权，第 21 装甲师只剩下 70 辆坦克，战斗力大大削弱；第 12 装甲师部署在 120 公里以外，在奔袭途中又遭到盟军空军的轰炸，当他们赶到隆美尔指定的进攻发起地域时，已经是 6 月 7 日 9 点多。隆美尔无奈，只得推迟反攻的时间。正是从这一天开始，盟军的登陆部队开始建立统一的登陆场。

盟军在诺曼底登陆后，德国上下一片惊慌。为了摆脱被动局面，德军开始加强诺曼底的反击力量。但希特勒、龙德施泰特、隆美尔等高级指挥官仍然认为，诺曼底是盟军进攻的次要方向，加来才是盟军的主攻方向，现在盟军是有意要搞大诺曼底登陆的规模。由于这个错误的判断，德军越来越被动了。

为了控制局势，鼓舞士气，隆美尔从这个指挥所赶到另一个指挥所，亲自指挥部队。由于德军失去了制空权，他经常发现头上有盟军的飞机在盘旋，轰鸣声和爆炸声震耳欲聋。

直到这个时候，隆美尔还没有认清盟军的真正意图，他和希特勒一样，并不赞同从加来抽调兵力来增援诺曼底。这天深夜，他得到了几名德军官兵在奥马哈海滩发现的美第 7 军的一份作战命令，才知道诺曼底是盟军的主攻方向。他隐隐地感觉到，诺曼底之役将直接关系到德国的生死存亡。

然而，德国最高统帅部收到英国广播电台发出的消息，说盟军将于 10 日在比利时发动进攻。希特勒知道后再次怀疑诺曼底不是盟军的重点进攻方向，于是下令编制有 2. 1 万名官兵的党卫军第 1 装甲师继续留在比利时，不得调去支援诺曼底。

隆美尔得知此事，犹如被当头泼了一盆冷水，但是，对于他近乎乞求的陈述，希特勒一点也听不进去，反而命令他把德军的防御重点放在东翼，依靠现有兵力从卡昂地区向英军进攻。

希特勒的误判，使盟军的登陆行动按预定计划顺利进行。但艾森豪威尔仍然不敢有半点松懈，他把权力下放给下级军官，从不对他们指手画脚。此时此刻，战争的胜败取决于参加战斗的指挥官们，他们正在前线与自己的士兵生死与共。

艾森豪威尔无时无刻不在关注前方的战事，他在指挥部里不停地踱来踱去，随着收到的报告时而高兴，时而不安：英国和加拿大部队登陆的滩头遭到了轻微的抵抗；美军在犹他滩头的阵地已经巩固；奥马哈的登陆部队因遭到德军猛烈的炮火轰击而寸步难行。

上午9点30分，艾森豪威尔授权盟国远征军最高统帅部发布了一项公告：

在艾森豪威尔将军的指挥下，得到空军强大支援的盟国海军于今天早晨开始运送盟军在法国北部海岸登陆。

公告令世人震惊。在英国，BBC中断了正常的节目，开始播送这条消息。全体英国人如释重负。兵工厂里的工人们停下来，唱起了《天佑吾王》；全国各地的人们涌进教堂去祈祷。美国军人纷纷被大街上的陌生人拦住，希望与他们握手说话。

6月6日这一天，在美国历史上成了最特别的日子之一，一个非正式的国庆节。从当天夜里到第二天清晨，登陆的消息如野火一般迅速传遍全国。教堂里的钟声响了，商店关门了，百老汇的表演和体育比赛都被取消，去教堂的美国人创下了历史最高纪录。罗斯福称，1944年6月6日进攻诺曼底是“一次保存……我们的文明，解放受压迫人民的伟大努力”。当天晚上，罗斯福向全国发表了广播讲话，祈祷：“孩子们，为我们的祖国而自豪。”请求上帝“在我们的联合远征中……赐予他们强健的臂膀、坚毅的心灵和坚定的信仰”。

当天白天，5.75万名美军和7.5万名英、加士兵已经先后登陆。到了晚上，有2.3万名空降部队官兵被空投到诺曼底。这样一来，第一天就有约15.5万名官兵突破了希特勒大肆吹嘘的“大西洋壁垒”。

6月7日用过早饭后，艾森豪威尔登上英国布雷舰“阿波罗”号去视察滩头阵地。“阿波罗”号紧靠奥马哈滩头下了锚。布莱德雷到舰上来讨论了形势。情况良好，部队从滩头阵地向内陆推进，但是还有令人担心的地方，德军仍在顽强抵抗。幸亏他们难以对战斗进行增援，因为桥梁和铁路运转中心都被炸毁。法国抵抗运动的贡献远远超出了艾森豪威尔的期望。但空军并没有有效地压制海岸炮台，德军的炮弹继续倾泻到滩头阵地上，幸好海军的炮火不断地发挥了越来越大的作用。

在6月5日和6日，盟国空军一共出动14 674架各类型飞机支援登

诺曼底战役是目前为止世界上最大的一次海上登陆作战，接近300万士兵渡过英吉利海峡前往法国诺曼底。图为盟军最高统帅艾森豪威尔（左二）为诺曼底海滩桥头堡作战中的有功人员授勋

陆。盟军在6月6日登陆中的损失从未有过准确的统计，但是明显超过了1万人，其中美军的损失最高，共有1465人阵亡、3184人受伤、1928人失踪，其中包括两个美国空降师2499名牺牲、负伤和失踪的人员。英国和加拿大军队的损失大概是3000人。

6月8日，艾森豪威尔举行了新闻发布会，他看起来明显有些不安。在作非正式的简要介绍时，艾森豪威尔表情严肃地叙述了过去 48 小时里发生的事情，并表示形势仍然“危险”，希望记者们不要用过度乐观的辞藻误导读者。持续的好天气极端重要，他建议“你们也为好天气祈祷吧”。这一天，英军夺取了贝叶，这是盟军解放的第一座法国城市。

6 月 10 日，马歇尔、阿诺德和金抵达伦敦。表面上，他们是来参加盟国参谋长联席会议的，实际上他们也想亲自看一下这次伟大的进攻。

6 月 12 日，战局越来越明朗，几个滩头阵地已连成一线。在战役最初的 6 天中，有 326 547 人、54 186 辆军车和 104 428 吨物资被运上法国海岸。艾森豪威尔陪同前来视察的美国陆军参谋长马歇尔、金上将和阿诺德将军，乘坐驱逐舰登上奥马哈滩头阵地。他们中午在布莱德雷的指挥所吃饭，和一些军长及师长讨论最近的作战情况。马歇尔称赞了艾森豪威尔的胆略和指挥艺术，但不是当着他的面。他向罗斯福总统报告说：“艾森豪威尔和他手下的人冷静而自信，以非凡的效率完成了无比巨大和复杂的任务。”

奥马哈之行象征着“霸王”行动的成功。这么多重要人物能够安全地登上法国领土，清楚地表明滩头阵地是牢固的。盟军方面已经有 10 多个师投入战斗，而且每天还在增加。人工港已经就位和启用，虽然还有问题，但这次伟大的进攻已经取得了效果。对此，丘吉尔说：“历史上最困难、最复杂的战役已使盟军重返欧洲大陆。”

德军的层层阻击

这次马歇尔来到伦敦，艾森豪威尔和他讨论了晋级、授勋，加速部队集结的必要性，以及从美国将部队运送到法国的时间表等问题。

马歇尔还给艾森豪威尔带来了另一个好消息，他已经对约翰·艾森豪威尔少尉做出特别安排，批准他和父亲一起度过 2 个星期的毕业假。这一消息和这个伟大事件一样，令艾森豪威尔兴奋不已。他眉开眼笑地说：“我多盼望着见到约翰。看到他成为一名陆军军官多有意思！我会对此感到非常骄傲!”

从1942年6月以来，约翰就没能见到他的父亲。1944年6月13日傍晚，当这位年轻英俊的军官走进他父亲的办公室时，为战争而操劳、苍老的艾森豪威尔非常激动，他满脸笑容，眼睛里含着泪水，热情地拥抱了儿子。约翰吻了父亲的双颊。和以前的相聚一样，他们几乎谈了一整夜。

约翰发现，在艾森豪威尔示意让别人完成这件或那件工作后，司机、厨师、助理、勤务兵等人便到处奔忙，这时他才充分体会到父亲的重要性。在随后的日子里，他看到父亲和世界上最有名、最有权势的一些人十分熟悉，以及报界对父亲一举一动的报道，这些都给他留下了极其深刻的印象。艾森豪威尔对此感到十分高兴，但他并不喜欢出风头，他给一位朋友写信说：“战争结束后，我准备在美国找一个最深的洞爬进去，然后堵住。”

约翰带来了一封玛米的信，是关于宣传的事情。原来，一家好莱坞影片公司提出，将付给艾森豪威尔一笔巨款，以取得拍摄一部有关他的传记影片的权利。艾森豪威尔当时便回答说：“当然，只要把这笔款子捐赠给堪萨斯州，我就同意拍摄这部影片。”而玛米在信中说：“我觉得，你应该问心无愧地接受这笔钱。”

“当然，我能理解你的心情，”艾森豪威尔在回信中说，“但是一个人利用受到信任的公职来捞取钱财是品质恶劣的表现！我不能拿这笔钱，而且绝不允许出现这类事情。不管怎样，我们不需要这些钱——穷有穷的乐趣!”

约翰为此深受感动。他不离父亲左右，认真地观察父亲的一举一动、一言一行。艾森豪威尔欣喜地发现儿子已经长大，已经成为一名真正的陆军军官。但他对约翰的要求仍十分严格，严禁约翰利用他的职权谋取私利，并不断地提醒道：“小子，别不知道天高地厚！你不过是军队中最底层的小小军官而已!”

艾森豪威尔像一名老兵那样对约翰提出了忠告。他说：“你得到处走走，看看每一个士兵穿得是否暖和，吃得是否满意，武器是否完好。

鞋、袜和脚是极其重要的。你在野外训练或者作战时，穿戴应和士兵完全一样。照这种方法去训练你的排，你将得到一个训练有素的排，而且这个排将跟着你赴汤蹈火。”在这里，约翰也亲身感受到了战争的残酷。

紧接着，艾森豪威尔与特德一起乘车到英第2集团军司令部所在地拜约，这里是威廉大帝①的家乡。戴高乐在前一天已经来到拜约，他不顾艾森豪威尔的劝阻，并且瞒着艾森豪威尔跑回了法国。

艾森豪威尔获悉戴高乐在拜约发表演说，宣称法国如今“正在盟军的协助”下收复国土，气得一时说不出话来。这使约翰十分担心父亲的血压。乘车巡视滩头阵地时，约翰吃惊地发现汽车长长一串，首尾相接，完全没有遵守教科书上的规定。他对父亲说：“假如没有空中优势，你绝不会这样干。”艾森豪威尔哼了一声，说：“假如没有空中优势，我就不会在这儿了。”

约翰很想参战，向父亲表示不想回家。他说自己已经在军校学过要在训练营中学的课程，想让父亲马上派他到在法国的一支美军部队中去。艾森豪威尔知道马歇尔会同意约翰的要求，但他觉得这样做会让约翰受到别人的指责，而且，如果他被认为是“老师的得意门生”，会有害于他的事业。不过，真正的原因是，他害怕玛米对他送约翰去参加战斗的反应。

这个时候，盟军前沿阵地的天气仍然十分恶劣。6月19日新建成的人工港遭受了强风暴的袭击。在4天的时间里，它几乎使一切滩头上的登陆活动停止下来，严重干扰了所有的军事行动；风暴来势之猛，使攻击战的进展极为困难。当时联合王国和欧洲大陆之间的海上交通完全中断，盟军在滩头阵地上修筑的小型跑道根本无法降落飞机。美军战区内，奥马哈滩头上的“桑葚”人工码头被毁坏得无法修理，大量的船舰和小艇搁了浅，或者被刮到海滩上。艾森豪威尔说：“如果不是以前空军进行‘隔离战役’所收到的效果，这时德军就具备了理想的反攻条件。和以往一样，在这里还要强调空军威力对地面战斗的决定性作用。”

---

① 威廉大帝：即英格兰国王威廉一世。

风暴结束那天，艾森豪威尔乘飞机亲自察看了滩头战线的现场，发现有 300 多艘舰艇遭到毁坏，其中一些损坏严重，无法修复。风暴袭来时，美第 83 师仍在滩头附近的船上，要让大批士兵下船根本办不到，因此在整个风暴期间，这个师经历了最困苦和艰难的时刻。当他们最终都上岸后，艾森豪威尔巡视了该师的士兵，发现他们中的许多人还在晕船，疲惫不堪。

当英、美两栖部队在海滩推进受阻的时候，盟军的前进基地也遭到了德军导弹的袭击。

1944 年 6 月 12 日，德军 V-1 导弹落在伦敦。V-1 导弹是一种小型的无人驾驶飞机，它以很快的速度按预定路线飞行，并靠内部机械设备中止航程。它装有大量炸药，靠接触爆炸，爆炸力非常大。V-2 导弹直到 8 月初才使用。它是一枚火箭，射入高空，以很快的速度下降，它来到的最初警告就是它的爆炸。在飞行时，既无法听到它，也无法看到它，更无法阻截它。

由于导弹的袭击，伦敦战区变得比任何人所能预料的更为可怕。艾森豪威尔从前线飞回的那天晚上，东南海岸出现了某些凶险的征兆。空袭警报器在多佛的峭壁上尖声鸣叫，那儿有几个加拿大师正待命进入诺曼底。

阿诺德估计，这种导弹成本为 600 美元左右。他的粗略估算指出了一个噩梦般的可能性：如果德军能每一分钟或两分钟发射一枚导弹，并有 48 个发射设施，那么他们就能每天向伦敦发射 4 万枚这种导弹。他取出笔记本，在上面写道：“这就将造成恐怖、忧虑，最后破坏整个英国的正常生活秩序，并打乱作战部署。没有人能预料到它们将要打击哪里。你能听到它们呼啸着飞来，却很难躲避它们。有一枚飞过了艾森豪威尔将军的司令部，当时我们正在那儿。”

希特勒的 V-1 导弹对英国人的神经产生了破坏性的影响。六七月间，V-1 导弹使 5000 人死亡、3. 5 万人受伤、3 万多幢房屋被击毁。更糟糕的是，据盟军情报机关预料，德军将很快把 V-2 导弹——世界上第一枚中程洲际导弹，投入使用。V-2 导弹直接命中建筑物时，破坏力特别大。由于速度快，它深深地穿到地下，巨大的爆炸力直接向上发挥。因此落到空旷的地方效果较小，但若命中一座建筑物，其爆炸力几乎可以把整座建筑物彻底摧毁。盟军空军对其发射场的轰炸没有取得满意的结果。要想摧毁德军的发射场，必须从地面上把它们清除掉。

丘吉尔对导弹非常恼火，他在 7 月初建议使用毒气袭击发射场。但艾森豪威尔拒绝成为一个使用毒气的人，他说："看在上帝的分上，让我们提醒自己，使用我们的理智。"但是很显然，必须立即采取某些措施。

艾森豪威尔要求军工厂抓紧研制这种导弹。另外，他一直为盟军在诺曼底进展迟缓而忧心忡忡，对希特勒可能重新赢得主动的每一个行动都很敏感。而从法国发射的导弹，对布歇公园（艾森豪威尔司令部所在地）也构成了一定的威胁。

第一次空袭警报持续了一整天。起先，艾森豪威尔还保持镇静。凌晨 1 点，当警报器再次响起时，他正躺在床上看书。"我宁愿待在这儿，"他对布彻说，"我不愿意整晚来回跑掩蔽所。"但距离很近的一次巨大爆炸驱散了这种漫不经心，他只好躲入掩蔽所，在冰凉的水泥地上过夜。第二天醒来时，他咒骂希特勒搞出这种秘密武器，他的头被新粉刷的掩蔽所里散发的气味熏得昏昏沉沉。

英国战时内阁也惊慌不已。丘吉尔非常关心这种以"弩"为代号的秘密武器。6 月 19 日，他和艾森豪威尔谈了 90 分钟，请他除了最迫切的军需品之外，给秘密武器的发射地点予以最优先的考虑，直至"我们能够肯定，盟军在这一特殊威胁方面取得明显上风"。的确，导弹折磨着人们的神经。布彻写道："我所认识的大多数人，由于失眠而迷迷糊糊，听到关门声或者摩托车和飞机发动机的声音就神经过敏。"导弹的 95% 都落在离斯特拉森 20 公里以内，距伦敦只有 8 公里。

导弹的袭击和风暴的破坏，大大影响了盟军向法国内地推进的速度。蒙哥马利又一次推迟了出击日期。艾森豪威尔忍不住了。6 月 18 日，他写信给这位将军："我已经尽力加强战斗部队和弹药供应，抽调各种人员，从各仓库调拨军需物资给你。"但为了照顾两国之间的关系，他又鼓励蒙哥马利说：“我完全理解，你需要储备适当数量的炮兵弹药，不过，我非常希望，一旦攻击开始，能有一股维持很久的势头。”

英军的士气在德军的炮火下遭到了挫伤。第 49 师的一个营被非常猛烈的迫击炮和榴弹炮的炮火给轰垮了。2 个星期后，该营军官只剩下 12 名。营长和班排长以上的军官在营指挥所里被炸死，有 2 个连队只剩下 1 名军官。四分之三的人在炮击开始或战友死伤时，出现了歇斯底里的反应。歇斯底里症蔓延开来，有些年轻士兵甚至在己方的大炮开火时也会发病。纪律也瓦解了，准尉和军官们都不佩戴领章和肩章。

一名中校营长向蒙哥马利报告：“我有两次不得不站在一条道路的尽头，拔出我的左轮手枪对着往后败退的人，3 天前一名逃跑的少校被打死了，因为我命令他帮我在迫击炮火密集时阻止士兵乱跑，结果他自己逃跑了。”接着他又说：“我拒绝再去断送那些好端端的生命了。”他强调说“有两位同僚也同意我的意见”。蒙哥马利报告陆军部，他已解散该营，因为它不再适合战斗。他手书了一条附注：我认为这个营长显示出失败主义者的心理状态，不是个“合适的小伙子”。

蒙哥马利送给艾森豪威尔一份请求书，请求书中写道：“我们将在今后两周或更长时间内艰苦作战，我衷心地请求你的帮助，别让访问者前来。我要牢牢地掌握战斗，因为这是这一时期里极其重要的战斗，要使事态按我们希望的方向发展，不能混乱，不要让我们自己被任意摆布。我没有时间接待来访者。”他的意思明显地是指艾森豪威尔本人，或许还包括戴高乐。

蒙哥马利认为，“艾克与我在指导战争方面是截然相反的，这是极其清楚的”，他总是打算“将敌人搞乱，而自己保持不乱”。他想在狭窄的战线上发动进攻，突破德军的防线，直插目标。另外，艾森豪威尔对盟国参谋长联席会议负责，并且对美、英两国政府负责，而蒙哥马利在名义上对艾森豪威尔负责，事实上他是接受布鲁克而非艾森豪威尔的指挥。

作为英国在欧洲大陆上的高级军官，蒙哥马利自认为应对自己的国家利益负责。但英国既没有足够的人力，也没有足够的物资来压倒德国，因此他认为，强攻差不多等于自杀。英国的力量是智慧而不是体力。蒙哥马利提出用计谋与策略来打败在法国的德军；艾森豪威尔则要在战斗中打败德军。起初，困难集中于卡昂。蒙哥马利曾经答应将它攻下来，但却没有攻下，因为他不愿意进攻。

这时，加拿大第 2 军团仍在多佛附近，待命渡海开往滩头阵地，延期是令人失望的。大家都知道，滩头阵地拥挤不堪。早在 6 月 20 日，加拿大第 2 军团的参谋缪尔・甘布尔就接到电话说，他妻子玛格丽特在前一天晚上 7 点被 V-1 导弹炸死了。这是许多军官都害怕的事情，甘布尔茫然失措。他是在那天早晨刚从泰晤士河畔沃尔顿的家中返回部队的。

6 月 24 日，蒙哥马利告诉他的参谋长："我注意到了那些报告，它们散布关于英国装备、坦克等性能与德国相比较的种种流言。在目前这种时候，我们不能允许有任何这一类的东西。我们已经有了很好的据点，已经建立起自己的力量，明天我们要扑向敌人。任何损害自信心和士气的事，都必须无情地予以粉碎。"

6 月 25 日，英第 30 军团终于在卡昂取得了有限的进展。蒙哥马利向艾森豪威尔报告说："尽管天气极端恶劣，出现暴雨，云层很低……战斗将整天整夜继续进行，我准备在东翼向敌人摊牌，决一死战。"但不知为何，蒙哥马利在出击前等了很长时间，以至于德军又增加了 2 个装甲师，并且有了足够的时间挖战壕。

经过激烈的战斗，英第 30 军团沿维莱博卡日到卡昂一线停了下来。同时发起的第 3 师对卡昂北部的进攻也在 6 月 27 日停止。艾森豪威尔对此十分不满，但他克制自己，没有大发雷霆。蒙哥马利辩解说，他从来没有打算突破直通巴黎道路上的卡昂，他的战略是固守他的左翼，而让布莱德雷在右翼突破。批评他的人都指责他因为在卡昂失利而改变计划，而他自己坚持认为，他一直计划把德国装甲部队牵制在卡昂前，而让布莱德雷迂回包抄他们。

关于这一点，军事专家们展开了激烈的争论。空军将领特德认为，蒙哥马利的说法是"弥天大谎，纯粹是胡说八道"，建议艾森豪威尔要么下令蒙哥马利向前推进，要么把他调走。艾森豪威尔在处理这件事时十分慎重。他不赞成蒙哥马利处理战斗的方法，但他在诺曼底没有发布强制命令，以保证战争按照他要求的方式进行。美国根深蒂固的军事传统之一是，给战术指挥官以高度的独立性，艾森豪威尔对此坚信不疑。作为最高统帅，他只能给出大的方针政策，而不是去指挥具体的战斗。

在6月下半月和7月，艾森豪威尔鼓励蒙哥马利进攻卡昂，但他并不坚持。而蒙哥马利也不断允诺“突击”德军，只是他的豪言壮语并没有变为有力的行动。他把进展不力的责任归咎于布莱德雷，说美军应同时在北面进攻瑟堡及在南面进攻古当斯。“布莱德雷不想冒这个危险，”蒙哥马利又以其高傲的口吻说，“我不得不沉住气带动美军，让他们有时间去做好准备。”

6月26日，布莱德雷率领美军进攻瑟堡的战斗取得了重大进展，瑟堡的德军被迫投降。这是盟军的一大胜利，它使登陆部队的物资供应有了保障。这也等于将了蒙哥马利一军，使盟军将领之间的相互斗争和背后攻击更为激烈。有人甚至议论说，蒙哥马利为了保存实力，使英军迟滞不前，让美军承受重大伤亡。不过，艾森豪威尔没有轻信这些话，一直耐心地鼓励蒙哥马利指挥英军向卡昂进攻。

但是，由于蒙哥马利的固执己见，夺取瑟堡以后，美军在遍布灌木篱的地形上作战，进展比预定计划迟缓。

飞越纳粹防线

为了激励部下，1944年7月1日，艾森豪威尔奔赴诺曼底视察前线。他只带了一床铺盖，一名副官和一名勤务兵。他对布莱德雷说，他不需要别的东西，只要一条遮着一块油布的战壕即可。

在前线，艾森豪威尔一连待了5天，他视察部队和战场，和布莱德雷及军长、师长们交谈，与士兵们同吃同住。不过，军官们都不希望艾森豪威尔待在他们那里。因为艾森豪威尔走到哪里，德军的炮火就会跟着射到哪里。第15军军长、艾森豪威尔的老朋友韦德·海斯利普直截

诺曼底登陆后，艾森豪威尔在前线与蒙哥马利一起制订作战计划

了当地对他说：“你还是赶快走为好。当然，不要认为我担心你可能死亡。我只是不想让人说，是我让最高统帅在我的地域内遭到不幸。你若想被打死的话，请到别的部队去。”

艾森豪威尔并没有理睬部下们的“建议”。7 月 4 日，他来到一个战斗机机场，这里马上就要执行一次飞行任务。他说：“作为司令官，我要参加这次飞行。我想看一看这个灌木丛生的国家。”

布莱德雷当然不同意，但艾森豪威尔似乎铁定了心，一口咬定要去。布莱德雷只好满脸悲哀地看着艾森豪威尔喜滋滋地登上飞机。艾森豪威尔爬上“野马”式战斗机后，露头一笑，说了一句：“好吧，我不飞往柏林。”

然而，艾森豪威尔食言了。在他的授意下，飞机飞越了德军防线，《纽约时报》还为此专门采写了一篇特别报道《艾森豪威尔飞越纳粹防线》，读过该文的人无不为他的举动捏了一把汗。

回到军营后，艾森豪威尔思绪万千，反复思考迅速结束战争的方法。特德与史密斯都对他说，这完全是蒙哥马利的过错。他们坚持让艾森豪威尔迫使蒙哥马利采取行动。特德埋怨说，蒙哥马利不公正地将他的失败归咎于空军；他还说“陆军看来没准备自己去打仗”。艾森豪威尔写信给蒙哥马利，但是口气太软，好像是陈述希望达到的目标，而不是下达坚决的命令，所以不能迫使蒙哥马利采取行动。

艾森豪威尔只得去找丘吉尔，他对丘吉尔说蒙哥马利裹足不前，请丘吉尔“说服蒙哥马利骑上自行车开始蹬着走”。丘吉尔照做了，蒙哥马利答应在 7 月 9 日“大显身手”，但他要求得到轰炸机的全力支持。结果，进攻失败了。7 月 10 日，蒙哥马利停止了进攻。布彻说，艾森豪威尔和特德都“闷闷不乐”。巴顿也是如此。他是作为观察员来到诺曼底的。7 月 12 日，巴顿在日记中评述道：“艾克被英国人束缚着手脚，却还不自知。可怜的人！我们事实上没有最高统帅——没有人可以说了算，该这样干，不应该那样干。”在远征军最高司令部，人们普遍不安地意识到艾森豪威尔根本管不了蒙哥马利。

7 月 12 日，蒙哥马利对艾森豪威尔提及另一次代号为“快活林”的攻势。在要求将空军的全部力量投入战斗时，他说，“我的整个东翼将变成一片火海”。他期望得到真正骇人的轰炸——1676 架重型轰炸机、343 架中型轰炸机，投下 7700 吨炸弹，这是“支持地面部队从来没有过的，最大规模、最集中的空中攻击”。后来蒙哥马利说，艾森豪威尔完全误解了“快活林”的目标，他根本不想像艾森豪威尔所理解的那样从左翼突破，而只是想把德军的装甲部队牵制在他的战线上，从而让布莱德雷从右翼突破。但是，在这个灌木丛生的国家，德军并不比美军更会使用坦克。

另外，在“快活林”战役开始前 4 天，艾森豪威尔答应蒙哥马利，布莱德雷将“使他的部队拼命战斗”，阻止德军把部队从西翼调到东翼。艾森豪威尔还说：“看到你取得胜利，我一点也不会感到惊奇，你的胜利将让一些‘旧的经典战例’看起来就像是巡逻队之间的小冲突。”所以，蒙哥马利有充分的时间告诉艾森豪威尔，他将事情搞反了，“快活林”的目标是支援布莱德雷，而不是相反；他没有这样做，这足以证明，蒙哥马利实际上认为“快活林”战役将决定性地打开通往巴黎的捷径。但是，蒙哥马利极力地夸大“快活林”战役的目标，主要是因为他了解到，要求艾森豪威尔将他免职的压力正在日益增加。在远征军最高司令部，人们都在窃窃私语：“假如蒙哥马利被解职，应由谁来接任？”

对艾森豪威尔来说，将蒙哥马利解职根本不是什么好办法，因为蒙哥马利在英军和英国公众中颇孚众望，且为布鲁克所钦佩。更重要的是，艾森豪威尔根本无权撤销一个英国高级军官的职务。他没有其他办法，只能和这位难以共事、容易发火的英国将领合作。对蒙哥马利地位的真正威胁是，特德建议艾森豪威尔将总部迁到诺曼底，并且亲自指挥地面战斗。所以，蒙哥马利发动了“快活林”战役，目的是将艾森豪威尔拖在英国，这样他就能指挥地面战斗了。

7 月 18 日，“快活林”战役打响了。在开始阶段，凭借空军的大规模轰炸，英军进展顺利；但蒙哥马利在损失 401 辆坦克、伤亡 2600 人后，停止了进攻。英第 2 集团军已经攻占卡昂，占领了 7 平方英里的土地，使德军遭受重大伤亡，但这根本不像是一次突破。蒙哥马利宣布，他对战果感到满意。

艾森豪威尔却脸色铁青，大发雷霆，花了 7000 多吨炸弹，才占领 7 平方英里的土地，等于每平方英里要付出 1000 吨炸弹的代价，假如这样，盟军将很难越过法国。特德斥责蒙哥马利要对英军这次失败负责。远征军最高司令部的军官们嚷着，为什么不将蒙哥马利封为贵族，送进上议院，或者让他当马耳他总督。战后，艾森豪威尔说最高统帅的权力应当更大些，应有权把任何一名部下免职，不管他是哪一国的。当然，即使艾森豪威尔在1944年拥有这样的权力，他也不会使用。他对士气方面的因素极为敏感，知道蒙哥马利很受欢迎，因而不想要求蒙哥马利辞职。但特德十分生气，他想自己来提出要求。

7月21日，也就是蒙哥马利停止“快活林”战役当天，盟军获悉德军最高统帅部有人在头一天企图谋害希特勒。特德说，“蒙哥马利没能更早一些采取行动，使我们失掉了因谋害希特勒而提供的机会”。他还说：“将我的观点写成文，递交英国参谋部。我告诉艾森豪威尔，他自己的人会认为，假如他继续迁就蒙哥马利，他就将他们出卖给了英国人。”在7月21日史密斯主持的上午例会上，特德说，为了摧毁德军的导弹发射场，盟军必须马上向加来海峡挺进，这是极为紧迫的事情。史密斯叹了口气说：“事实上，我们不会很快就到那里。”特德愤愤地说：“假如这样，我们必须将我们的领导人撤换成能让我们赶到那里的人。”在史密斯与特德的要求下，艾森豪威尔写了一封信给蒙哥马利。他说，“时间就是生命”，以此催促蒙哥马利加快进攻。

许多美国军官觉得，蒙哥马利之所以踌躇不前，是因为英国人力紧张，无法再补充第2集团军的人员损失，所以承担不起一次全面进攻所带来的伤亡代价。艾森豪威尔辩解说，现在发动进攻从长远来看可以减少伤亡，并说明美国在欧洲的部队最终会比英国多，“然而在我们部队的数量上相等时，我们必须并肩前进，共享荣誉与分担牺牲”。特德当天下午看到艾森豪威尔这封信的副本后，很不高兴。他评述道，这封信的口气不够强硬，蒙哥马利能避而不答，因为其中缺少命令。大家都情绪沮丧，动不动就发脾气。经过7个星期的作战，盟军突入内陆最深处仅40～48公里。仅有的128公里战线，使部队运动缺少足够的空间，无法把在英国待命的美军运到这里来。

到7月23日为止，在诺曼底登陆的美军总兵力达77万人，其中第1集团军死伤7.3万人。登陆的英、加军队为59.1万人，死伤4.9万人。

德军在诺曼底部署了26个师，其中6个为装甲师，用以阻击盟国远征军的34个师。盟军虽然处于攻势，但并没有占据多少地面优势。此外，德第5集团军仍然毫发无损地驻守在加来海峡。

盟军的优势是继续掌握着制空权。布莱德雷计划在“眼镜蛇”行动中利用空中力量来突破德军的防线。一旦行动取得成功，艾森豪威尔将马上从英国调来援军，正式组建巴顿的第5集团军，并派往布列塔尼，夺取那里的港口。

根据计划，“眼镜蛇”行动将于7月21日开始。这一天，天空浓云密布，艾森豪威尔乘坐B－25轰炸机前往诺曼底，打算亲自见证这次行动。但是，他到达时却大雨倾盆。布莱德雷告诉他，进攻已经推迟。第二天，雨还在下，艾森豪威尔只得飞回伦敦。7月24日，他发电报给布莱德雷，催促他在天气允许的时候全力出击。实际上，布莱德雷与蒙哥马利恰恰相反，基本上不需要别人的催促。艾森豪威尔要求第2集团军在“眼镜蛇”行动开始时发动攻击。因此，他给布莱德雷发完电报后，马上飞往蒙哥马利的司令部。

蒙哥马利和布鲁克对这一切十分反感。布鲁克给蒙哥马利写信时说：“很显然，艾克觉得（指挥第2集团军的）迈尔斯·登普西将军未能恪尽职守。同样，我们也可以看出艾克根本不了解战争。”英国军官一致认为，艾森豪威尔不知道“平衡”这个概念。蒙哥马利认为，如果大家都参与进攻，也就意味着没有一支部队有能力实现决定性的突破或是扩大战果。特德对艾森豪威尔也有所不满，但他并不同意蒙哥马利和布鲁克的意见。

7月25日上午，盟军开始实施“眼镜蛇”行动。上午9点40分，美第1集团军开始发动进攻。布莱德雷利用空军的1500架重型轰炸机、380架轻型轰炸机、550架战斗轰炸机，对德军阵地进行了地毯式的猛烈轰炸，先后投下4700吨炸弹和燃烧弹。圣洛地区硝烟弥漫，变成了一片火海，德军伤亡惨重，几乎无力还击。

不幸的是，由于美军飞行员在空中判断目标时出现失误，使美军的部队也蒙受了误伤带来的损失，先后被己方的炸弹炸死111人、炸伤490人，正在前线视察的麦克奈尔将军也被炸死了。这使布莱德雷十分紧张，一度想要停止“眼镜蛇”行动。但是，如果再次推迟进攻，德军必将加强圣洛地域的防御，影响盟军今后的作战行动。因此，布莱德雷决定继续采取行动。

事实证明，这是一个正确的决定。盟军空军取得了辉煌的战果。航空兵投下的高爆炸弹、燃烧弹和杀伤弹，至少炸死了德军 1000 名官兵，并基本上消灭了德军装甲师，德军士气一落千丈。

7 月 26 日，美军的 2 个装甲师开始投入战斗，第 5、第 8 军分别从左右两翼成梯队向前进。柯林斯的第 7 军在关键地段发挥了重要作用。由于前进的道路上有不少地雷和险境，美装甲部队采用迂回战术，迅速取得了突破，残余之敌也被步兵师消灭了。

艾森豪威尔对战事的发展非常满意，他鼓励布莱德雷：“你们需要的物资已经堆积如山，你们必须使德军一刻也不能喘息，直到达到我们的目的。”

至 7 月 27 日，柯林斯已经推进到古当斯，而在其右翼的第 8 军，也攻克了格朗维尔和阿弗朗什。德军的防御全线崩溃，美军突破德军的防线，向前推进了 15～20 公里。布莱德雷的部队也已经切入敌阵，很快就将取得突破性的胜利。维尔河以西的德军在撤退时慌不择路，把公路挤得水泄不通。当盟军的飞机前来轰炸时，德军伤亡惨重，扔下大量尸体。

艾森豪威尔意识到，法国的战争已经进入关键时刻，是把巴顿的部队紧急调到欧洲大陆扩大战果的时候了。于是，他一面命令布莱德雷继续前进，一面继续对蒙哥马利施加压力。7 月 28 日，他致电蒙哥马利：“时间对我从来没有这样重要过。我们不应等待天气或诸事齐备……我强烈地感觉到，现在用 3 个师进攻比 5 天后用 6 个师进攻更为有利。”他催促蒙哥马利一个小时也不要浪费。蒙哥马利也开始有了迫切感，下令部队不顾一切，“不怕伤亡，加紧活动”“必须随时随地尽可能骚扰、攻击、袭击敌人”。

7 月 30 日，美装甲部队向前挺进了 60 公里，到达半岛底部的阿弗朗什。7 月 31 日，美第 1 集团军前进至塞纳河地区。至此，美军已经向南推进了60公里。

作为一次成功的突进、突击和突破，“眼镜蛇”行动成为诺曼底登陆战役的一个重要转折点，从此，局势的天平开始大幅向美军倾斜。

为了推动战局发展，乘胜扩大战果，艾森豪威尔决定在8月1日组建巴顿的第3集团军。考特尼·霍奇斯将军接任美第1集团军司令，布莱德雷升任由第1、第3两个集团军组成的第12集团军群司令。在远征军最高司令部在欧洲大陆设立前进指挥所之前，布莱德雷将继续接受蒙哥马利的指挥，但实际上是在艾森豪威尔的直接指挥下战斗。

8月1日，巴顿进军神速，很快突破布列塔尼。两军对峙的噩梦终于结束了。8月2日午饭前，布彻在布歇公园的大厅里见到了艾森豪威尔，只见他笑容满面地说：“如果截获的情报正确，我们攻下了布列塔尼，把诺曼底的敌人打得落花流水。”

8月7日，艾森豪威尔在诺曼底设立了前进指挥所，并与布莱德雷见了面。经过商议，他们决定除派少数兵力驻守莫尔坦外，其余所有师迅速向南挺进。他们用美军炮兵部队巩固两翼，并调来了战斗轰炸机。

盟军在莫尔坦的冒险获得了回报。第30师在经典的防御战中守住了阵地，而盟军的飞机和大炮重创了德军的坦克部队。8月9日，德军停止了反攻。加拿大军和巴顿的部队即将对德军构成包围。盟军的攻势全面展开了。所有部队密切配合，全力消灭德第5、第7坦克集团军。这两部分德军都位于巨大的突出部，北面是莫尔坦，最南面位于法莱斯－阿让唐一线。

但是，加拿大军队进攻缓慢。而巴顿因没有遇到顽强的抵抗，一路势如破竹。到8月10日，德军基本被包围了，巴顿只给德军留下一条补给线，其余道路全部切断。8月12日，巴顿的先头部队抵达阿让唐，此时加拿大军队还没有攻下法莱斯。

巴顿求胜心切，一心想要穿过集团军的边界线，把缺口堵死。他打电话给布莱德雷，恳求道：“请让我向法莱斯进军。我们可以把德军赶下海去，重演敦刻尔克那一幕。”但布莱德雷没有同意，他认为巴顿没有足够的能力挡住突围的德军。另外，他认为加拿大军队能够合围。

8 月 13 日，盟军即将完成合围，艾森豪威尔号召盟军要全力以赴。这天他发布了一道罕见的动员令，以激励盟军将士。他说：“只有以无比的热情、决心和快速行动，才能抓住机会。”如果人人都恪尽职守，“我们能使这个星期成为这场战争中最具影响的时刻——对我们而言，这是光明的、富有成果的一个星期，而对野心勃勃的纳粹专制分子而言，则是毁灭性的一周。”

与此同时，艾森豪威尔已经打算开始一次新的行动。从 6 月份开始到现在，他与丘吉尔进行了最长、最持久的争论，争论的主题是“铁砧”行动，即在法国南部的登陆行动。早在这年春天，因为登陆艇的问题，艾森豪威尔同意推迟“铁砧”行动，但是仅以这一个战役作为谅解。这意味着取消 6 月 5 日占领罗马后，在意大利其他地区发动攻势。6 月初，艾森豪威尔建议在马赛港登陆。但丘吉尔不同意，他要求取消“铁砧”行动，赞成继续在意大利和亚得里亚海作战。争论的焦点是，继续实施“铁砧”行动是否明智。“铁砧”行动当时已改为“龙骑兵”行动，这是雅各布·德弗斯①将军的部队进攻法国南部的军事行动的代号。

据艾森豪威尔说，在计划这个进攻方案时，最初的理由之一是想再得到一个港口，使在美国已准备就绪的增援师能由此迅速攻入欧洲。丘吉尔认为，盟国远征军已经得到了及时使用布列塔尼半岛各港口的保证，当时还在地中海战区的部队可以经由布列塔尼岛进入，或者可以把他们更适当地用于意大利战役，以便最后通过亚得里亚海的顶部进攻巴尔干国家。

艾森豪威尔反对任何改变，由于美国陆军参谋部按照惯例，拒绝干预战地司令官做出的决定，因此他与丘吉尔直接进行了辩论。双方互不让步，各自陈述了自己的论点。丘吉尔连珠炮似的阐述了英方的立场。

面对丘吉尔的挑战，艾森豪威尔毫不让步，心平气和地、详尽地陈

---

① 雅各布·德弗斯（1887—1979）：美国陆军上将。“二战”期间任盟军地中海战区副司令、第 6 集团军群司令。

述了自己的意见。他说："过去的经验证明，我们可能会对布列塔尼各港口的使用大为失望。我们不但预料到敌人会进行顽抗，而且我们断定，一旦我们攻占这些港口，它们将被有效地破坏。我们预料马赛港不会遭到如此严重的破坏，因为我们知道敌人的防御部队大部分为抵抗我军进攻已往北调动。我们应当迅速夺取马赛港，不让敌人有更多时间去进行破坏。"

双方争执不下，丘吉尔坚持自己的论点，还为从南方进攻的部队描绘了一幅血淋淋的惨景。他肯定那支部队为摧毁沿海防御会苦战好几个星期，并担心在 3 个月内向北进展不会超过里昂。他认为盟军将会遭受巨大的损失，并且坚决认为这个地区的战场只会成为另一个安齐奥。艾森豪威尔反驳说："很可能首相并不相信我们情报部门的可靠性，但是我们相信，除了大部分不能调动的师外，很少德国部队留在南方。因此，我们断定，德国的防御外壳很快会被捅破，而德弗斯的部队将会以迅速的步伐向北推进。"

美国陆军参谋长马歇尔对丘吉尔阻挠"铁砧"行动十分恼火。他发了一个被陆军部部长史汀生描述为"撕裂者"的电报给英国三军参谋长会议。丘吉尔也给罗斯福总统发了一个毫不逊色的电报，说："我们首先希望的是，以最快的速度和最有效的方式帮助艾森豪威尔将军，但我们不认为这就必然要牵涉完全毁坏我们在地中海的伟大事业，我们对此感到关切。"他认为"铁砧"行动对诺曼底的盟国远征军不会有什么帮助。但是，艾森豪威尔坚持认为，该行动会有所帮助，不仅可以对在法国的德军施加额外压力，更重要的是可以打开法国最优质港口之一的马赛港，把其余的美国和法国师投入战斗，这是诺曼底那些堵塞的港口所不及的。

罗斯福当天复电，毫不含糊地支持美国参谋长联席会议关于"铁砧"计划要在 8 月中旬开始行动的要求，并拒绝了丘吉尔向巴尔干推进的计划。罗斯福说："我确实相信，我们应当加强我们行动的统一，而不是去分散它。"当晚，丘吉尔在一篇长得惊人的备忘录中，又对罗斯福进行了回击。与此同时，英国三军参谋长会议在一封补充电报中指出，如果放弃“铁砧”行动，亚历山大就有机会消灭德军元帅凯塞林在意大利的全部军队。他们还尖锐地补充道：“我们承认，艾森豪威尔将军对‘霸王’行动的成功负有责任，但我们不能承认他对整个欧洲战略有任何责任，这种责任必须留给盟军参谋长联席会议，而不能委托给任何一个总司令。”

罗斯福看出争论已经激化，于是发了个电报给丘吉尔，想进行调解。他力图说服丘吉尔不要改变在法国南部的登陆计划。他提醒这位首相说，他们两人都曾在德黑兰向斯大林谈到“铁砧”计划，暗示在下次的美国总统大选中，他有可能由于这个问题而招致失败。罗斯福要求道：“我亲爱的朋友，我请求你让我们按照既定的计划行动。”他还说：“由于这是纯粹从政治上考虑问题，即使让‘铁砧’计划产生轻微的影响，我们也难以向全世界人民交代。”

丘吉尔拒绝罗斯福的这些道理。双方电报来往频繁，相互进一步申述自己的意见。丘吉尔听不进别人的意见，他一心想的是在巴尔干的推进。他答复罗斯福说：“把地中海战役分割成两个部分行动，结果将是哪一个都不会产生决定性的作用。而以我的愚见看来，对此所造成的重大战略和政治上的失误，我们都不得不承担责任。”

丘吉尔再次要求艾森豪威尔把“铁砧”行动（后改名为“龙骑兵”行动）的地点从马赛改为布勒斯特。他说，这样做的最大好处不仅是参加“龙骑兵”行动的部队能在法国西北部做出贡献，而且亚历山大在意大利的部队消耗会比较小，仍有可能在冬季前推进到的里雅斯特。但这是一个荒唐的建议，“龙骑兵”行动要在 11 天内进行，而丘吉尔提议把这次战役的地点移动 2500 公里左右，超出了空军掩护的范围。

丘吉尔夸夸其谈，他说历史将表明，艾森豪威尔如果不把“龙骑兵”行动的地点从法国南部移向布勒斯特，他就会失去一个绝佳的机会。艾森豪威尔喃喃自语说，要改变已经太晚了。但正是这样的论点使丘吉尔很不耐烦。他愤愤不平地说，美国扮演着一个“有实力的咄咄逼人的伙伴”角色，而不是去了解英国的立场，美国“对英国的利益无动于衷”。

丘吉尔一语道破了这一问题的奥秘。他最初以各种理由反对“霸王”行动，如今又反对“龙骑兵”行动，目的就是拖延战争的进程，让苏联红军和德国军队去死拼，而他却利用远征军去攫取战后在巴尔干各国的特殊利益。

这位英国首相还断言，“龙骑兵”计划只能使戴高乐从中得到好处。同时，他把在意大利的亚历山大将军描述为几乎要掉眼泪的样子，并抱怨说：“‘龙骑兵’行动的幽灵正严重地威胁着前线的战斗。”最后，丘吉尔又一本正经地说：“尽管如此，如果盟军参谋长联席会议下令‘龙骑兵’计划必须进行，英国将会照办，但这是在严重抗议下的照办。”

艾森豪威尔对丘吉尔这一明智的屈服感到高兴。

按照预定计划，8 月 15 日，“龙骑兵”行动开始了。盟国远征军沿罗讷河谷向北挺进，只遇到了轻微的抵抗。8 月 24 日，帕奇的部队解放了法国东南部城市格勒诺布尔。8 月 28 日，法国军队夺取了马赛及其港口。到 9 月 12 日，龙骑兵部队已经和在第戎附近的巴顿第 3 集团军连接上了，从而形成了艾森豪威尔的第 3 个集团军群——第 6 集团军群，由杰克·德弗斯中将担任司令。

“龙骑兵”行动的最大效益是能使用马赛的港口设施。从 1944 年 9 月到 12 月，马赛港卸下的物资比盟国远征军最高司令部所拥有的任何其他港口都要多。1944 年最后三个月，盟军在欧洲卸下占总数三分之一以上的补给品，就是通过法国南部进行的。直到 1945 年 1 月，安特卫普①才取代马赛港，成为盟国远征军的主要港口。但在当时最后一次战役中，将近四分之一用来攻击德国的武器和弹药，是通过马赛港运进欧洲的。

与蒙哥马利之争

在英、美之间就“铁砧”行动发生争论的同时，蒙哥马利突然向艾森豪威尔提出，他应继续保持整个战役中的全部地面部队的战术协调

① 安特卫普：位于比利时西北部斯海尔德河畔，是比利时最大港口和重要工业城市。

控制权。艾森豪威尔断然拒绝了他：“这是不可能的。”尤其是考虑到蒙哥马利要保持对他自己集团军群的直接指挥。艾森豪威尔和他的参谋人员都认为这个提议是离奇的。盟军内部人员为夺取胜利的荣誉也在进行激烈争吵。

1944 年 9 月 1 日，丘吉尔宣布将蒙哥马利晋升为陆军元帅。这样一来，最高统帅艾森豪威尔的军衔（四星）反而比蒙哥马利的军衔（五星）低。对于蒙哥马利，艾森豪威尔是这样评论的：“蒙哥马利不仅是我非常亲密的朋友，而且与我并肩工作了 2 年。我对他非常钦佩，他是这次战争或任何一次战争中的伟大战士。”

英、美各国的媒体普遍认为，蒙哥马利是一个战斗力强，但同时虚荣心也很强、以我为中心、难以相处的将军。因此，蒙哥马利并不受其同僚的尊敬。一个美国参谋说：“他不是一个很机智的人，他孤朋寡友，对人冷淡，目中无人，他得到不列颠皇家军队所能授予的最高职位乃是命中注定。”与艾森豪威尔不同，蒙哥马利为人冷漠，服饰特别，不为他的部下所谅解；他喜欢周围的年轻参谋为他捧场；他渴望荣誉，追求名声。他的态度，他那圆润的嗓音，他的傲慢自大和贪婪的权力欲，不可避免地激起了西点军校的将军们的怒火。

英国历史学家戴维·欧文①说，蒙哥马利是一个不顾传统的军官，不太尊重陆军部。他演说时，不仅不准听众吸烟，而且不许咳嗽。他是个严肃，勇于献身，却又古怪的人，处理钱财的方式更是奇特。有一次，他把军用地产租给一个集市商场主，以筹措资金改善驻军生活。他的慷慨仅仅是不痛不痒的善举。一家肿瘤医院递送一份请求资助的申请书，蒙哥马利仅赠给医院一张陆军慰问基金会名下的 25 英镑的支票。

但无论人们如何诟病蒙哥马利，都不能否认他是一位能征善战的将军。他在非洲打败过大名鼎鼎的隆美尔，他似乎不怕任何人，其中包括

---

① 戴维·欧文：研究纳粹第三帝国历史的专家，但他一贯发表否定大屠杀的言论，在全世界声名狼藉。在其遭受唾弃的《希特勒的战争》一书中，他公开质疑反犹大屠杀。

1944 年，盟军最高统帅艾森豪威尔和英国陆军上将蒙哥马利在法国诺曼底军营

英国首相丘吉尔。

在诺曼底登陆日之前 3 个星期，当丘吉尔来到索斯威克庄园想讨论一下登陆部队的运送问题时，这位注重礼节的将军“准备宽恕”只穿便服的丘吉尔，但不能原谅他的干扰。他沉思了一会儿，拉住丘吉尔说：“阁下，我知道您想和我的参谋们讨论如何调遣士兵去登陆，我不能容许您这样做。参谋们跟我商量，我做出最后决定。无论如何，我不能容许您在这种时候去打扰我的参谋们，这样可能会动摇他们对我的信任。您可以和我争论，但不要和我的参谋们讨论。”随之而来的是一阵尴尬的沉默。接着，蒙哥马利带丘吉尔到邻屋去会见他的参谋们。丘吉尔明白自己陷入了难堪的境地。他愤然对军官们说：“我未被准许与诸君作任何讨论。”后来，他在蒙哥马利的纪念册上题了几行赞美之辞：

“在这几页题词所涉及的最伟大的冒险临近的时刻，谨记下我的信心，我相信一切良好，陆军的组织和装备都与英勇的战士及他们天才的指挥官相称。”

与蒙哥马利相比，人们显然更喜欢艾森豪威尔，至少他很有亲和力。艾森豪威尔不喜欢浑身是刺、爱摆架子的蒙哥马利，只是为了顾全大局而加以迁就，实际上，他心里是不愿意在战役发动初期由英国人来指挥地面部队的。艾森豪威尔的任职，对英国人的自尊心来说，已经是一服难以咽下的苦药。艾森豪威尔就任时，曾对英军总参谋长布鲁克说，他更喜欢亚历山大将军。布鲁克怀疑这是因为艾森豪威尔害怕驾驭不了反复无常的蒙哥马利。

在工作过程中，由于蒙哥马利总是提出一些非分的要求，艾森豪威尔和他的关系一直在矛盾与妥协中艰难地发展着。

尽管艾森豪威尔对这位刺头将军表现出宽容、仁慈，但蒙哥马利依然桀骜不驯。他越来越暴躁地指责艾森豪威尔在军事上指挥无能。他认为，艾森豪威尔不会任命一位指挥官来指挥进军鲁尔的战斗。他说，艾森豪威尔力图“通过冗长的电报”，坐在最高统帅部里指挥一切。他用他的派克－51 型自来水笔在淡蓝色的信纸上写信批评艾森豪威尔。以往他们的书信的基调总是彬彬有礼，只有在情况严重时才略带急躁情绪。当这种潜藏的刻薄情绪达到非常严重的程度时，蒙哥马利就在信末这样写道：“您最忠实的朋友，蒙哥马利。”

1944 年 8 月 19 日，艾森豪威尔告诉蒙哥马利和布莱德雷，他打算在盟国远征军最高司令部于法国设立具有适当通信设备的前进指挥所后，立即亲自指挥陆地作战。同时，他还拟订了一个作战计划，蒙哥马利的第 21 集团军群向东北，朝安特卫普和鲁尔进发；布莱德雷和巴顿的第 12 集团军群则从巴黎向东直指梅斯。

蒙哥马利对这一安排大为恼火，于 8 月 22 日派他的参谋长去见艾森豪威尔，对这两个决定提出抗议。蒙哥马利强调，他应继续保持整个战役中全部地面部队的战术协调控制权，“在取得巨大胜利之后，现在来改变指挥系统，会延长战争时间”。但是，艾森豪威尔断然拒绝了他

1944 年，法国卡尔瓦多斯省，艾森豪威尔和美军军官一起登上水陆两栖装甲车

的要求。

蒙哥马利并不死心，他邀请艾森豪威尔第二天到他设在贡德的司令部共进午餐，讨论未来的作战问题。会谈开始前，蒙哥马利就给了这位盟国远征军总司令一个下马威，拒绝让艾森豪威尔的参谋长史密斯入内，只和艾森豪威尔单独会谈。蒙哥马利摆出一副十足的绅士派头，站在地图面前，双腿叉开，背着手，昂着头，阐述他的“高见”。他建议由他的第 21 集团军群单独向鲁尔地区进攻，布莱德雷的部队担任支援任务。否则，结果将会失败。他还对艾森豪威尔说，他“不应降格参与陆地作战而成为一名地面部队的总司令”，最高统帅“应高瞻远瞩，以便不偏不倚地观察整个复杂的问题”，而由别人替他指挥陆地作战。

这已经不是蒙哥马利第一次给艾森豪威尔难堪了。出于对他的尊重，艾森豪威尔平静而坚定地解释说，由于马歇尔的坚持和美国公众的意见，他必须指挥陆地作战。他甚至说，如果美国公众认为布莱德雷比他更能胜任这一工作，他愿意在布莱德雷的领导下工作。他打算在 9 月

1 日交接指挥权。

蒙哥马利见不能动摇艾森豪威尔对指挥问题的决心，于是便转移到实际问题上来。他要求巴顿按兵不动，空降集团军和第 1 集团军归他领导，并能优先得到一切可以得到的补给品，以便由他越过加来海峡，向安特卫普和布鲁塞尔挺进，直捣鲁尔。经过多次争论，艾森豪威尔作了某些让步。蒙哥马利得到了指挥空降集团军以及在第 21 集团军群右翼和布莱德雷的左翼之间，“有进行必要的作战协调权力”。此外，第 21 集团军群将优先得到补给品。

艾森豪威尔安抚蒙哥马利的做法，使布莱德雷和巴顿大为不满。布莱德雷气得快要发疯了，他大声嚷道：“这算什么最高统帅！”巴顿则非常厌恶地指出，蒙哥马利“有办法舞动如簧之舌使艾克接受他的思想方法”。巴顿还向布莱德雷建议以辞职来威胁蒙哥马利：“我认为这样摊牌后，我们会取胜，因为艾克不敢将我们解职。”但是，布莱德雷不愿这么做，他劝巴顿要顾全大局，不要影响两国之间的关系。

很快，巴顿采取了某些行动。由于巴顿以其独特的性格在后勤补给部队的黑人士兵中颇有声望，于是，一个汽车连替他偷到了一些准备供给其他部队的汽油。很快，他又自行其是，开始了他“旋风”式的进攻。

巴顿越过默兹河，向巴黎以东推进了 160 多公里。这时，他的汽油用完了，但他还想继续推进。

9 月 2 日，艾森豪威尔到凡尔赛去见布莱德雷、霍奇斯①和巴顿，讨论未来作战问题。会见之前，艾森豪威尔表示要狠狠地批评巴顿，因为巴顿把战线拉得太长，造成了补给困难。但是，巴顿抓住机会先高兴地告诉艾森豪威尔，他已经在摩泽尔——夸大地说——在梅斯巡逻，“艾克，如果你让我得到正常分配的吨数，我能推进到德国边界，并突

---

① 考特尼·霍奇斯（1887—1966）：美国陆军上将，“二战”时期历任第 3、第 1 集团军司令。参加了诺曼底登陆战役、解放巴黎战役、阿登战役、莱茵河中游左岸战役等。

1944 年 9 月 1 日，盟军最高统帅艾森豪威尔访问巴黎，和布莱德雷（左）、法国将领柯尼克（右）、英国空军元帅泰德在凯旋门下合影

破那条该死的‘齐格菲防线[①]’，我愿意以我的名誉打赌”。

艾森豪威尔尽管对巴顿的进展感到很高兴，但他还是提醒巴顿：“小心点！你的名誉值不了多少钱！”“我的名誉现在不错啊！”巴顿嬉皮笑脸地回答，“我的部队在前方，机会好得不能再好了。希望阁下开恩，同意拨给第 3 集团军额外的汽油，保障我的军队继续前进！”经过讨价还价，艾森豪威尔允许巴顿继续向曼海姆和法兰克福进攻。

9 月 7 日，蒙哥马利抗议自己没有优先得到补给，并列举了与物资

① 齐格菲防线：是纳粹德国在第二次世界大战开始前，在其西部边境地区构筑的对抗法国马其诺防线的筑垒体系。防线从德国靠近荷兰边境的克莱沃起，沿着与比利时、卢森堡、法国接壤的边境延伸至瑞士巴塞尔，全长 630 公里。

短缺相关的事实及数据，然后说：“在这份电报中，很难把事情解释清楚。”他问艾森豪威尔能不能来见他。这正是蒙哥马利的一贯风格。他从未意识到自己才是提出需求的人。他经常收到会议邀请，但在整个战役中，他只到盟国远征军司令部看过艾森豪威尔一次。他总是坚持让艾森豪威尔过来见他。

这一次他的要求尤其过分，因为艾森豪威尔刚伤了膝盖，行走不便。事故发生在 9 月 2 日。当时艾森豪威尔在凡尔赛会见布莱德雷和巴顿后，返回格朗维尔。途中，他乘坐的 L-5 小型飞机遇到了暴风雨，汽油也快用完了，只好在沙滩上迫降。艾森豪威尔跳下来帮助驾驶员把飞机推出沙坑，不料却扭伤了膝盖。幸好一辆路过的美军吉普车发现了他们，这才把他们送到格朗维尔。艾森豪威尔的伤势比较严重，膝盖红肿，几乎无法动弹。医生给他的膝盖打上了石膏，要求他卧床一个星期。

蒙哥马利明明知道艾森豪威尔的伤势，但仍坚持要艾森豪威尔前来布鲁塞尔和他会见，而不是他到格朗维尔去。

9 月 10 日下午，艾森豪威尔飞抵布鲁塞尔。他没有走下飞机，而是在自己的座机中举行了会议。然而，作为下级的蒙哥马利一登上飞机，就从口袋里拿出艾森豪威尔最近的指示，挥舞着手臂，激烈地把计划骂得一文不值，并指责总司令欺骗他。蒙哥马利声音很大，甚至恶毒地攻击是巴顿而不是艾森豪威尔在指挥战争，要求把地面指挥权归还给他，并宣称两面出击最后将导致失败。

在蒙哥马利大喊大叫之际，艾森豪威尔默不作声。当蒙哥马利第一次停下来换口气的时候，艾森豪威尔直起了身子，把手按在自己的膝盖上说：“冷静点，蒙蒂！你不能这样对我说话，我是你的上级。”

蒙哥马利嘟囔着说了几句道歉的话，但紧接着又提出了“单一冲击”计划，即在单一司令官的指挥下，集中第 12、第 21 集团军群的 40 个师，以优势兵力向北发动大规模进攻，横扫日趋崩溃的德军，从阿登高原北面侧翼打过去，迅速占领鲁尔地区，最终夺取柏林。

艾森豪威尔断然拒绝了这一计划，因为这与他推行的全线挺进、全面出击的“宽大正面”战略相悖。他反复说明，应该首先逼近莱茵河，摆开阵势，正面横渡莱茵河，之后才能将兵力用于一个进攻方向。经过一阵激烈的争吵和讨价还价，艾森豪威尔终于同意了蒙哥马利提出的一项代号为“市场－花园”的计划。

按照计划，“市场－花园”行动分为两个部分：首先是“市场”行动，计划使用空降部队组成“地毯式”进攻；接着是“花园”行动，由英第30军参加，皇家禁卫装甲师作为先头突击部队，计划沿着空降部队开辟的道路前进。最终目标是夺取位于荷兰境内、莱茵河下游阿纳姆[①]的一座桥头堡。

在此之前，艾森豪威尔也曾想过动用大规模的空降部队作战，但因种种压力而被迫放弃，这次蒙哥马利主动提了出来，他也想利用这次机会检验一下空降部队的威力。同时，他也想通过对阿纳姆的进攻，来减轻来自英国国内关于摧毁V－2导弹发射场的迫切要求。

但是，“市场－花园”行动有着明显的缺点。它是从比利时和德国的边境向北，而不是向东推进，这就使英第2集团军和第1集团军之间出现一个缺口。霍奇斯不得不调动部队来堵住这个缺口，但这样一来，各支部队的距离拉得更开了，战线也比以前更为宽阔。同时，由于德军仍然控制着斯凯尔特河河口，安特卫普港虽然已被加拿大军队占领，但仍无法投入使用。

行动开始之前，蒙哥马利给艾森豪威尔发了一份电报，声称由于补给问题，他将把这次行动从9月17日推迟到9月26日。艾森豪威尔闻讯，只得答应从美军各卡车连队和战区空运补给中，每天拨给他1000吨物资。于是，蒙哥马利又把作战时间重新改回9月17日。

9月17日，“市场－花园”行动开始了。3个空降师按时空投下去，到午夜时分，美第101、第82空降师在埃因霍恩和内伊梅根附近的预定区域站稳了脚跟。但英国第1“红色魔鬼”空降师却偏离了目标——空投在埃因霍恩以西近12公里的地方，失去了突然袭击的效果。尽管如

① 阿纳姆：荷兰东部城市，海尔德兰省首府，莱茵河下游河港。

此，这个师还是在当天白天占领了埃因霍恩公路大桥的北端。

紧接着的“市场－花园”行动就没有这么顺利了。英第30军遇到了激烈的抵抗。原来，德国陆军元帅沃尔特·莫德尔[①]接任司令官后，在短短的时间内，极其有效地重新组织了部队。他在埃因霍恩集结了一支由伞兵和党卫军装甲部队组成的相当可观的部队。

经过一个星期的激战，由于缺少足够的后勤支援，加上恶劣的天气，盟军的防守地区被压缩到一个大约只有1平方公里的地域。

9月20日，艾森豪威尔在凡尔赛召开了自预定发起进攻日以来最大的一次会议，有23位将军、海军上将和空军元帅出席。事实上，盟国远征军中的重要人物，除蒙哥马利由他的参谋长弗雷迪·德·甘冈代表外，全都出席了。这位傲慢的英国元帅知道，他的所作所为不能说服别人，尤其是在有敌对情绪的凡尔赛的一班人中，几乎没有人对他怀有良好的印象。他的霸道作风引起了远征军将领们的强烈不满。

在离开办公室去会议室前，艾森豪威尔口授了一封给蒙哥马利的信，传达了这样的决定：“我坚持认为安特卫普港是很重要的。占领安特卫普是最后进军德国的先决条件。”他要求蒙哥马利给加拿大部队为打开安特卫普港所需的一切，其中包括全部空军力量和他们所使用的一切其他武器。但蒙哥马利对艾森豪威尔的命令置若罔闻，继续坚持他自己的计划，组织部队向阿纳姆推进。

9月24日晚，蒙哥马利收到了英第1空降师从阿纳姆发来的电报，说：“全体官兵已精疲力竭，缺粮缺水，又缺武器弹药，高级军官伤亡惨重……即使敌人发动轻微攻势，也将一触即溃。”蒙哥马利只好下令进攻部队撤至下莱茵河南岸阿纳姆以西地区进行防御。

至此，“市场－花园”行动宣告结束。这次行动是盟军在诺曼底登陆开始以来进行的规模最大的一次空降作战。其中，伞降部队2万人，1.4万人乘滑翔机降落；飞机运送了将近5000吨以上的物资，包括

---

① 沃尔特·莫德尔（1891—1945）：德国陆军元帅，“二战”后期多次力挽狂澜延缓了纳粹灭亡的时间，被称为希特勒的“救火队员”。因防御能力出色，被称为“防御天才”。

1927 辆车辆和 568 门火炮。同时，盟军付出的代价也是巨大的。英国空降部队伤亡、失踪 7000 多人，美第 82 空降师伤亡 3400 人、第 101 空降师伤亡 3800 人。波兰第 1 伞兵旅的 1000 名空降人员中伤亡近 700 人。而在地面作战阶段，英军也损失了将近 1500 人。

但蒙哥马利毫无自我批评之意，把失败的责任推给别人。他要求用有约束性的命令使巴顿停止前进，并催促艾森豪威尔“把一切都投入左翼”。但即使取得某些进展，没有安特卫普港也是不够的。整条战线情况不佳，艾森豪威尔向马歇尔承认：“这使人想起在突尼斯初期的日子，但是，只要我们用上安特卫普港，就会得到像输血那样的效果。”除了给盟军留下难堪之外，“市场－花园”行动没有一点好处。

10 月 9 日，艾森豪威尔终于无法忍受了，直接起因是拉姆齐海军上将的办公室送来一份报告，其中提到加拿大部队由于弹药短缺，在 11 月 1 日前不能完成任何任务。怒气冲冲的艾森豪威尔打电报给蒙哥马利：“除非在 11 月中使安特卫普港投入使用，否则我们的整个作战行动将陷于停顿。我必须强调，从瑞士到英吉利海峡整条战线上的作战行动，我认为安特卫普是最重要的，而扫清入口通道障碍的战斗，需要你亲自过问。”他把电文中具有刺激性的言辞都删掉了，加了一句“你最了解哪里是你的集团军群的重点”。

蒙哥马利根本没把艾森豪威尔放在眼里，对他的指责很不服气，当天就给艾森豪威尔回了一份电报：“请你代问拉姆齐，他有什么资格向你报告他根本不可能知道的、有关我的作战行动的情况。”蒙哥马利说，加拿大部队已经在进攻，而且“并没有弹药短缺”的情况。至于安特卫普，他声称：“那里的战斗正由我亲自指挥。”

1944 年圣诞节过后，艾森豪威尔决意再次发起新的进攻。他认为，在“突出地区”的德军各师缺编，战斗力受到严重削弱，供应线不畅通。他想迅速地、狠狠地打击他们，但蒙哥马利仍犹豫不决。艾森豪威尔认为蒙哥马利严重缺乏军事行动上的时间意识。双方又发生了一场不愉快的争论，蒙哥马利在一封信中指责艾森豪威尔的作战方针，并再次要求让他全权指挥地面作战。而这当然是只朝一个方向，即向北面进击，并让巴顿原地不动。蒙哥马利甚至为此起草了一份指示，让艾森豪威尔签字。艾森豪威尔说：“我不同意。”他说，他对蒙哥马利已经做到仁至义尽了，不愿意再听到把布莱德雷置于蒙哥马利指挥之下的意见。“在这件事上，我明确地对你讲，我不能再做出让步。”他又说，“我已经制订好在宽广正面向莱茵河进军的计划。”

艾森豪威尔终于要向这位英国元帅摊牌了。他说：“我很难过，我们之间产生了这样一条不可逾越的信念方面的鸿沟，以致我们将不得不把我们的分歧提到盟军参谋长联席会议上去。”艾森豪威尔承认：“随之而来的混乱和争吵，肯定会损害对共同事业的良好愿望和献身精神，这种愿望和精神本应使盟军成为历史上绝无仅有的一支军队。”

盟国远征军最高司令部对蒙哥马利尤为反感，普遍的共识是，蒙哥马利必须离职。对此，蒙哥马利不以为然地说：“让我离职，哪一个能替代我？”他的参谋长德·甘冈回答说：“听说已经安排好了，他们想让亚历山大接替你。”蒙哥马利的脸色顿时变得苍白，他已经忘却了这位能力和威信都高于他的将军。“弗雷迪，我该怎么办？怎么办？”德·甘冈拿出了一份已经拟好的电稿，让蒙哥马利签字。他说：“签字吧！当前唯一的办法是向艾克承认错误，并请求撤回或撕毁你想单独指挥地面部队的那封信。”这一次，傲气十足的蒙哥马利照办了。他在给艾森豪威尔的信中说：“亲爱的艾克，你可以信赖我及在我指挥下的全体指战员，将百分之百地全力以赴执行你的计划。”

1945 年 1 月 3 日，蒙哥马利开始进攻，尽管战事进展不能完全符合艾森豪威尔的要求，但比他原来提出的要好得多。盟军在 2 月份对“突出部①”连续发起猛攻。与此同时，苏联红军也在奋起反击，希特勒越来越无力招架了。

---

① 突出部：指德军在战斗初始时在盟军防线制造出来的“凸痕”。

第六章　德国无条件投降

德国法西斯的残酷统治不仅给欧洲各国带来了巨大的灾难，同时也使德国民众备受牵连。德国法西斯的灭亡是全世界热爱和平的人们共同努力的结果，它也再次证明了正义终将战胜邪恶。任何残暴、血腥的独裁者，都将受到全世界人民的惩罚。在这一点上，希特勒就是一个活生生的例证。

德军的大规模反攻

自从美国参战以来，德军西线战事不顺，损失惨重。绝大多数德军将领认为，第三帝国大势已去，全军上下士气低落。但自巴黎解放以后，盟军战线延长，供给日渐困难，加上内部意见不一，攻势逐渐缓慢下来，这给了希特勒喘息之机，他决意进行反扑。

1944 年 8 月 31 日，希特勒在大本营对一些将军训话，试图给他们灌输“铁的意志”。他说：“我们在必要时将在莱茵河上作战，这没有什么了不起的。我们在任何情况下都要战斗下去，正如腓特烈大帝[①]所说，要一直打到那些该死的敌人筋疲力尽不能再战为止。我们要作战到底，一直打到赢得在今后 50 年到 100 年内能够保障德国民族生命安全的一个和平局面为止。这个和平局面，首先不能像 1918 年那样再一次地玷污我们的荣誉。我活着就是为了领导这一战斗，因为我知道，如果

① 腓特烈大帝（1712—1786）：即腓特烈二世、弗里德里希二世，普鲁士王国国王，欧洲历史上著名的军事家、政治家，还是一名作家、作曲家。

这一战斗的背后没有铁的意志，这场战斗是不能胜利的。”

希特勒的演讲能力在当时世界上很少有人能够匹敌，在严厉批评了陆军参谋总部缺乏“铁的意志”之后，他对将军们透露了他坚信前途有望的一些理由。他说：“盟军之间的关系变得十分紧张的时候，他们决裂的日子就要到来了。历史上所有的联盟迟早都会垮台。不管多么艰难，唯一的办法是等待恰当的时机。”纳粹宣传部部长保罗·戈培尔[①]受命组织“总动员”的工作。新被任命为补充军司令的海因里希·希姆莱[②]，着手建立25个人民步兵师以防守西线。在纳粹德国，关于“总体战”的计划和言论很多，但是国家的资源却远远没有被全部利用起来。

1944年9月到10月，德国50万人参加了陆军，但是没有规定妇女进机关、工厂，去替代这些入伍者。军备和战时生产部部长艾伯特·斯佩尔向希特勒抗议说，技术工人的应征入伍严重影响了军火生产。15～18岁的孩子和50～60岁的男子都应征入伍。军队在大学、中学、机关和工厂里到处搜寻入伍者。由于希特勒的坚持，在整个战争时期，日用品的生产仍维持着庞大的数字，这显然是为了维持民心和士气。

在希特勒不断加紧备战的同时，盟军也在步步紧逼。1944年10月，美军率先占领了德国的历史名城亚琛，也就是查理曼大帝[③]的王宫所在地；11月底，又攻克洛林和阿尔萨斯大部分地区，其中包括梅斯和斯特拉斯堡等地的要塞。盟军在西欧的战场已连成一片，德国危在旦夕。不过，由于战线过长，而且均保持攻势，盟军的兵力明显不足，突破“齐格菲防线”未能成功，进攻慢了下来。为此，12月中旬，艾森豪威尔不得不做出停止全线进攻的决定，着手为突破“齐格菲防线”做准备。

---

① 保罗·戈培尔（1897—1945）：纳粹德国的国民教育与宣传部部长，擅长讲演，以铁腕捍卫希特勒政权和维持第三帝国的体制，被认为是“创造希特勒的人”。

② 海因里希·希姆莱（1900—1945）：纳粹德国的法西斯战犯，历任纳粹党卫队队长、盖世太保首脑、警察总监、内政部长等要职。

③ 查理曼大帝（742—814）：法兰克王国加洛林王朝国王，公元800年由教皇利奥三世加冕于罗马。他引入了欧洲文明，被后世尊称为“欧洲之父”。

面对盟军的巨大攻势，希特勒想通过一次大的胜利来扭转局势，于是密谋策划一场大规模反击战，他选择的进攻发起地为卢森堡、比利时和德国交界处的阿登地区。这个地区位于霍奇斯的美第 1 集团军和巴顿的第 3 集团军的接合部，霍奇斯负责地区的北部，巴顿负责南部，中间大约 136 公里宽的防区则由刚从第 3 集团军转交给第 1 集团军指挥的第 8 军防守。希特勒认为，阿登地区是“现有部队肯定能突破的地方……防线单薄，他们也不会料到德军会发起袭击。因此，充分利用敌人毫无防备的因素，在敌机不能起飞的天气发起突然袭击，我们就能指望取得迅速的突破”。他决心不顾一切地推行反击计划。

仅从军事角度说，希特勒还是有一定能力的。盟军这次行动正如他所预料的一样。事实上，盟军不仅认为阿登地区不适宜发起进攻，还忽视了它可能成为德军用来作为进攻的路线。阿登地区的对面是几乎无法通行的艾弗尔地区。盟军认为这一地区即使被德军占领也没什么大不了的，因为它从未被看成是必须夺取的“关键地区”，只是一个障碍而已。

实际上，阿登地区在历史上一直是一个战略要地，在过去的许多年中，德军曾数次派出不同规模的部队通过阿登地区对法军作战，共取得了两次决定性的胜利。最后一次是在 1940 年的五六月份，当时德国装甲部队在冯·龙德施泰特的率领下，越过阿登山脉，渡过默兹河，迅速地沿着高原挺进到法国海岸，迫使英军从敦刻尔克撤退及法国投降。

双方都在阿登地区投入大量的精力。为了进一步巩固战线，盟军建立了空前强大的战争机器，它具有法国军队所缺乏的机动性。盟军部署在这个地区的美国陆军部队，装备了很多坦克和卡车，可以以闪电般的速度行动。一位盟军指挥官预言，德军也许会冒这样一个巨大风险，对阿登地区发起大举进攻，这个人就是巴顿。

巴顿无疑具有远见卓识，他在 11 月 24 日的日记中写道：“第 1 集团军正在犯一个严重的错误，将第 8 军留在固定的位置上，德军极有可能正在他们东边集结。”然而，巴顿的预测并没有引起其他人的重视，也没有引起艾森豪威尔的重视，他觉得德军没有在这个地区采取行动的可能性。

与此同时，希特勒在加紧备战，拼凑了近1500辆新的或改装的坦克和重炮。12月，他又拼凑了1000辆。他还征调了28个师，包括9个装甲师，供突破阿登森林之用。此外还有6个师，准备在主要攻势发动之后，进攻阿尔萨斯。空军元帅戈林还答应拼凑3000架战斗机。这是一支相当可观的力量，但远比不上1940年龙德施泰特在同一战场上所使用的兵力。不过，拼凑这样一支兵力意味着取消对东线德军的增援。东线的德军司令官们认为，这种增援是击退苏联准备在1945年1月发动的冬季攻势所必不可少的。当负责东线战场的德军参谋总长海因茨·古德里安[1]表示异议时，希特勒痛斥他说："用不着你来教训我！

德国陆军大将　古德里安

① 海因茨·古德里安（1888—1954）：德国陆军大将，"闪击战"创始人，"装甲战"和"坦克战"的倡导者，被称为"德军装甲兵之父"。

我已经在战场上指挥了 5 年德国陆军，在这一时期我所获得的实际经验，参谋总部无论谁也比不了。我曾研究过克劳塞维茨[1]和毛奇[2]，而且读过他们所有的军事论文。我比你清楚得多!”

希特勒讲起话来仍和从前一样，他对指挥官们说：“历史上从来没有像我们的敌人那样的联盟，成分那么复杂，而各自的目的又是那么不同。一方面是极端的资本主义国家，另一方面是极端的共产主义国家；一方面是垂死的英国，另一方面是一心想取而代之、原本是殖民地的美国。联盟中的每一个伙伴在参加时都抱有各自的政治野心。

“美国企图继承英国的衣钵，苏联想要取得巴尔干，英国打算保住它在地中海的地盘。眼下这些国家争吵不休。谁能够像蜘蛛那样坐在网中央，注意形势的发展，谁就可以观察到这些国家之间越来越深的矛盾。如果我们发动几次攻击，这个靠人为力量撑住的共同战线随时随地都可能轰隆一声突然垮台……只要我们德国能保住不松劲的话。要紧的是打破敌人认为胜利在握的信念，战争最后要看哪一方认输。我们在任何时候都要让敌人知道，不管他们怎样做，都绝不能叫我们投降。绝不能！绝不能!”

希特勒就有这样的本事，在全线溃败的时候，他依然信心十足，并且能让他的部下也跟着他一起疯狂。

盟军方面，布莱德雷似乎察觉到了德军的动静，他还特地跑到阿登山区，和负责那个地区的米德尔将军详细讨论了前线的情况。当时，米德尔的第 8 军正部署在阿登山脉中段的巴斯托涅。他们一起巡视了这个树木繁茂的前线阵地，讨论着该地区的布防情况。

米德尔对布莱德雷说：“将军，你觉得由 3 个师防守 225 公里长的战线是否——”

米德尔顿住了，用怀疑的语气把问题交给布莱德雷。

---

① 卡尔·冯·克劳塞维茨（1780—1831）：德国军事理论家、军事历史学家，普鲁士军队少将。著有《战争论》一书。

② 赫尔穆特·冯·毛奇（1800—1891）：普鲁士元帅，德意志帝国总参谋长，德国著名军事家、军事理论家。著有《毛奇全集》《毛奇军事著作》等。

布莱德雷停住脚步，看着米德尔："你怎么认为?"

"现在我们每个师的人员都缺编很多，如果德军从这个地区发动进攻的话，我担心——"米德尔说出了心中的疑虑。

"别担心，特罗伊，他们不会从这个地方上来的。"布莱德雷宽慰米德尔说。

"也许不会，但是他们以前从这里通过几次。"米德尔接着补充道，"不过，我个人认为，德军在阿登的进攻将无法实现任何战略目标。"

"如果德军真的从阿登发动进攻的话，你有什么计划?"布莱德雷问道。

米德尔考虑了一会儿，回答说："如果他们真的从这里来，我们可以往后撤到默兹河一带进行阻击作战。毫无疑问，我们可以迟滞他们的前进脚步，直到你打击他们的侧翼。"

布莱德雷对此行感到很满意。他和米德尔一致认为，在默兹河这个难以逾越的障碍以东的阿登地区，没有任何东西可以成为值得德军发动进攻的目标。布莱德雷将视察的情况向艾森豪威尔做了详细汇报，并一起研讨了那里的局势。布莱德雷认为，由于盟军在西侧集结了重兵，敌人在没有扩大其突入盟军集结地区基地的情况下，肯定无法渡过默兹河。因此，如果德军真的向阿登发动进攻，巴顿指挥的第 3 集团军 25 万人和第 1 集团军剩下的 21 万人就可以对其进行合围，在德军的脖子上卡断这次进攻，使反扑的德军成为瓮中之鳖。

艾森豪威尔仔细地听着布莱德雷的汇报，权衡着各种可能的作战方案。他心里很清楚，美军已经没有足够的人员补充，陆军部最近已经把每月的兵员补充额从 8 万人减少到 6.7 万人。在这种情况下，如果加强在阿登地区的防守兵力，那么盟军将不得不放弃消耗德军力量的冬季攻势。

他们两人谁也没有真的认为会输掉欧洲的这场战争。他们的考虑全都集中在下月即将开始的盟军突入德国境内的攻势上了。最终，艾森豪威尔批准了布莱德雷在前线的部署。

然而，这一次艾森豪威尔错了，他事后也承认："在阿登地区只部署 4 个师，以及冒德军在这个地区进行大规模突击的风险，其责任在我。从 11 月 1 日起的任何时候，我本来可以巡视整个前线的防御阵地，在等待增援部队的同时能够使我们的战线完全不怕敌人的进攻。但是，我的基本决定是，把这场攻势继续进行到我们的力量的极限为止。正是我的这一决定，应该对德军 12 月份的进攻在其第一周内所取得的惊人胜利负责。”

艾森豪威尔的疏忽使他面临严峻的考验。12 月 15 日夜间，天上下着小雪，浓雾笼罩着阿登森林附近大雪覆盖着的群山。根据天气预报，连着几天都是这样的天气，估计盟军的飞机在这一期间不能起飞，德军的供应线可以免遭诺曼底那样的厄运。连着 5 天的天气都帮了希特勒的忙。德军这个完全出乎盟军总司令部意料的行动，在 12 月 16 日早晨获得初步进展以后，又接连几次突破盟军阵地。

这一天对艾森豪威尔来说似乎是光辉灿烂的，他在一个典礼上被授予波兰荣誉勋章，而且得知罗斯福总统任命他为五星上将。

随后，他带领整个参谋班子在凡尔赛的路易十四教堂，参加他的侍卫官米基 · 麦基奥的婚礼。婚礼之后的宴会盛大而隆重，军官们频频举杯痛饮。

也就在这天早上，艾森豪威尔收到了蒙哥马利要求回英国度圣诞节的信件，还随信附了一张便条，提醒艾森豪威尔 14 个月以前，他们曾以 5 英镑为赌注，赌战争将在 1944 年圣诞节到来之际结束。蒙哥马利在便条上写道：“关于付钱之事，我想就安排在圣诞节吧。”

当天下午晚些时候，布莱德雷来与艾森豪威尔讨论日益严重的替补兵员的危机。傍晚时分，艾森豪威尔在盟国远征军最高统帅部的作战中心召开了会议，与会人员有布莱德雷、史密斯、斯帕茨、特德和情报军官斯特朗。会议刚刚开始，斯特朗的副手汤姆 · 比特斯便出现在门口，他带来了一个不好的消息：根据局部报告，黎明时分，德军在阿登地区发动了一系列针对盟军最薄弱的防守环节的猛攻。而那里只有一支快要解散的骑兵部队，以及刚刚到达、未经战斗洗礼的第 106 师。

斯特朗认为，这次进攻很可能使第 1 集团军面临很大的威胁。但布莱德雷认为这只是一些局部的小进攻，目的是阻止第 1、第 3 集团军即将进行的攻击。

艾森豪威尔不同意布莱德雷的意见，他宣称："这绝不只是干扰性的攻击。"他认为，德军的进攻是想撕开盟军的战线，现在应该马上采取相应的行动。否则，德军为什么要费劲攻击一个不能通往任何地方，并没有任何有形目标的地区呢？

自担任盟军地面总指挥以来，艾森豪威尔第一次能影响一场战斗的结果。他决定将第 82、第 101 空降师紧急部署到阿登，以作为权宜之计。尽管他不愿意干涉布莱德雷的指挥，但还是敦促其快速行动，加强阿登的防守。

12 月 17 日夜间，一支德军装甲部队到达斯塔佛洛，距美第 1 集团军总部驻地斯巴仅 13 公里，美军仓皇撤退。此时，德军距一个存有 300 万加仑汽油的美国供应站只有 1.6 公里，假如他们能够占领这个供应站，就会前进得更远更快。

与此同时，德军特遣部队的行动进一步加剧了盟军的混乱。这就是希特勒提出的"狮鹫"计划。

"狮鹫"行动分为两个部分：第一部分由第 150 装甲旅负责。该旅包括 2 个坦克连、3 个侦察连、3 个摩托化步兵营和一些防空和火力支援部队。他们中的一部分将随党卫军迪德里希将军的先头部队前进，然后穿上美军和英军的服装，迅速向前推进，以突然袭击的手段夺取默兹河上的安吉斯桥、阿米桥和休伊桥。

第二部分由 9 支能讲流利英语和美国俚语的德军官兵组成的小队负责。他们身着美式军服，驾驶美式车辆，携带美式武器，在美军后方的道路上活动，散布灾难性的消息，改变路标，尽一切可能在盟军后方制造紧张和混乱。

一支小队杀死了美国的传令兵，切断了美军交通线，并装成美国宪兵在公路交叉处站岗，煞有介事地拿着红旗或绿旗，胡乱指挥美军的运输车辆通行，让一整团的美军走错路。

另外一支装成从前线溃败下来的美军，与真正退下来的美军走到一起，极力散布恐怖情绪，使美军士气全无。

第三支小队把布莱德雷司令部与北面部队指挥官联络的电话线切断，使美军指挥部成了聋子和哑巴……

一时间，美军内部惶惶不安，真假难辨。在整个阿登地区，在荒郊野外的小路上或在茂密的松林中，50 万美军官兵挤成一团。证件、军阶及口令、暗语都无法使人免于被盘问；两支相遇的部队，更是小心翼翼地玩起了文字游戏。为确认对方是美国人，要求回答的问题可谓千奇百怪，从美国的地理环境到当红影星，无奇不有。就连布莱德雷也曾三次被士兵喝令要证明他的身份。

所有这些，使艾森豪威尔意识到盟军对战事的态度过于乐观。他在《远征欧洲》一书中写道："这些日子以来，空中侦察无法进行；没有空中侦察，我们就无法判断敌人后方的主要后备队的位置和行动。'齐格菲防线'强大的人工防御工事，也使敌人得到了攻击的力量。防线上的障碍物、碉堡和固定炮火，大大增强了敌军的防御力量，这样敌军就能从他们的漫长战线上抽出兵力，集中起来进行反击。虽然从双方投入的兵力看，卡塞林战斗与阿登战役比较，不过是小小的冲突，但是两者之间有一些共同之处。在这两次战斗中，敌人都是主动进攻，利用坚固的防御壁垒集中兵力打击盟军交通线，妄想诱使盟军最高统帅部放弃对他们无情进攻的全部计划。"

12 月 17 日和 18 日，艾森豪威尔和他的参谋们研究了盟军反击的大体计划。随后，艾森豪威尔命令 2 个空降师乘坐卡车，争分夺秒地赶往阿登，他还从英国召来了马修 · 李奇微的第 18 空降军指挥部。艾森豪威尔让他的参谋们定夺部队在哪儿空降的问题。恶劣的天气使空中行动无法进行，这样一来，艾森豪威尔最有力的武器——盟军空军只能停在地面。

自德军大规模反攻以来，盟军在阿登地区的溃退陆续见诸报端，引起了美国、英国乃至全世界人民的关注。就连刚刚破例连任 3 届总统的罗斯福也对此极为关注，甚至动了用原子弹教训德国的念头。但他最终还是放弃了，他说："我相信艾克会有办法教训德国人的。"

罗斯福的话让艾森豪威尔感到了巨大的压力，他甚至想到了最坏的打算，要是盟军真的败走巴黎或退到海边，他肯定要承担这一责任。他想，作为盟军最高司令官，刚刚接管盟军地面部队的指挥权就首战败北，令一度无往而不胜的美军遭受严重挫折，势必会辜负世界反法西斯人民的希望。更严重的是，一着不慎便有可能全盘皆输，使以往进攻纳粹德国的努力付之东流。这是艾森豪威尔继“霸王”行动之后面临的又一巨大考验。他必须在关键时刻力挽狂澜，痛击德军，粉碎希特勒的野心。

虎将巴顿的兵锋

面对来自各方的压力，艾森豪威尔不断地对失败进行总结，听取多方意见。为了有效地抵制德军，他必须尽快调兵遣将，对阿登地区进行增援。1944 年 12 月 19 日，他照会各集团军和各兵种的主要负责人赶到凡尔登开会，巴顿也应邀参加。

蒙哥马利缺席了，他派吉纳德代表自己。大部分人认为他的缺席是对艾森豪威尔和他们自己的侮辱，但是艾森豪威尔提出了一个更受欢迎的原因：“英国人不想把美国人的战斗弄复杂。”

在会议上，与会者的表情都很严肃，气氛也显得异常沉重和压抑。为了缓和气氛，艾森豪威尔用略带幽默的口吻道出了他的开场白：“我们的机会来了，希特勒这个疯子已将他的一群肥羊赶进我们的羊圈，我相信下次我们在这里开庆功会的时候，一定会有美味的烤全羊供我们下酒！现在，我们应该高高兴兴地研究如何将这批羊干净彻底地赶进屠宰场!”

巴顿心直口快，随即接过话茬说：“说得好，让我们振作起来，让这帮狗娘养的打到巴黎去，然后再回过头来收拾他们，把他们捣碎吃掉!”巴顿咬牙切齿的样子把大家都逗笑了。

分析完战局之后，艾森豪威尔宣布了自己的决定：盟军必须以最快的速度做好进攻准备，迅速奔赴阿登战区，向德军的南翼发动强有力的反击。

在仔细回顾战场的形势之后，艾森豪威尔说："在这种形势下，假定最高统帅部不惊慌失措，命令整条战线全面撤退的话，防御部队的反应一般有两种可以实行的方针：一种是沿着受攻击的整个地区，只建立一条安全的防线，选择一些如河流之类的强固地势，据此坚守；另一种是防御部队一集结好必需的兵力，就立刻发动进攻。"接着他又说："这次战斗最少要投入 6 个师的兵力。但是，目前我们缺乏预备兵力，只能从巴顿的第 3 集团军抽调 3 个师。同时，布莱德雷的第 12 集团军群的指挥系统已经被完全破坏，北边的部队已经联系不上。在这种情况下，我们只有一种解决办法。"

艾森豪威尔停顿了一下，看了看大家的反应，接着说道："唯一合理的解决办法是把德军突破点以北的部队，也就是第 1、第 9 集团军交给第 21 集团军群的蒙哥马利指挥。因为，目前他是唯一拥有预备队和指挥组织能力，可以帮助我们应付这场危机的人。"

为了立即执行这些计划，艾森豪威尔发布了口头命令，但有一个条件，即巴顿在布莱德雷的指挥下实施进攻，进攻时间不得早于 12 月 22 日、迟于 23 日。

艾森豪威尔对巴顿寄予厚望，要求他至少把 3 个师集中在阿尔隆，并从那里开始向巴斯托涅推进。巴顿最初对德军的突击力量似乎没有足够的认识，因此，谈起分配给他的任务总是表现得很轻松。这使艾森豪威尔认为有必要向他强调指出，他的这次进攻需要实力和高度计划性。另外，艾森豪威尔还在会上通知大家，他打算等北侧的德军进攻兵力消耗殆尽，就立即开始部署这一侧的进攻行动。

对于巴顿的具体部署是：巴顿的第 3 集团军北上攻击德军的突出部；德弗斯的第 6 集团军群向东北靠拢，保护巴顿的右翼；霍奇斯的第 1 集团军必须顶住从北面和南面突入阿登山区的德军，扼住西去的咽喉要道，坚守阵地，并准备由北向南反攻，与巴顿的第 3 集团军合击德军。

巴顿临行前，艾森豪威尔特意找到他，问他能不能接受挑战。对大多数人来说，他们不愿意承担这种战斗任务，因为他们很难按艾森豪威尔的要求，在极短的时间内把部队从正在作战的战场撤下来，并在没有做好充分准备的情况下，跨过冰冻的250多公里的道路，直接投到一场空前猛烈的战斗中心地区去。想到这里，艾森豪威尔对巴顿在12月22日能否发动进攻也表示了怀疑。

巴顿斩钉截铁地说："这根本不是胡闹，将军！请您相信，我已经做好了安排，我的参谋人员正在孜孜不倦地拟订作战细节。我肯定可以在22日发起一场强有力的攻势。"接下来，第4装甲师开始经过隆维向阿尔隆挺进，第80师也经过蒂翁维尔向卢森堡逼近，而第26师已做好待命出发的一切准备。

巴顿出发的时候，艾森豪威尔还专门送了他一程，他发自内心地感谢这位尽管举止粗鲁但骁勇善战的老朋友，半开玩笑地说："真有意思，乔治，每当我肩章上增添一颗星时，我就碰到敌军的进攻。"巴顿耸了耸肩，做了个鬼脸说："每一次你遭到进攻时，艾克，我就来为你保驾。"目送巴顿离开，艾森豪威尔心里明白，对德军的反击虽然有些晚了，但反击的序幕还是逐渐拉开了。

德军以科耳马尔为据点，对盟军发动了一系列的攻击。如果把这个据点攻下来，法军就能很容易地守住莱茵河防线，从而把美第7集团军腾出来，为巴顿提供更多的兵力，但是，科耳马尔据点对孚日山脉东面莱茵平原上的盟军是一个威胁。因此，把那个地区本来可以节省出来的全部兵力都调走是不明智的，也是危险的。德弗斯接到命令，只要能够节省兵力，就放弃他战区里的任何向前的突出部分。

法军参谋长阿尔方斯·朱安来找艾森豪威尔，要求竭力保卫斯特拉斯堡。艾森豪威尔表示他无法担保这个城市的安全，但同意尽力坚守不放弃。然而，在阿登战役的整个过程中，斯特拉斯堡问题使艾森豪威尔伤透了脑筋。

12月19日夜，最高统帅部接到报告说，德军通过突出部中央迅速向前推进，先锋部队继续向西北方向迂回。德军这次进攻很快获得了一个名为"突出部战役"的称号。因为德军一开始就猛烈突击盟军防守薄弱的战线，取得了快速进展，突入盟军前线最大纵深达80公里。

此后，德军似乎找回了自信，不断地对盟军发起猛攻。这种猛烈的进攻给盟军造成了极大的恐慌，被攻击部队的士气受到严重影响。艾森豪威尔说："在实际战斗中正遭受着种种危险的前线士兵，面临敌人压倒优势的兵力，而又无法了解司令官的增援措施，必然会表现出混乱、恐慌和沮丧。说阿登战役的第一个星期，盟军各梯队不紧张、不忧虑，这是没有根据的，也是虚伪的。同样，过分强调这种紧张、忧虑的程度和影响，也是不真实的。"

不仅如此，德军还擅长玩心理战。他们编造了刺杀艾森豪威尔的行动计划，甚至有一份报告说，德军的敢死队员将穿着牧师和修女的服装，在巴黎会师后，对和平饭店发动袭击，劫持艾森豪威尔。

美军安保人员对这一谣言笃信不疑，在盟国远征军最高统帅部四周连夜装上了铁丝网，并在大门口停放了几辆坦克；警卫的人数也翻了两番，进门的证件被反复检查。如果办公室大门被重重一关，艾森豪威尔办公室的电话肯定会响个不停，询问他是否还活着。

在这种子虚乌有的骗局下，艾森豪威尔的警卫人员非常紧张，取消了艾森豪威尔的很多行动。他的参谋人员也极力劝告他待在办公室里，千万不要回宿舍，以免遭遇不测。

无论去什么地方，艾森豪威尔都由全副武装、子弹上膛的宪兵护卫。在他的参谋和安全小组的坚持下，他勉强同意从偏僻的圣格尔曼小别墅搬到离指挥部较近的新住处。他抱怨说这样做是为了让他们"忘记这些该死的事情，回到战争中来"。一个长得和艾森豪威尔有几分相似的军官白德温·史密斯中校则冒充他待在别墅里，每天穿着五星军服来往于别墅和最高统帅的办公室之间。

艾森豪威尔几乎成了一个囚徒，他的营房和办公室都被警卫包围着，他的窗户为了安全被紧锁着，经常有人礼貌但坚定地提醒他不要暴露自己，以免成为狙击手的靶子。艾森豪威尔不断用花样繁多的诅咒来发泄内心的不满。几天后，他快步走出办公室宣布："见他的鬼吧，我要出去走一走。如果有人想向我开枪，那就开吧。反正我得出去。"他曾被秘密地送到好几个匿名的地方。一个星期后，他搬到了位于特里阿农宫的一个大别墅，这里曾被陆军元帅贝当占用，不久人们就称这里为艾森豪威尔旅馆。刺杀恐慌持续了 10 天，以后的一段时间里，艾森豪威尔的替身仍然每天两次从圣格尔曼出发，再返回。

艾森豪威尔为整天被禁闭在办公楼里感到恼火，但他也只能点燃一支香烟，在办公室里踱来踱去。闲下来的时候，他就会给玛米写信，告诉她："我被关在办公楼里，简直要发疯了。"

由于艾森豪威尔很少露面，无孔不入的新闻界开始猜测最高统帅的生死问题了。一天，玛米外出访问，一名记者强烈要求对她进行采访，想通过玛米证明一下她丈夫是否还活着。艾森豪威尔听说后心情更加郁闷，在蒙哥马利大踏步登上舞台、兵权在握，向北部的美军部队发号施令之时，他却像个逃亡者一样躲在司令部里浪费时间。但他很清楚，改变这种局面的唯一办法，就是将德军从突出部赶回"齐格菲防线"，并利用这一机会重创德军，粉碎希特勒的最后一搏。

就在艾森豪威尔为正面战场的激烈交锋而焦急的时候，巴顿则在紧锣密鼓地备战。一切战前准备工作就绪后，巴顿开始考虑首先应在哪个地点挫败德军，他把目光投向了巴斯托涅。

巴斯托涅是一个不足 4000 人口的小镇，坐落在比利时东南部一个狭小的平原上，四周为稀疏的林地和丘陵所环绕。这一地区是当地的交通枢纽，阿登南部公路网中有 7 条公路在这里交会，战略地位十分重要。

然而，德军对巴斯托涅不屑一顾。巴顿决定用精锐部队坚守该镇，破坏德军的后勤系统，从而达到牵制大量德军的目的，并使其无法绕道而行，然后，再由第 3 集团军从正面向敌人发动进攻。

艾森豪威尔赞同巴顿这一决定，命令马克斯韦尔·泰勒①将军的第 101 空降师火速增援巴斯托涅，这使德军的第 26 民兵师还没有到达巴斯托涅，就在比索尔吕前面遭到了阻击。

---

① 马克斯韦尔·泰勒（1901—1987）：美国陆军上将，"二战"时期任第 101 空降师师长，参加过美军在欧洲的所有空降战役。战后历任西点军校校长、陆军参谋长、参谋长联席会议主席等职，提出了著名的灵活反应战略。

12 月 22 日早晨 6 点，巴顿指挥第 3 集团军向阿登地区的德军发起了进攻。进攻部队是第 3 军，由军长约翰·米利金负责指挥。强将手下无弱兵，米利金和巴顿一样，作战极其英勇顽强。左翼，休·加菲将军的第 4 装甲师很快攻到了布尔农和马特兰格；右翼，第 26 师向前推进 26 公里后才在朗布罗赫－格罗斯伯斯地区与敌军交上火；第 80 师前进 6 公里后，在梅尔齐希遭到德军的顽强抵抗，但很快肃清了该城的守敌。

这个时候，德军终于意识到了巴斯托涅的重要性。德军总指挥龙德施泰特说："巴斯托涅具有极大的重要性。它若被盟军控制，必然会影响我们所有向西推进的部队，破坏我们的补给系统，牵制住我军相当多的兵力，因此我们必须立即攻占它。"他派出大批部队去围攻巴斯托涅，试图拔掉这个插入德军突击地区的障碍。

奉命前去增援的是希特勒手下最勇猛的两名将军，大名鼎鼎的弗里兹·拜尔林和冯·卢特维兹。很快，德军便把巴斯托涅团团围住。

拜尔林认为，巴斯托涅内的美军已是瓮中之鳖，于是派出人员到巴斯托涅进行恫吓和劝降。面对不知天高地厚、狂妄自大的敌人，被困在巴斯托涅的第 101 空降师代理指挥官安东尼·麦考利夫①气愤地骂了一声"白痴"，便将前来劝降的人员送回了德军阵地。

麦考利夫的行为很快传遍了全镇，极大地激励了美军士兵的战斗热情。当天晚上，麦考利夫发动了一系列突然袭击，打得德军仓皇失措。好不容易才稳住阵脚的德军，决定全力拿下巴斯托涅，于是连夜向该镇发动了全面攻击。德军向城内倾泻着如雨的炮弹，步兵跟在装甲部队后面往城里冲。

巴斯托涅的美军眼看就要坚持不住了。这一次又是巴顿解了围。为了守住巴斯托涅，巴顿果断决定向巴斯托涅提供大规模空军支持。艾森豪威尔更是不惜血本，先后派出了 7 个战斗轰炸机群、11 个中型轰炸

---

① 安东尼·麦考利夫（1898—1975）：美国陆军上将，"二战"期间任第 101 空降师炮兵指挥官、代理师长。参加过诺曼底登陆战役、阿登战役、突出部战役。

机群、第 8 航空队的 1 个师以及一些皇家空军的运输机。运输机全力向巴斯托涅空运各种物资，轰炸机则轮番对德军重要目标实施猛烈轰炸。盟军的轰炸给德军造成了极端恐怖的心理压力，破坏了德军的补给线。没多久，德军对巴斯托涅的炮击就停止了。巴斯托涅的美军官兵欢呼起来，纷纷向空中的飞机挥手致意。

随后，巴顿命令第 4 装甲师进入巴斯托涅。尽管受到德军的顽强阻击，但第 4 装甲师最终于 12 月 26 日凌晨 2 点 30 分，乘着德军休息的时候，杀出一条血路冲进了巴斯托涅，与坚守的第 101 空降师胜利会合。

巴斯托涅的防御力量立刻得到了加强，度过了最危险的阶段，德军对巴斯托涅的围攻也告一段落。就这样，盟军在德军向阿登地区前进了 145 公里，先头部队距默兹河只有 6 公里的时候，成功阻止了德军的前进。

之后，美军始终牢牢据守着巴斯托涅，使其成为向德军大举进攻的一个牢固支撑点。这个支撑点就像一个钉子一样，将德军死死地钉在了这一地区。在第 9 装甲师、第 80 步兵师的增援下，第 4 装甲师逐渐扩大了已打开的走廊，并努力打通阿尔隆通往巴斯托涅的公路。12 月 29 日，美军彻底击溃了围攻巴斯托涅的德军。接下来，巴顿指挥美第 3 集团军全力冲向另一个目标——乌法利兹。

夹着新年的焰火，巴顿用炮火迎接了新一年的到来。他指挥的第 3 集团军各炮兵阵地在午夜 12 点整，用最猛烈的火力向德军持续炮击 20 分钟。辞旧迎新的炮声消失后，巴顿和第 3 集团军的官兵们听到了来自德军阵地的阵阵凄惨的哭叫声。但希特勒并没有就此放弃反攻计划，他要求继续调集兵力，对巴斯托涅和斯特拉斯堡地域发起新的进攻，他纠集了 8 个师的兵力，出动了 1000 多架飞机，对盟军机场，尤其是突出部附近的一些机场，进行了几个月以来最猛烈的轰炸，炸毁盟军 260 架飞机。

双方都在不断向战场投入兵力，战争进入了胶着状态。但很显然，德军的战斗力远不如前，开始势衰了。

1945 年 1 月 3 日，盟军转入反攻，经过 5 天的激战，于 1 月 8 日击退了德军。此后，战场局势开始逆转，德军的进攻已成强弩之末，围歼德军的时刻到来了。艾森豪威尔又开始酝酿一次重大的反攻。

1 月 16 日，美第 1、第 3 集团军在乌法利兹会师。

艾森豪威尔向丘吉尔建议，希望苏联红军于 1 月 12 日至 14 日，在北起波罗的海，南至喀尔巴阡山①长达 1900 公里的正面上，对德军发起强大的进攻，以威胁柏林。在这种局势下，希特勒不得不从西线抽调兵力去加强东线的力量，而盟军则乘机迅速推进。1 月 23 日，美军攻占圣维特。1 月 27 日，美第 3 集团军的前锋抵达乌尔河。1 月 29 日，盟军将德军全部赶到反扑前的出发阵地。至此，德军在阿登地区的反扑被彻底粉碎，而且损失惨重。

在阿登战役中，德军死伤和失踪约 12 万人，损失 1600 架飞机、6000 辆汽车、600 辆坦克和重炮；第 28 师同样受到沉重打击；第 7 装甲师在圣维特保卫战中遭受重大损失。盟军伤亡总数为 7. 7 万人，其中 8000 人阵亡，4. 8 万人受伤，2. 1 万人被俘或失踪，坦克和反坦克炮共损失 733 辆（门）。

在这一战役中，双方伤亡都很大，但盟军能得到及时的补充，所以取得了胜利。阿登战役的胜利不仅加速了德军西线的失败步伐，还葬送了东线的德军，因为希特勒将他仅剩的后备力量投入了阿登战役，这一行动的严重后果马上就显现出来了。

同年 1 月 12 日，苏联元帅朱可夫②率领的集团军跨过华沙南面和北面的维斯杜拉河，于 1 月 17 日解放华沙。再往北，苏联两个军团占领了半个东普鲁士，挺进到但泽湾。这是大战以来苏联红军发动的规模最大的攻势。仅在波兰和东普鲁士两地，苏联红军就投入了 180 个师的兵力，其中很大一部分是装甲师。它们锐不可当，势如破竹。到 1 月 27 日，

---

① 喀尔巴阡山：欧洲中部山系的东段部分，绵延约 1500 公里，穿过捷克、斯洛伐克、波兰、乌克兰和罗马尼亚。

② 朱可夫（1896—1974）：苏联元帅，“二战”期间先后指挥了列宁格勒保卫战、莫斯科保卫战、斯大林格勒会战等战役，成功地粉碎了德国的侵略，并率领苏联红军攻占柏林。

苏联红军声势浩大的进攻，很快就使纳粹德国面临全军覆灭的危险。

苏联元帅　朱可夫

最让希特勒伤脑筋的是，苏联红军已经占领了西里西亚的工业基地。负责军火生产的斯佩尔说，西里西亚失守以后，德国所能生产的煤只等于 1944 年生产的四分之一，钢只等于 1944 年的六分之一。这预示了 1945 年对希特勒来说，是灾难深重的一年。

罗马尼亚和匈牙利油田的丧失，加上德国人造汽油工厂遭到轰炸，使得德军的汽油非常缺乏，大部分战斗机还没有起飞，便被盟军的空军炸毁在飞机场上。同时，由于坦克缺乏汽油，很多装甲师也无法出动。

盟军在阿登地区的胜利，使巴顿赢得了国际舆论的一致好评，也使艾森豪威尔又一次经受住了历史的考验。然而，当街头的法国群众向他欢呼致意时，他的心情却很沉重。这次战役虽然是以盟军的胜利而告终，但是在这场战争中，盟军的损失也相当严重。好消息是，消灭德国法西斯的曙光已经出现了。

避开柏林攻坚战

1945 年 2 月 4 日至 11 日，正当盟军为渡过莱茵河而激烈战斗之际，英、美、苏三国政府首脑在苏联克里米亚半岛的雅尔塔举行了会议。这是继德黑兰会议之后，三国首脑举行的又一次重要会议。此时的世界格局与一年前相比，早已发生了翻天覆地的变化。纳粹德国面临全面崩溃的命运，日本也处于日暮途穷的地步，第二次世界大战即将以反法西斯统一战线各国取得彻底胜利而宣告结束的前景确定无疑了。会议主要讨论打败德国之后的势力划分。

在之前的几个月里，美国情报部门获悉，希特勒打算在奥地利阿尔卑斯山建立避难所，并在那里指挥游击战争。报告称："阿尔卑斯山由于地形的性质，实际上是无法攻入的。这里有着天然的屏障，有着迄今为止所发明的最有效的秘密武器。在这里，军火在不怕轰炸的工厂中生产，粮食和装备储藏在巨大无比的地下洞穴，一支经过特别挑选的年轻部队将接受游击战争训练，这里足以装备和指挥整个地下军从占领国手中解救法国。"尽管这份报告有夸大的成分，但是德军组织"民族堡垒"的可能性是存在的。

艾森豪威尔后来在《远征欧洲》一书中这样写道："如果让德国建立了'民族堡垒'，它就可能迫使我们陷入旷日持久的游击战争，或者是陷入代价很大的围攻战。很显然，纳粹打算做这种尝试，而我绝不能给他们实现这种尝试的机会。"所以，艾森豪威尔决定不与苏联争夺柏林，而是尽量利用美军去占领德国，肃清纳粹顽抗势力。

对于避开攻占柏林的计划，艾森豪威尔在《远征欧洲》一书中明确写道：

根据 1 月份经盟军参谋长联席会议同意的计划，我认为将其通知斯大林元帅完全是我职权范围内的事。但是，我们很快发现，丘吉尔首相强烈反对我的这个行动。他不同意这项计划，并坚持认为，由于目前战役已接近尾声，部队的调遣已具有政治意义，这就要求在制订广泛的作战计划方面应有政治领袖的过问。他显然认为，我与斯大林元帅的通信，已经越出了我仅在单纯军事问题上与莫斯科联系的职权。他非常失望和不安，因为我的这项计划不能从美国部队中抽出所有兵力率先支持蒙哥马利向前挺进，从而不顾一切地试图抢在苏联人之前去占领柏林。

相比之下，后人不得不佩服丘吉尔的政治眼光。同时，丘吉尔也知道，不管盟军往东能推进到什么程度，他和总统早已同意英国和美国的占领区在东面将限于柏林以西200英里的一条界线。他之所以极力坚持用我们的一切人力、物力来保证西方盟军先于苏联红军到达柏林，一定是基于这种想法，即这个成就今后将会给西方盟国造成巨大的威望和影响。

不过，艾森豪威尔也没有把话说得过死，他在给盟军参谋长联席会议的报告中说："我非常同意进行战争是为了达到政治目的，如果参谋长联席会议认为，盟军尽力占领柏林的意图超出本战场的军事考虑，我将欣然调整我的计划。"

放弃对柏林的进攻，意味着把攻克柏林的荣誉拱手让给苏联。很多人都对艾森豪威尔的决定感到大惑不解。

事实上，艾森豪威尔这一决定既有军事上的考虑，又有政治上的考虑，充分体现了他作为军事家，同时又是政治家的伟大潜能。

这里不能不提到雅尔塔会议。在雅尔塔会议召开之前，1943年的晚些时候，由美、英、苏等诸方代表组成的"同盟国管制委员会"就已经在伦敦成立，以研究未来各自对德国的占领问题。艾森豪威尔看过最初的占领计划，发现苏联占领的地域大致是从捷克斯洛伐克的顶端向西沿奥托班至爱森纳赫，然后向北，包括马格德堡和维滕贝格，但不包括汉堡和吕贝克。当时他对罗斯福总统说，占领德国不应划分特定的国家占领地。如果真的要划分，盟军在西部战线将抵达一条比"同盟国管制委员会”所同意的更远的界线。但罗斯福已经决定遵守该委员会划定的边界，并痛快地在《雅尔塔协定》签上了自己的名字。这也就是说，即使是盟军占领了柏林，最后也要按《雅尔塔协定》的划分，将所占领地区交还给苏联。

最重要的是，在3月的最后几天里，就在盟军横渡莱茵河的时候，形势也已经出现了新的变化。1944年9月，当盟军最高统帅部确定作战计划的时候，盟军与苏联红军分别在西、东两条战线上与德军僵持着，距离柏林的距离几乎一样远。但是现在，苏联红军在冬季进攻中取得了巨大的战果，已夺取奥得河口离柏林50公里的卢宾桥头堡。同时，苏联在这里集结了100多万军队，准备随时发动进攻。

苏联《真理报》报道说：“六个首都，六个国家！但是我们正在考虑第七个……柏林的寿命不长了！”《生活》杂志在同一篇文章中报道了苏联人的情绪：“在莫斯科，一夜接着一夜，人群有节奏地高呼，‘柏林！柏林！攻向柏林！’并鸣放着2响、3响、5响的胜利礼炮。”

在攻占柏林的问题上，艾森豪威尔显得非常冷静。他命令盟军分散在距柏林640多公里之外的莱茵河以西，不准轻易向柏林发起进攻。他还需要弄清楚发起一场直抵柏林的进攻，会使美军遭受多大的伤亡。结果出乎意料，他原以为在包围柏林之前，德军不会有什么抵抗部队，但是布莱德雷告诉他，至少要付出10万人的伤亡代价。“对于一个象征性的目标来说，这是一个相当昂贵的代价！”艾森豪威尔说道。

3月28日，为了了解苏联的进攻计划，艾森豪威尔写信给斯大林元帅。他对斯大林说，他决定把主攻方向指向柏林以南，而把进攻德国首都的机会让给苏联。这样就可以把这个国家切成两半，使它失去作为一个整体来活动的可能性。

艾森豪威尔给斯大林的私人电报，犹如一枚V-2导弹，在英国战时内阁的官员中间炸开，随之又波及伦敦、华盛顿、莫斯科，反响极为强烈。

英国当然不会善罢甘休。英国陆军参谋长布鲁克怒气冲冲地说：“首先，艾森豪威尔根本无权直接与斯大林交流。其次，他的电报是不可理解的，纯属信口开河，和我们事先一致同意的安排是完全矛盾的。”之后，愤怒的军官们没有征求丘吉尔的意见，就给美军参谋部发去一封长长的电报。他们说，艾森豪威尔直接给斯大林写信是越权。更糟糕的是，决定改变进攻方向是一个严重的政治和军事错误。他们还强调，英国情报界对所谓“民族堡垒”的谣传根本不感兴趣，在决定未来战略时不应予以考虑。

作为一个老练的政治家，丘吉尔也觉得艾森豪威尔干了一件大蠢事。在反对法西斯的这几年，丘吉尔也和罗斯福一样迫不及待地想要打垮希特勒，但是他也担心苏联可能带来的威胁。因此，他曾不遗余力地推迟开辟第二战场的时间，为的就是消耗苏联的战斗力。雅尔塔会晤后，丘吉尔越来越坚信东方面临的问题预示着未来的危机，苏联“已成了自由世界的致命的危险……必须马上建立一个对付苏联日益增长的影响的阵线……”在欧洲，这个阵线应该尽可能地建立在东方，因此，柏林应是英、美军队的首要目标。

丘吉尔具备艾森豪威尔所不具备的政治眼光。为了说服艾森豪威尔，他给艾森豪威尔发去一封长长的电报：“我并不认为柏林现在已经失去它的军事意义，更不认为它已经失去政治意义。柏林的陷落将对整个德国的抵抗在心理上产生深刻的震动，一旦柏林陷落，大多数德国人就会理所当然地认为应该放弃抵抗……依我看，只要柏林一天还飘扬着德国国旗，这个城市就仍然是德国最关键的地方。”

为了平息这些不满的情绪，3 月 30 日，艾森豪威尔起草了一份文件，向参谋长联席会议阐述了他的计划。他说：

“德军已经做好了防御准备，盟军可以开始向东南推进，防止纳粹占领山区庇护所。这样一来，柏林就不再是一个特别重要的目标了，它对德国已没有多大价值，甚至德国政府也正准备迁到另一个地区去。现在的重要问题是，要集中我们的兵力一路推进。与分散使用兵力相比，这样将更加迅速地攻陷柏林，解放挪威，获得海运设施和瑞典的港口。而现在的德国北部江河交错，交通不便，况且这个季节天气十分潮湿，不如要发动主攻的高原地区那样便于我们快速行动。”

很显然，他的计划是灵活的，他必须保留行动自由，以应付变化不定的形式。最大的灵活性来自在中路集中最大规模的兵力。

丘吉尔当然不会轻易放弃，他苦劝艾森豪威尔不成，便转而去找罗斯福。丘吉尔在给罗斯福的信中写道，如果有人认为他希望损害最高统帅的威望，这种损害即使很轻微，他也会感到很忧伤。他在表示了自己对艾森豪威尔的完全信任之后，重申了他的战略考虑。他强调，如果让苏联夺取柏林，那么将会产生这么一个印象：苏联是这场共同胜利的主要贡献者。这一虚幻的感觉可能对将来产生严峻的和难以克服的困难。

然而，丘吉尔的“抗议”遭到了美方的一致反对。面对美国的强硬态度，丘吉尔不得不做出让步。他明白，在对德作战的盟国远征军中，英军只占四分之一，美军才是主力，并且一直在起主要作用。英国想要左右美国的战略是不可能的。这场风波终于平息下来，因为双方都不想分裂。丘吉尔很敏感地意识到，在战后的世界中需要英、美团结，因而他主动地平息这场纷争。4 月 5 日，他再次致电罗斯福说：“我愿把英王陛下政府对艾森豪威尔将军的完全信任，我们两国军队在他的指挥下的愉快心情，以及我们对他伟大和平凡的品质、性格的钦佩，记载下来。”最后，丘吉尔用一句拉丁成语收尾：“情人的争吵乃是爱情的一部分。”

另一个急切想要攻占柏林的是蒙哥马利，他一直对艾森豪威尔不满，不想丧失这次建功立业的机会。丘吉尔的妥协令他十分不快，他坚持要给艾森豪威尔打电报，说他个人认为柏林作为进攻目标肯定是有价值的，并要求派 10 个美军师协助他对柏林发动进攻。但艾森豪威尔毫不犹豫地拒绝了他：“你现在的任务就是在布莱德雷向莱比锡进攻期间，保护他的北翼，而不是要他来保护你的右翼。至于柏林，如果可以不太费力就攻占的话，我一定会把它拿下来的。但是，就算有那样的机会，那也要让布莱德雷的第 12 集团军群，而不是你的第 21 集团军群来得到这个机会。”

蒙哥马利无可奈何，只得做出妥协。就这样，攻占柏林的机会让给了苏联。

德军全线崩溃

有关柏林的风波过去之后，艾森豪威尔决定趁热打铁，统率盟军向德国本土进军，夺取莱茵河，彻底消灭德国法西斯。这时，德军的战斗力已远不如前，而且很多部队的武器装备很差，有 24 个师甚至连反坦克炮都没有，整个国家处于崩溃的边缘。

1945 年 1 月底 2 月初，盟军先头部队对已经崩溃的德军防线展开最后的进攻。加拿大第 1 集团军正迫使在荷兰的德国 H 集团军群向艾瑟尔河退却；英第 2 集团军正在埃姆斯河对岸不断地扩大桥头堡，并向西北挺进；美第 1、第 9 集团军的部分部队继续向东前进，美第 3 集团军正向东逼近图林根森林①；在更南面的地方，美第 7 集团军在实施各处横渡莱茵河中最艰巨的渡河任务后，前进了 193 公里，抵达美因河上的维尔茨堡；法第 1 集团军奉命向南往卡尔斯鲁厄和巴登前进。

4 月 1 日，美第 7 军的先头部队第 3 装甲师，与第 9 集团军所属第 19 军的先头部队第 2 装甲师，在利普施塔特会合了。至此，沃尔特·莫德尔拥有 32.5 万人的德国 B 集团军群完全被包围在了鲁尔地区。它的北面是美第 9 集团军，南面和东面是美第 1 集团军，莱茵河对岸是美第 15 集团军。

艾森豪威尔吸取德国大反攻时的教训，丝毫不敢轻敌，他对参加这一战役的指挥员们说："莱茵河是一个可怕的军事障碍，其北端尤其如此。这条河不仅河身很宽，而且水势难测，甚至水位和流速也变化无常，因为敌人能打开沿这条大河东面的那些支流的闸门。我们组织起专门的侦察队和警戒队，监视这种威胁。由于莱茵河这个障碍的性质，这次渡河，除了部队不是从船上向岸上攻击，而是从岸上向岸上攻击外，很像一次对滩头的突击。"

---

① 图林根森林：位于维拉和图林根盆地之间。

蒙哥马利担任这次突击的主力，他跟艾森豪威尔虽然闹得很不愉快，但依然服从艾森豪威尔的调遣，毕竟他们面对的是同一个敌人。而巴顿也不甘落后，他指挥部队向德军的薄弱之处发起攻击。这两位杰出的军事艺术表演家暗自展开了一场激烈的友谊进军竞赛。巴顿之所以这样做，是为了用这场竞争中表现出来的高度进取精神来激励他的各级指挥官。这场竞争还从战场的形势发展中增添了新的动力。

2 月 8 日，也就是巴顿的第 7 军在其作战区域内发起进攻两天之后，“名副其实的战役以排山倒海之势”开始了，先是在西线战场上发起了自战争爆发以来最为集中和猛烈的一番炮火轰击。

艾森豪威尔的“莱茵河”作战计划就这样开始了。这个作战计划的第一个目标是让蒙哥马利的部队“突破帝国森林，插入莱茵起伏不平的丘陵地带”，使战场形势来一个决定性的转机。

蒙哥马利不负众望，他的部队很快就攻到了克勒弗，但是到达那里后，部队就停了下来。第 30 军军长霍罗克斯因为情报失误而进攻克勒弗城，结果伤亡惨重。有 2 个师被困在这场战斗中，脱不了身。直到 2 月 11 日，克勒弗的守敌才被肃清。2 月 13 日，帝国森林的守敌也被清除。但德军在战斗中调来相当多的预备部队，不仅粉碎了盟军意欲实现突进的意图，甚至还堵住了刚刚被打开的突破口。

巴顿展现了他一贯雷厉风行的作风，他的部队势不可当地向前挺进。德军根本无法阻止他向莱茵河推进。被裹在美第 3、第 1 集团军之间的 11 个德国师，除了一小部分设法逃过莱茵河之外，其余全部被歼灭。

艾弗尔战役已接近尾声，另一次战役的轮廓已逐渐显露出来。这场战役被称为法尔茨战役。军事评论家对巴顿给予了极高的赞誉，威尔莫特写道：“巴顿横扫法尔茨地区的打法，类似于他在法国西部丛林地带南边采取的迂回战术。”但是，为了打一次漂亮的胜仗，巴顿不得不再施计谋。按规定，他的每一次战役都必须经上级批准方能进行。然而，这些战役的每一次全胜或成功都是靠巴顿抓住某些有利时机，施展一些花招，才获得上级允许的。尤其是法尔茨战役，更需要欺骗手段。这样做不是为了迷惑德军，而是为了对付他的上司。巴顿甚至故意中断与上级的通讯联络，就是为了能够不受约束地进行攻击。

巴顿把下一个目标锁定为莱茵河。蒙哥马利也紧随其后，他指挥35个师，正为强渡莱茵河而紧张地备战。蒙哥马利把这次行动称为“劫掠”，渡河战役似乎仅次于“霸王”战役。蔚为壮观的渡河战斗，事先就被吹嘘为蒙哥马利在这次世界大战中首屈一指的战绩，甚至比阿拉曼战役①还要伟大。蒙哥马利摩拳擦掌，准备在这次行动中与“希特勒尚存的西部集团军之精华”较量一番。

丘吉尔曾生动地描述过这次规模庞大的准备工作。这次行动激发了他那富有浪漫主义色彩的想象力，他像恺撒当年要过卢比孔河一样盼望着这一行动早日开始。他写道：“我们将投入所有的力量。百万大军前面8万人的先头部队将猛扑过去。大量的船只和浮桥都已准备就绪。在河的对岸，是据守在战壕里并配备有各种现代化武器的德军。”

为了鼓舞士气，英国首相丘吉尔、英国总参谋长布鲁克和盟军远征军总司令艾森豪威尔，都亲自来到莱茵河畔督战。丘吉尔还激动地给斯大林发去一份热情洋溢的电报说：“我和蒙哥马利元帅一起，在他的司令部。他刚刚下令从以韦塞尔为中心点的广阔战线上，发动强渡莱茵河的主攻。这次战斗将得到3000门大炮和空军的支援。预计部队将于当晚和明天渡过河去，并在对岸建立起桥头堡阵地。一旦强渡成功，一支格外强大的装甲预备队将乘胜追击。”

很快，巴顿的部队就推进到了莱茵河畔，机械化部队牢牢地扼守在咽喉地带，第90师肃清了在莱茵河西岸作战区域内的大部分德军，第5师也正在其他战区清剿残敌，第4装甲师正沿着莱茵河西岸向北挺进。与此同时，第11装甲师再一次向莱茵河推进，该师的部分部队已经进入沃尔姆斯。3月22日，在第3集团军的作战区域内，莱茵河上所

---

① 阿拉曼战役：是“二战”北非战场上，德军司令隆美尔所指挥的非洲装甲军团与蒙哥马利统领的英联邦军队在埃及阿拉曼进行的战役。这一战役以英军的胜利而告终。

有德军的退路都已被切断。当天巴顿共俘获德军 1.1 万人。这表明德军士气瓦解，濒于崩溃。此外，巴顿还得知第 10 装甲师的部队已经和第 7 集团军的部队接上了头，完成了对德军的包围。战场形势好得令人难以置信，巴顿说："我们还在等什么?"

于是，在没有任何空中支持，没有地面炮火作掩护，没有在敌军防线后方空投部队，甚至没有真正得到上级授权进攻的情况下，巴顿发出了攻渡莱茵河的信号。当晚 11 点，整编第 5 师以 2 个营的兵力开始渡河，几乎没有遇到什么困难。拂晓时，共有 6 个营渡过了河，伤亡仅 34 人。随后，巴顿又把一个师的兵力运过河去，从而建立了美军第二个桥头堡阵地。

巴顿的部队靠着速度与勇猛，很快就攻破莱茵河防线，为整个法西斯的灭亡埋下了伏笔。

起初，巴顿对这次渡河一声不吭，直到 3 月 23 日，他才打电话给布莱德雷说："我已经渡过了河，但先不要声张。"

"什么? 你说什么?"布莱德雷叫道，"你是说渡过了莱茵河?"

"正是，"巴顿说，"昨天夜间，我让一个师悄悄地渡过河。对岸的德军部队少得很，他们现在还不知道呢。所以先不要声张，先保守秘密，然后看看情况会如何发展。"

天黑以后，巴顿又给布莱德雷打电话。这次他不像早上那样压低声音了，而是大声要求尽快向全世界宣布，他们已经渡过了河。他说："我要让全世界知道，第 3 集团军在蒙哥马利未渡河之前就渡了过去!"

"据说还发生了一件与这次渡河有关的很有趣的事情，"巴顿后来写道，"第 21 集团军群定于 3 月 24 日渡过莱茵河。为了迎接这一惊天动地的战斗，丘吉尔先生写了一篇演讲稿，祝贺蒙哥马利元帅发动现代史上第一次攻渡莱茵河的战斗。这篇演讲稿事先录制了下来，由于英国广播公司方面出了个差错，被播放了出去，尽管第 3 集团军过河已有 36 个小时了，结果闹出了大笑话。"

这次，连布赖恩特也为巴顿的行动拍案叫绝。他写道："当英军总司令还在为 3 月 24 日的渡河做准备工作时，巴顿就开始了一场新的攻势。这位第3集团军司令在圣诞节之日挥师北上，堵住了德军在阿登的突破口，而后在3月初穿过艾弗尔，挺进到科布伦茨，为阿登之役雪了恨。现在他又挥师转向东南，两度指挥装甲部队渡过摩泽尔河，一周内，包围了‘齐格菲防线’的守军，并圈住了数万名士气低落消沉的德军，清扫了莱茵河西岸的残敌；接着，这位伟大的将领又一次——这次也是正确地——抢在蒙哥马利前行动，胜利地渡过了莱茵河。”

3月23日夜晚，蒙哥马利在北面也发动了强渡莱茵河的战斗。当天夜里，第51、第15苏格兰师在莱茵河的两处也成功渡过了河。

3月24日早晨，巴顿一身戎装，精神饱满地以胜利者的姿态过了莱茵河。当走到浮桥中间时，他停住脚步，朝河里吐了一口唾沫，自言自语地说：“希特勒，我等着你在投降书上签字呢！而蒙哥马利，这一次你又败在我的手下了。”

在这次抢渡莱茵河的竞争中，尽管艾森豪威尔对巴顿擅自行动有些不满，但对于结果他也非常高兴。这意味着纳粹德国在西线拥有的最后一道天然防线已经丧失了。

同时，他也照会巴顿，不要给敌人任何喘息的机会。于是，巴顿的第8军发起了第二次强渡，并于3月25日夺取哈瑙和阿沙芬堡附近的美因河桥头堡阵地。德军进行了疯狂的反扑，企图把美军遏止在美因河桥头堡阵地，但最终没能堵住这个突破口。4月10日，第3集团军开始向穆尔德河进军，其装甲部队以脱缰的野马之势，把埃尔富特、魏玛、耶拿和格拉甩在后面，一直推进到克姆尼茨近郊才停住脚步，5天共推进了128公里。

4月14日，巴顿应邀参加在美因茨的莱茵桥通车典礼。剪彩时，他拒绝使用递给他的一把大剪刀。“你把我当成什么人了？裁缝师傅吗？”他咕哝道，“给我拿把刺刀来！”

蒙哥马利得知巴顿突破莱茵河防线后非常懊悔，他马上向艾森豪威尔请命，希望率领军队以最快的速度和最大的干劲向易北河猛进，直指从汉堡到马格德堡一线。他特别强调自己需要“突然出击”，以快速装甲部队为先导，沿途占领飞机场，以备随后进行密切的空中支持，但情况出乎他的预料。

由于攻占柏林的机会已经让给了苏联，艾森豪威尔有意限制蒙哥马利向莱茵河进军。更糟糕的是，不仅美第 9 集团军不让蒙哥马利指挥，还清楚表明，盟军的主要突击方向不是柏林，而是莱比锡和德累斯顿。艾森豪威尔甚至打电话通知蒙哥马利："一旦你和布莱德雷在卡塞尔－帕德博恩地区会师，第 9 集团军将立即转归布莱德雷指挥。那时，他将负责占领鲁尔和肃清敌军，并尽量少耽误时间，然后他的主要突击方向将沿着埃尔富特－莱比锡－德累斯顿轴心前进，并与苏联人会师。"

此时，德国已到了大厦将倾的时候，所有人都在等着希特勒政府倒台。在向德国本土进军中，巴顿的第 3 集团军仍一马当先，继攻克法兰克福后，又向北挺进。

在视察易北河战区时，艾森豪威尔参观了埋藏在一个洞穴里的德军金库。金库在一个离地面几乎有 1.6 公里深的矿井里，是德军仓皇撤退时留下的。在其中一条地道里有大量油画和其他艺术珍品。这些东西有些用纸和粗麻布包着，有些则像捆在一起的木材那样堆在一起。在另一条地道里，艾森豪威尔看到了估计价值 2.5 亿美元的金子，其中大部分是金条。

这些金条装在袋子里，每袋装 2 条，每一条重 25 磅。此外还有欧洲各国铸的大量金币，甚至有好几百万枚美国金币。而在其他的诸如手提皮箱、衣箱等容器里，则塞满了从欧洲各地私人手里掠夺来的大量金盘、银盘和装饰品。

艾森豪威尔对这种掠夺丑行感到厌恶、憎恨，然而纳粹的集中营更使他万分震惊。这座集中营位于哥达城附近，这是艾森豪威尔第一次看到集中营，第一次目睹纳粹犯下的凶恶残暴、灭绝人性的罪行，他无法用语言来形容自己的感情，他在任何时候都没有如此震惊过。

艾森豪威尔视察了集中营的每个角落，觉得自己有责任用第一手材料向世界宣传这些情形。视察完集中营后，他回到巴顿的司令部，当晚就通知华盛顿和英国政府，要求火速派一批记者和国家立法机关代表团到德国参观、报道。一方面，他觉得应该立即把证据公之于众；另一方面，他更坚定了进一步打击德军的决心。

在美军逼近易北河之后，艾森豪威尔开始集中力量向北和向南推进。4 月 21 日，美第 1 集团军群攻克了由临时拼凑起来的德第 11 集团军防守的哈茨山区，这又是一个相当大的“口袋”。4 月 25 日，美第 1 集团军的部队在托尔高地域的易北河上，与苏联红军乌克兰第 1 方面军会师，整个德国领土和德军的阵地被分割成了南北两块，而且盘踞在捷克斯洛伐克的德国 2 个集团军群也失去了向柏林地区靠拢的退路。巴顿的第 3 集团军则转向南面，接管亚历山大・帕奇①的第 7 集团军的部分地域，切断了阿尔卑斯山脉的“民族堡垒”，并突入奥地利。

由于盟国在奥地利没有划分占领区，艾森豪威尔通知苏联说，他打算往东推进到林茨——这碰巧是希特勒的出生地。

至此，盟军已经肃清了荷兰、挪威和意大利境内的法西斯军队，残余的德军被压缩在柏林附近地域。

法西斯的灭亡

1945 年注定是世界反法西斯战争中最重要的一年。艾森豪威尔所统率的百万大军早已突破莱茵河，攻破了德军的最后一道防线，德军再也没有还手之力了。与此同时，苏联红军所向披靡，与柏林的距离越来越近。兵败如山倒，希特勒知道自己的末日到了。

根据古德里安后来在军事法庭上交代，希特勒在最后时刻，与古德里安又围绕苏联战场形势问题大吵了 2 个小时。古德里安说：“他站在我面前，举起拳头，脸气得通红，全身发抖……狂怒使他变成了另一个人，完全丧失了控制自己的能力。在每一次发作之后，他就在地毯上走来走去，然后猛地在我面前停下来，重新指着鼻子骂我。他几乎是放开嗓子嘶叫，两只眼睛鼓得快要脱出来，额头上的青筋也暴了起来。”

---

① 亚历山大・帕奇（1889—1945）：美国陆军上将，珍珠港事件后赴太平洋战场作战，任美洲师少将师长。1944 年任第 7 集团军司令，参加了“龙骑兵”行动、萨尔盆地战役。战后任第 4 集团军司令。

在愤怒的情绪下，纳粹官员们下了一道总命令，大意是把所有德国的军事、工业、运输和交通设备以及所有的储备统统毁掉，以免落入敌人之手。这些措施要在纳粹地方领袖和“民防委员们”的协助下，由军事人员执行。命令最后说：“一切指示与本命令相抵触者均属无效。”这就是说，可以使德国人民在战败后维持生存的任何东西都不能保留。

不仅如此，纳粹还发了一道同样野蛮的命令——据希特勒的爪牙斯佩尔在军事法庭上叙述：“鲍曼①的命令旨在把德国东部和西部的人口，包括外国工人和战俘在内，移至德国中部。数以百万计的人必须徒步。对于他们的生存，没有任何准备，而且在当时的情况下，也没有办法准备。这势必要造成不可想象的饥荒。”

如果这一命令得以实施，那么数以百万计的没有在战场上死去的德国人，也会在这次迁徙中死去。斯佩尔在纽伦堡法庭上总括各种“焦土”命令说，必须摧毁“所有工厂、所有重要的电力设备、自来水厂、煤气厂、食品店、服装店；所有的桥梁、铁路和交通设备；所有的河道、船只；所有的机车和货车”。德国人民之所以能够幸免，除了因为盟军进展神速使得这次巨大破坏无法执行之外，还由于斯佩尔和一些军官尽了他们非凡的努力。他们直接违抗希特勒的命令，在国内四处奔走，保证重要的交通、工厂和商店不被那些死心塌地服从命令的军官和纳粹党徒炸毁。

为了尽快攻占柏林，捣毁德国法西斯的老巢，苏联红军制订了完善的攻占计划。他们调动了大批部队，有白俄罗斯第 1、第 2 方面军，乌克兰第 1 方面军，总兵力在 250 万人以上。他们拥有41 600门大炮和迫击炮、6250 辆坦克和强击火炮、7500 架飞机。战役的目的是打击退缩在柏林附近的全部德军，攻占柏林，迫使德国无条件投降。

希特勒知道柏林守不住了，但他顽固的性格不容许他投降，他打算血战到底。为此，他下令强迫当地居民、战俘和被强制到德国服劳役的

---

① 马丁·鲍曼（1900—1945）：德国纳粹党秘书长、希特勒的私人秘书，掌握着纳粹党的钱袋子，人称“元首的影子”。“二战”结束后，他神秘失踪，但纽伦堡国际法庭仍然在 1946 年 10 月判他死刑。

外国工人，在奥得河一线和柏林周围构筑防御工事。他们在柏林以东建成三道防线：第一道是北起沃林湖东岸，沿奥得河伸延到尼斯河一线；从此往西 10～20 公里是第二道防线，其中以泽劳弗高地为主要阵地；再往西 10～20 公里为第三道防线。此外，环绕柏林城筑成了 3 层防御圈：最外一层距离市中心半径为 24～40 公里，沿着当地的湖泊、河川构成；第二层距离市中心 12～20 公里，主要利用郊区的森林构成；第三层是沿着柏林的环城铁路修成的。同时，他把柏林市区划分成九个防御区，分兵防守。当时希特勒汇集到柏林附近的兵力将近 100 万人，在柏林市内还组成了近 20 万人的守备队。

1945 年 4 月 16 日凌晨 5 点，苏联红军开始发动攻击。隆隆的炮声惊醒了正在沉睡的柏林市民。很快大家就明白，可怕的噩梦终于降临了。奥得河畔，苏联红军的近万门大炮在黎明之前齐声怒吼，狂热的纳粹分子也在这一刻消失匿迹。

经过四个昼夜的激战，苏联红军连续突破了德军的三道防线，逼近了柏林防御圈。这一期间，希特勒被迫把全部预备队投入战斗，苏联红军接连粉碎了 9 个德国师。

4 月 20 日，苏联红军开始炮击柏林。

这一天也是希特勒的生日，在苏联红军的炮火下，希特勒这个生日过得似乎很平静。也许是他内心的恐惧与绝望彻底冲淡了生日的气氛。他的情妇爱娃·布劳恩[①]来到柏林与他相会。纳粹军政头目们在为“元首”祝寿后都作鸟兽散了。苏联红军把柏林围得水泄不通，装甲部队已经进入市区，而且牢牢地掌握了制空权，希特勒是逃不出去了。

从 4 月 21 日开始，白俄罗斯第 1 方面军从东面和北面、乌克兰第 1 方面军从南面和东南面向柏林突击，与德军在郊区展开激战，并冲入市区。

此外，美军与苏联红军于 4 月 25 日中午在柏林西南易北河西岸的

---

① 爱娃·布劳恩（1912—1945）：曾经为希特勒的专用摄影师海因里希·霍夫曼工作，并由此认识了希特勒，长期作为希特勒的伴侣。1945 年 4 月，希特勒与她结婚，随后两人一同自杀。

托尔高会师。于是，整个德国领土和德军的阵地被切成南北两块，而且盘踞在捷克斯洛伐克的德国 2 个集团军群也失去了向柏林地区靠拢的退路。

在柏林市内激烈巷战的同时，德第 12、第 9 集团军和第 4 坦克集团军很快被苏联红军消灭。

柏林到处火光冲天、炮声隆隆。希特勒再也无法挽救这座城市了。对德军极度痛恨的红军战士，在威力强大的炮群和坦克支援下，在为无数无辜的生命报仇雪耻的热情的激励下，不顾巨大牺牲，人人奋勇向前。巷战进行得相当顺利，至 4 月 29 日，战斗已推进到市中心。

4 月 30 日下午，苏联红军占领了象征德国最高权力机构的国会大厦。剩下的只有德国政府所在地——总理府了。

当苏联红军攻打国会大厦的时候，柏林市的一个地下室里，希特勒正跟几个同伴一起共进午餐。餐后，希特勒对在场的每一个人下达了指令，任命海军元帅卡尔·邓尼茨①为自己的继承人，然后陪着爱娃走进了另一个房间。从此以后，再也没有人看见过活着的希特勒了。

邓尼茨知道德国败局已定，但他认为只有拖延战争，才有可能获得与美、英单独媾和的条件。于是，他把 59 个师的兵力用于西线与盟军作战，而把 214 个师和 14 个旅的兵力用于苏德战场，竭尽全力固守柏林，妄图以此达到拖延战争的目的。

就在纳粹德国即将覆灭的时刻，邓尼茨发表了一个简短的就职演说，非常清楚地表明了自己的立场："我的任务是拯救德国，使它不致遭受向我们进攻的布尔什维克敌人的破坏。正是为了这个目的，才要继续把军事斗争进行下去。"他的意思很明显，就是与苏联战斗到底，而对英、美妥协或投降。

邓尼茨这种想法得到了英国首相丘吉尔的呼应，他也认为世界上最可恶的敌人是苏联布尔什维克，苏联是"比希特勒德国更重要的敌

---

① 卡尔·邓尼茨（1891—1980）："二战"期间德国著名将领，德国总统、国防军最高统帅、海军元帅。在纽伦堡审判中被判处 10 年监禁，出狱后他继续宣传纳粹精神及复仇主义。

人”。因此，当成千上万的德国人放下武器向盟军投降时，丘吉尔发电报给蒙哥马利，吩咐他“收藏好德国人的武器，一旦红军的攻势继续下去，就可以很容易将武器重新分给与英国合作的德国士兵”。

邓尼茨很聪明地避开了惩罚德国的问题，把矛头直接指向苏联。他认为希特勒死后，德国不会对英、美构成威胁，西方会更乐于把德国看成欧洲反对共产主义的堡垒。因此，他试图通过使德军向盟国远征军最高司令部投降而在东线继续作战，来达到同样的目的。蒙哥马利正面的德军战俘告诉他，他们不但想让蒙哥马利第 21 集团军群正面的德军投降，而且也想让在德国东北部面对红军的德军投降。艾森豪威尔命令蒙哥马利拒绝这一建议，并向被派到兰斯担任苏联驻盟国远征军最高司令部的联络官苏斯洛巴罗夫将军允诺，如果出现较为全面的投降现象，他将“和在场的苏联代表一起，安排较正式的受降仪式”。

到 1945 年 5 月 1 日，美第 1、第 9 集团军已经跨越穆尔德河和易北河，并按照命令停在那里。在南部，第 7 集团军已经深入巴伐利亚和奥地利。在北部，蒙哥马利的部队已经接近汉堡和吕贝克。巴顿的第 3 集团军也前进到了奥地利和捷克斯洛伐克，但是他被禁止进入首都布拉格，这也是艾森豪威尔另一个有争议的决定。

在丘吉尔的煽动下，英军参谋长们敦促美国参谋长联席会议强迫艾森豪威尔在苏联红军到达以前，解放捷克斯洛伐克。美国方面认为，捷克斯洛伐克是一个可以用来否认苏联人的政治上的回报，因此催促杜鲁门同意。杜鲁门征求马歇尔的意见，而马歇尔又转向艾森豪威尔，艾森豪威尔认为红军会在巴顿到达前解放布拉格，因此他选择让第 3 集团军停在比尔森附近的战前边界。马歇尔支持他的决定：“就我个人来说，抛去后勤的、战术的或是战略的影响，我不愿意为了纯粹的政治目的而拿美国人的生命去冒险。”

但是，第 3 集团军已经占领纽伦堡，前进到多瑙河，而且跨越捷克斯洛伐克边界有几周的时间了。巴顿请求继续前进，但遭到了拒绝。5 月 4 日，艾森豪威尔最终授权第 3 集团军越过捷克斯洛伐克的边界，但是不许超过比尔森。同一天，美第 7 集团军与从意大利向北挺进的第 5

集团军在奥地利的伯伦纳山口①会合。

很快，一场由捷克抵抗力量组织的反对布拉格党卫军的起义被残酷镇压了，而巴顿的第3集团军距现场仅64公里远，却被命令不得干预。

在意大利，德军指挥官冯·维尔汀霍夫不顾希特勒曾经下达的战斗到底的命令，于5月2日率部队向盟军无条件投降。

5月4日，邓尼茨派汉斯－格奥尔格·弗雷德堡②海军上将到艾森豪威尔位于兰斯的统帅部，要求与盟军商谈西线德军投降事宜。艾森豪威尔没有会见弗雷德堡，他表示在德国无条件投降之前拒绝会见任何德国官员，并再次要求德国在东西两线全面投降。

弗雷德堡只好打电话向邓尼茨请示，邓尼茨又于5月6日派出了他的总参谋长约德尔，进行分裂盟国的最后一次努力。约德尔告诉盟军："邓尼茨将军将命令在西线的所有残余部队停火，不管盟军最高司令部如何对待投降建议。德国愿意，而且非常迫切地希望尽快向西方投降，而不向红军投降。"

艾森豪威尔并没有上当，他让助手警告约德尔，并发出了最后通牒：德军无条件的投降将包括各个地方所有的德军部队，并且向所有相关国家投降。同时，艾森豪威尔宣称，除非在投降书上签字，否则他打算封锁所有的盟军前线，用武力阻止更多的德国难民进入西方战线一侧。这将在48小时内生效，不管投降协定是否签字。

约德尔将艾森豪威尔的警告转告邓尼茨。邓尼茨气急败坏地说："这纯粹是勒索！"他气愤地将约德尔的电报摔在地上，但无奈之余，他还是给约德尔拍去一份电报："邓尼茨海军元帅已经授予约德尔全权按照所提出的条件签字。"

5月7日，德国政府代表约德尔由弗雷德堡海军上将和一名副官陪同，来到兰斯西方盟军司令部。约德尔生硬地低头鞠躬，向盟军代表签署了无条件投降书。约德尔签署投降书后，把笔放下站起身来，出人意

---

① 伯伦纳山口：位于阿尔卑斯山脉东段，奥地利和意大利两国的边境上。

② 汉斯－格奥尔格·弗雷德堡（1895—1945）：纳粹德国海军一级上将，海军司令。

料地说："我想说几句话。"

史密斯点了点头。

"字签完了，德国人民和德国军队的命运不管是凶是吉，已交付给胜利者了。在这个时刻我唯一能表示的，就是希望胜利者能够宽容地对待他们。"说完，约德尔严肃地向在场的人鞠了一个躬。接着，他带领代表团全体成员，来到二楼，排着队进入艾森豪威尔的办公室。

德国军官磕了一下脚跟，向艾森豪威尔行了军礼。艾森豪威尔没有回礼。

"你是否明白你刚刚签署的投降书的各项条款?"艾森豪威尔问道。

"完全明白。"约德尔回答。

"如果这份投降书中的条款遭到破坏的话，你要承担全部责任。"

这时，艾森豪威尔内心涌起一种难以掩饰的胜利感。自从被授予最高统帅头衔以来，他第一次感到无愧于这个荣誉。

"我的话完了。"艾森豪威尔郑重而严厉地说。

随后，艾森豪威尔向盟国联合参谋总部拍发了一封电报，电报说："盟军的任务在 1945 年 5 月 7 日当地时间 2 点 41 分完成。"

但是，斯大林对兰斯投降仪式并不满意。

5 月 6 日夜里，苏斯洛巴罗夫迅速把即将举行投降签字仪式和投降书记录稿报告莫斯科，请求指示。但是，直到投降签字仪式进行时，国内的指示电报还没有到。怎么办？是代表苏联签字，还是拒绝签字呢？苏斯洛巴罗夫深知，希特勒的死党仍然在玩弄单独向盟军投降的把戏，如果自己稍有不慎，就可能带来严重后果。

苏斯洛巴罗夫反复研究了投降书，发现其中并无不妥之处，于是决定在投降书上签字。但是，为了使日后的事态发展保持灵活性，他在投降书上附了一个备考。备考说明：本军事投降书签署后，任何一个同盟国政府，仍可以提出签订另一个更加完善的投降书。结果，就在艾森豪威尔向苏斯洛巴罗夫祝贺投降书的签署时，莫斯科发来了紧急指示：任何文件都不能签署！

苏联政府认为，在兰斯签署的投降书，只是德国法西斯武装力量无

1945 年 5 月 7 日，在盟军最高统帅艾森豪威尔的兰斯总部，德国阿尔弗雷德·约德尔上将（中）签署德国无条件投降书。他的右侧是少校威廉·奥雷纽斯，左侧是海军上将汉斯－格奥尔格·冯·弗雷德堡

条件投降的初步议定书，只有记载德国法西斯军队真正投降，并停止在东、西方的任何抵抗的文件，才算是最终文件。

事实上，兰斯投降书签署后，东线的德军仍然在继续抵抗。正因为如此，苏军总参谋长安东诺夫于 5 月 7 日早晨给英、美驻莫斯科的军事使团发出信函，要求 5 月 8 日在陷落的柏林正式签署无条件投降书，以代替在兰斯签署的初步议定书。

艾森豪威尔马上做出了回复，同意盟军的代表们于 1945 年 5 月 8 日，赴柏林签署德国武装力量无条件投降书。

5 月 8 日，盟军在柏林正式举行了德国无条件投降仪式。参加仪式的苏方代表是朱可夫和安德烈·维辛斯基①，仪式由朱可夫主持。盟军

① 安德烈·维辛斯基（1883—1954）：苏联法学家、外交家，曾任苏联外交部部长、苏联总检察长。

最高统帅部的代表是：英国空军上将阿瑟·特德、美国战略空军司令卡尔·斯巴兹和法军总司令德·塔西尼①。代表德国在投降书上签字的是：陆军元帅威廉·凯特尔②、海军上将汉斯－格奥尔格·弗雷德堡和空军上将施通普夫③。

凯特尔竭力保持着尊严与傲气。他把元帅杖举到自己的胸前，并立即放下。他想在自己承受耻辱时做得体面一些，但不管怎样，他终究要在投降书上签字，这对一个军人来说简直是奇耻大辱。

“现在，开始签署德国无条件投降书。”朱可夫庄严宣布，接着，他问凯特尔，“你手头有无条件投降书吗？研究过没有？你是否拥有全权签署投降书？”

“是的，我们研究过，并准备签署投降书。”凯特尔把德国新总统邓尼茨签署的文件递交主席团，然后打开一个文件包，拿出钢笔并准备在他面前的投降书上签字。

“德国代表团签署投降书准备好了吗？”朱可夫大声问。

“是的，准备好了。”凯特尔抬起了头。

1945 年 5 月 9 日零点 17 分，凯特尔开始不慌不忙地签署投降书。

这份投降书的内容如下：

一、我们这些签名者代表德军最高统帅部，同意我们的陆、海、空军所有的武装力量以及现在由德军统帅部指挥的一切力量向盟国远征军最高统帅部，同时向苏联红军最高统帅部无条件投降。

二、德军统帅部要立即命令陆、海、空军所有的司令官和德军统帅部指挥下的所有兵力，于 1945 年 5 月 8 日中欧时间 23 时 01 分停止军事行动，停留在此时他们所在地点，彻底解除武装，向当地的盟军司令

---

① 德·塔西尼（1889—1952）：“二战”期间法国陆军高级将领、原法属中南半岛高级专员兼远征军总司令、法国元帅。

② 威廉·凯特尔（1882—1946）：“二战”期间德军最高统帅部总参谋长，战后在纽伦堡审讯中被判绞刑处死。

③ 施通普夫（1889—1968）：即汉斯－于尔根·施通普夫，纳粹德国空军参谋长，一级上将。

官或作为盟军最高统帅部代表的军官移交他们的全部武器与军用物资，不许破坏与损坏机车、轮船、飞机及其发动机与有关设备，以及作战用的车辆、装备、仪器和一切军事技术装备。

三、德军最高统帅部要立即派出合适的指挥官，保证执行盟国远征军最高统帅部和苏联红军最高统帅部以后所发布的一切命令。

四、本投降书将不妨碍盟国或以它们名义签订的、适用于整个德国与德国武装力量投降的其他总文件进行替换。

五、若德军最高统帅部或其指挥下的某一武装力量不按这一投降书形式，盟国远征军最高统帅部以及苏联红军最高统帅部将采取他们认为必要的惩罚措施或其他行动。

该投降书自 1945 年 5 月 9 日 0 时开始生效。

受降仪式结束后，凯特尔和德国将军们站起身来，鞠了个躬后，带着满脸的屈辱，默默地离开了大厅。刚才还是悄然无声的大厅，顿时沸腾起来。

在德国签字投降当天，美国陆军参谋长马歇尔以国家、联邦以及美国军队的名义，给艾森豪威尔发来了一封热情洋溢的电报。电报中说："你以战争史上最伟大的胜利完成了你的任务。你出色地指挥了从来没有这样集结起来的最强大的部队。你遇到并成功地解决了涉及各种不同国家利益的一切可以想象到的困难，处理了国际政治问题中前所未有的复杂问题。"这是来自美国方面最高的褒奖，马歇尔既是美国陆军的参谋长，也是盟国参谋长联席会议的主要负责人。

英军总参谋长布鲁克也对艾森豪威尔说，如果发生另一场战争，"我们将把我们的全部人力和物力都交给你调遣"。

作为统率数百万大军的盟国远征军总司令，艾森豪威尔成了战争中最著名、最成功的将军。

第七章　迈上总统之路

在整个“二战”期间，艾森豪威尔所表现出来的消除各国分歧、协调军官之间矛盾的能力，一直为人们所津津乐道。在“冷战”中，美国人民需要一个冷静、沉着、具有战争经验的军人来领导他们的国家，而这个人非艾森豪威尔莫属。

哥伦比亚大学校长

战争结束后，丘吉尔坚持要求艾森豪威尔参加正式庆祝活动。艾森豪威尔请求庆祝仪式“要避免过于美化我个人的作用，因为胜利属于我所属的盟军团队”，但丘吉尔没有理会。

庆祝仪式在1945年6月12日上午举行。艾森豪威尔在仪式上发表了演说。他说，接受如此崇高的荣誉使他有喜悦，也有感伤，因为“任何受到喝彩的人都必须保持谦逊，因为这份荣誉是他的同伴用鲜血、他的友人用生命换来的”。他谈到阿比林和伦敦在历史和面积上全然不同，但接着他谈到了两者的渊源：“一位伦敦市民……愿为保卫信仰自由、法律面前的平等、言论自由和行动自由而斗争。一位阿比林的公民也会这样做。当我们想到这些事情时，泰晤士河谷与堪萨斯州农场的关系也就更为亲密了。”他还提到了自己领导过的“伟大团队”。

战争结束了，艾森豪威尔也要回美国了。这时，如何对待凯成了难题。她不是美国公民，不能继续在美国陆军妇女队任职，也不能继续替艾森豪威尔工作。1945年10月，她决定前往美国申请公民证。回到美国后，艾森豪威尔请卢修斯·克莱[①]在他那里给凯安排一份工作。他告诉克莱："我希望你能给她找份好工作。我知道你记得她不仅忠心耿耿地协助过我，而且在这场战争中遭遇了许多不幸。另外，据我所知，她为人谨慎，在公事上能严守秘密。"艾森豪威尔曾向史密斯坦白，说自己为凯感到难过，因为他知道"她感到非常孤单凄凉"。

接着，他给凯写了一封措辞严谨的长信，解释为什么她不能再为自己工作。他表示自己会竭尽全力，帮助她找到新工作。他在信的结尾处写道："最后，我希望你能经常给我来信——我会一直关注你的情况。"然后，他在信后加了两句："善自珍重，保持乐观。"

之后，凯离开陆军妇女队，成了一名美国公民，并移居纽约。1948 年，她出版了《艾森豪威尔是我上司》一书，讲述自己的战争经历。该书获得了巨大成功，加上她巡回讲演所得的收入，足以使她在经济上自立。

1948 年，艾森豪威尔迁至纽约后，凯曾设法在他的办公室附近与他"邂逅"，但他反应冷淡、粗暴。据她后来叙述，他要她离开，并说："凯，这是不可能的。我帮不了什么忙。"在评价两人的关系方面，最好的意见来自休斯，他在 1943 年曾对泰克斯·李说："不要管凯和艾克。她会帮助他赢得战争。"

到 1947 年 10 月，艾森豪威尔年满 57 岁，他在五角大楼担任参谋长已经 2 年，杜鲁门答应过他，担任参谋长 2 年就可以退休。这是一个与五角大楼说再见的年龄。退休后他将干什么，到哪里去？他开始考虑自己的职业问题。

他面临的机会可以说数不胜数。大公司要让他当总裁或董事长，并提供数目极为可观的薪金，然而他却指出："我绝不愿意担任可能被指责为'出卖名声'来为大公司做宣传的任何职务。"

早在 1946 年 4 月 2 日，艾森豪威尔曾在大都会艺术博物馆发表演说，当时的听众包括汤姆·华生。华生是哥伦比亚大学董事会成员，正

---

① 卢修斯·克莱（1897—1978）：美国陆军上将，战后负责处置战败后的德国民政事务的第一位高级专员。

在物色校长人选。演说过后，他问艾森豪威尔：“将军，请问您是否愿意担任哥伦比亚大学校长这一职位?”

艾森豪威尔从未想过当校长，闻言不由得吃了一惊，回答道：“哥伦比亚大学找我算是找错了人——你们应当去找弥尔顿[①]之类的人，因为他是个富有经验的教育家。”“不，”华生坚定地回答道，“哥伦比亚大学需要将军阁下。”

艾森豪威尔笑了，他和蔼地说：“华生先生，我要差不多一年后才能离开军队，现在我无法考虑你的建议。”他旋即把这件事忘得一干二净，但华生却没有忘记。

13 个月后，华生再度拜访艾森豪威尔，重新提出让他担任哥伦比亚大学校长，并逼着他表态。“这几乎是我一生中第一次不得不做出与我本身直接有关的决定，”艾森豪威尔苦笑着对朋友说，“我得与自己的全部本能做斗争才能得出结论。”

1947 年，在经过一番激烈的思想斗争之后，艾森豪威尔给哥伦比亚大学回信说，他同意接受校长的职位。尽管他拥有世界上许多大学的荣誉学位及称号，但是周围的人，首先是他本人，都十分清楚，他所获得的这些学术上的荣誉并非他对某一门科学的发展做出了贡献，而是出于对他在第二次世界大战时的军事贡献的尊敬。

1948 年 6 月，艾森豪威尔当上了哥伦比亚大学校长。当他迈进这所举世闻名的大学时，他在新岗位上也面临着许多无法回避的棘手问题。他和家人搬进了哥伦比亚晨边路上的校长住宅。他们不喜欢这所装修过于豪华的宅第，因为这不符合他们的品位。

艾森豪威尔坚持“军人有发牢骚的权利”，毫不隐瞒自己对大学生活的怨言，结果，几乎所有关于他的传记，都把这段日子称为他事业中最不快乐、最没有成就的时期。将军与教授们彼此不了解。当时在哥大任国际关系教授，后来接替艾森豪威尔出任校长的格雷森・柯克写道：

① 约翰・弥尔顿（1608—1674）：英国诗人、政论家、民主斗士，英国文学史上伟大的六大诗人之一。代表作品有长诗《失乐园》《复乐园》和《力士参孙》。

“出于长期军旅生涯养成的习惯，他希望所有问题都要说得简明扼要……他会干净利索地处理问题……他认为最好直接作出决定，不要拖延。”而教授们更喜欢讨论，不管会开多久，都不会作决定。

在担任哥伦比亚大学校长近 2 年后，艾森豪威尔在日记中写道：“世界上最复杂的事，莫过于挑选一名大学的系主任。”担任陆军参谋长时，他觉得美国陆军是世界上发布文件最多的官僚机构。而到哥伦比亚大学 7 个月后，他写道：“令人吃惊的事情之一就是文件。我认为自己永远无法处理完那些堆积如山的文件。”他坚持每个项目都用一页打印纸写出来，这个主张使那些下笔千言的教授哭笑不得。

在哥伦比亚大学，艾森豪威尔产生了一种被人遗忘的感觉。他只能发表评论，不能左右事情的发展；他的决定只会影响到数千人；他交往的是百万富翁，而不是政府首脑。最糟糕的是，他一如既往地努力工作，但并没有做出什么值得一提的成绩。

在哥伦比亚大学任职期间，艾森豪威尔一面主持校务，一面撰写回忆录。1948 年 12 月，他的《远征欧陆》第一版问世。这部书引起了巨大反响，也给他带来了不少收入。征税机关考虑到他不是专业作家，向他提供了特殊的征税优惠，他的纯收入达 476 250 美元。到 1966 年年底，《远征欧陆》一书在美国销售了 170 万册，并被译成了 22 种文字。

许多传记作者肯定，艾森豪威尔离开军队到哥伦比亚大学任职只是他入主白宫的一个跳板。他们指出，按照美国传统，总统必须具备一定的文职工作经验，而这正是艾森豪威尔所缺乏的。

不过，艾森豪威尔担任哥伦比亚大学校长的时间并不长，正当他努力探索大学生活奥秘的时候，“冷战”席卷了全世界。它涉及经济、意识形态、政治、外交等领域。1949 年 4 月，欧美等资本主义国家成立了北大西洋的政治军事联盟——北大西洋公约组织①（以下简称“北约”）。参与国的首脑们一致认为，艾森豪威尔是领导这个组织的最佳

① 北大西洋公约组织：是美国与西欧、北美主要发达国家为实现防卫协作而建立的一个国际军事集团组织。它拥有大量核武器和常规部队，是西方的重要军事力量。它使美国得以控制欧洲的防务体系，也是美国在世界范围内确立领导地位的标志。

人选。

在朝鲜战争之前，欧洲几乎没有重整军备，现在这些国家开始行动了。杜鲁门要求美国实施大规模重整军备计划，并表示他将派一部分部队前往欧洲，加入北约。大西洋两岸的领导人一致认为，艾森豪威尔是指挥北约部队的“唯一”人选。

1950 年 10 月，杜鲁门请艾森豪威尔参加在白宫召开的一个会议。在会上，他“请求”艾森豪威尔接受任命。艾森豪威尔表示：“我是一名军人，无论上级下达什么命令，我都会立即服从。”这是一个理想的任命。北约的司令部设在巴黎。作为北约司令，艾森豪威尔可以不再对国内和党派问题发表评论。他重返欧洲的举动，成为世界各地报纸的头版新闻。

1951 年 1 月 7 日，艾森豪威尔来到了巴黎。为了建立北约这个政治军事集团的武装部队，他倾注了大量心血。他聘请蒙哥马利担任最高司令官的副职，这是一项准备战争期间英、美进行政治军事合作的交易。艾森豪威尔又聘请了艾尔弗雷德·格伦瑟中将担任他的参谋长，五角大楼对格伦瑟的评价是：他既是一位优秀的计划专家，又是全军最好的桥牌手。尽管艾森豪威尔极力压缩编制，但在巴黎的北约司令部驻地，仍聚集了来自 12 个国家、穿着 40 种军装的 200 名军官。

当艾森豪威尔在巴黎忙于北约事务时，美国国内的政治局势波诡云谲。在华盛顿政治交易所里，大家对杜鲁门总统的评价并不高。在 1952 年竞选开始前，杜鲁门实际上是个政治破产者。他在任期内使美国国内经济转入了和平轨道，可裁减军备不力，因而恢复平时生产进行得相当吃力。许多政治领袖认为，艾森豪威尔的时刻已经到来。要执行新的政治方针，必须有新的领袖。民主党也好，共和党也好，都希望艾森豪威尔上台。

但艾森豪威尔对政治远不如他对军事那样精通。他从未公开对两党中的一党表示好感或反感，尽管他的父亲一贯投票支持共和党的总统候选人。

不管怎样，提名艾森豪威尔作为总统候选人的活动逐渐发展起来了。堪萨斯城的出版人罗伊·罗维尔特斯说，他在30年前就知道，艾森豪威尔是“堪萨斯的优秀共和党人”。参议员约翰·斯巴克曼在亚拉巴马宣称，他将争取让艾森豪威尔作为民主党候选人。但是，艾森豪威尔从自己的政治生涯一开始就表现出一种“善于控制自己的重要品质”，从不轻易表态。

杜鲁门总统两次派遣原驻苏联大使约瑟夫·戴维斯[①]去见艾森豪威尔。这位外交官肩负着一个难以完成的使命：说服艾森豪威尔以民主党候选人的身份竞选总统。杜鲁门向他保证在未来的选举中将全力支持他，但艾森豪威尔回答说：“我不能接受以民主党候选人参加竞选的建议，因为我好像是共和党人的成分比民主党人的成分多。”

连选连任美国总统

1951年9月4日，共和党内素有威望的领袖参议员亨利·卡伯特·洛奇[②]飞抵巴黎。他与艾森豪威尔是多年的好友。他对艾森豪威尔说，在美国，有很多组织在发动提名他为总统候选人的运动。他坚持认为，艾森豪威尔的竞选活动现在需要一些专业知识。他说，获得提名是一场硬仗，而赢得大选则十拿九稳。因此，他坚持要艾森豪威尔同意参加共和党的初选。他提醒兵贵神速，否则罗伯特·阿尔方索·塔夫脱[③]就会获得提名。艾森豪威尔答应认真考虑这件事情。

此时，美国的职业政治家正千方百计地加入“拥护艾森豪威尔公民协会”。针对这些人的活动情况，卢修斯·克莱向艾森豪威尔递交了一系列报告。所有报告都是用简单的密码写成。这些人相互钩心斗角，使克莱很苦恼。艾森豪威尔向克莱保证，“你不用担心我会置‘我们的朋

---

① 约瑟夫·戴维斯（1876—1958）：美国外交官，律师。曾任美国驻苏联大使、驻比利时大使、助理国务卿。他对苏联持友好态度，努力改善美、苏关系。

② 亨利·卡伯特·洛奇（1850—1924）：美国政治领袖和外交官，曾任联邦参议员、美国驻联合国代表。1960年为共和党副总统候选人，在美国卷入越南战争中扮演主要角色。

③ 罗伯特·阿尔方索·塔夫脱（1889—1953）：威廉·塔夫脱总统的长子，美国参议员、共和党领袖，任期达14年之久。1940年、1948年、1952年三次竞选总统，均告失败。

友'于不顾"。接着，他在信的末尾亲笔写了一段诚挚的话："如果我们能够把这些事情统统忘掉，岂不是更好？"

11 月 10 日，克莱在纽约与托马斯·杜威[1]、洛奇和一些从 1948 年起就为杜威效力的高层决策人员，其中包括他的竞选经理，来自纽约的赫伯特·布劳内尔，以及他的经济顾问加布里埃尔·豪格一起开会，同意让洛奇担任艾森豪威尔的竞选经理。

洛奇有热情，有干劲，也有专业知识。会议结束时，杜威说："不要忘了，我们需要搞一大笔钱。"艾森豪威尔想让自己在无人反对的情况下得到提名，但大家都知道这是不可能的，因为他的期望值太高了。他必须在塔夫脱还没有争取到全体代表前，加入拉票的战斗。艾森豪威尔对此表示拒绝，他说自己在北约的职务要求他不得介入政治，何况陆军也有规定，禁止现役军官从政。

朋友们说，艾森豪威尔起码要同意他们宣布他是共和党人，因为在争取党内代表的斗争中，对塔夫脱极为有利的条件，就是他可以说无人知晓艾森豪威尔属于哪个政党。艾森豪威尔对此仍然表示反对，但他同意由弟弟米尔顿发表声明，说艾森豪威尔家族一直都是共和党人。

随着压力越来越大，艾森豪威尔内心的反感也越来越强烈。他见的职业政治家越多，就越不喜欢他们。他在给《纽约先驱论坛报》的威廉·鲁宾逊的信中写道："每过一天，我对参与一切政治活动的厌恶情绪就越强烈。"这种心理使得他越来越含糊其辞，对自己是否能下定决心参政也越来越怀疑。

1952 年 2 月 11 日，为了推动艾森豪威尔参加竞选，金融家弗洛伊德·奥德伦[2]的妻子杰奎琳·科克伦[3]，带了一部长达 2 个小时的影片飞往巴黎。片中记录了在麦迪逊广场花园的一场拳击比赛后，在午夜举

---

① 托马斯·杜威（1902—1971）：美国政治家，曾任纽约州州长，1944 年、1948 年两度作为共和党候选人参选美国总统，但都败选。

② 弗洛伊德·奥德伦：曾是康维尔公司（后属通用动力公司）的股东，为美国空军生产喷气式飞机。

③ 杰奎琳·科克伦（1906—1980）：美国妇女航空兵勤务部队负责人，负责将飞机从工厂运抵战斗部队。她是战后第一个突破音障的女性和多项竞速飞行纪录的创造者。

行的拥护艾森豪威尔集会的实况。这部影片是由艾森豪威尔的朋友和“拥护艾森豪威尔公民协会”精心导演的。影片显示人群在齐声高喊：“我们要艾克！我们要艾克！”艾森豪威尔和玛米在家中的起居室里观看了这部影片，深受感动。

看完影片后，艾森豪威尔口授了好多封信给自己最亲密的朋友们。所有朋友都表示惊奇和激动。例如，他在给儿时挚友斯韦德的信中说，影片“使我第一次深感美国人今天要求变革的深切愿望，我无法向你表达，一个人突然意识到他自己成为迫切期待和希望的象征时，是多么激动”。在另一封信中，他谈到人民的“委托”，他看到人民需要他，他是如何感动，“如果任何美国人竟对这种信任不感到无比骄傲，我可以说，他几乎是缺乏人的感情的”。

1952 年 4 月 11 日，艾森豪威尔得到了白宫的同意，从 1952 年 7 月 1 日起，他将被解除北约武装部队最高司令官职务，并从军队退役。

消息传开后，艾森豪威尔的支持者开始向他提出许多建议，告诉他在某个问题上该如何表态。这些建议常常显得很愤世嫉俗。艾森豪威尔在给弟弟米尔顿的信中写道：“似乎有必要绕开某些提出来的问题。我似乎能够感觉到，在人的信念与他所认为的政治上可行的事情之间存在着差异。”政治家们想让艾森豪威尔“表明立场”，但他不愿从命。他告诉克莱：“坦白地说，我不认为种族关系或劳工关系是什么大问题。我也不相信这些关系引发的问题需要通过惩罚性法律或是记者招待会上的声明来解决。”

5 月 19 日，他在给克利夫·罗伯茨的信中写道：“不久我就要回国，我真的很担心回国后的前景。有生以来我第一次有这种感觉。”在北约主要成员国的首都进行告别拜会之后，艾森豪威尔于 6 月 1 日返回美国，以共和党总统候选人的身份参加竞选。

6 月 7 日至 12 日，共和党全国代表大会在芝加哥举行。艾森豪威尔在会上说：“我知道领导一次改革运动责任重大，我接受你们的召唤。我愿意领导这次运动。”他要消灭“高级官员的浪费、傲慢和腐败，消灭某个政党长期执政带来的沉重负担与忧虑”。他发誓“要遵照共和党的优良传统，制订实施进步政策的计划”。他请所有代表加入他的团队。最后，他说：“今天早上我与塔夫脱参议员、厄尔·沃伦[1]州长和哈罗德·史塔生[2]州长一起进行了富有建设性的友好交谈。我希望他们知道，也希望你们现在能了解，在未来的艰苦斗争中，我们将亲密无间地一起工作。”

随后，艾森豪威尔前往科罗拉多州弗雷泽，在阿克塞尔·尼尔森的牧场中休了 10 天假。这个牧场位于分水岭西面山坡海拔 8700 英尺处，是 7 月下旬最好的去处。艾森豪威尔在那里钓鱼，烤牛排和鳟鱼，作画。乔治·艾伦和其他艾森豪威尔帮的成员也都在场。艾伦坚持要收听民主党全国代表大会的广播。于是，艾森豪威尔和他们一起听了伊利诺伊州州长阿德莱·史蒂文森[3]接受提名的演说。艾森豪威尔对史蒂文森的演讲才能印象深刻，但艾伦却不以为然：“他是个过于讲究技巧的演说家，很容易击败他。”

尽管得到了提名，又明确了竞争对手，但艾森豪威尔及其顾问们突然觉得什么事情都有可能出错。1948 年，杜威一直信心满满，结果在大选之夜意外失利。这件事一直令他们无法忘怀。到目前为止，民主党在国内仍是多数党，控制着联邦政府内的官员任命，善于反败为胜。塔夫脱闭门不出，他的支持者继续对艾森豪威尔加以辱骂。共和党面临着过于自信和内部分裂的双重困难。

在弗雷泽，艾森豪威尔开始为竞选活动做准备，就像准备“霸王”行动一样努力工作。

首要难题就是挑选工作班子。洛奇显然是竞选经理和办公室主任的合适人选，但由于他要在马萨诸塞州竞选参议员，因此他错失了这个机会。艾森豪威尔对谢尔曼·亚当斯在全国代表大会上的表现印象深刻，

① 厄尔·沃伦（1891—1974）：美国政治家、法学家，担任过加利福尼亚州州长、美国首席大法官。

② 哈罗德·史塔生：美国政治家，自由派共和党人，担任过明尼苏达州州长，从 1946 年到 1992 年 10 次竞选总统未果。

③ 阿德莱·史蒂文森（1900—1965）：美国政治家，以辩论技巧闻名，曾于 1952 年、1956 年两次代表美国民主党参选总统，但都败给艾森豪威尔。后担任美国驻联合国大使。

于是请他在整个竞选期间陪同自己旅行，担任自己的办公室主任。杜威的新闻秘书詹姆斯·哈格蒂担任艾森豪威尔的新闻秘书。

6 月 4 日，艾森豪威尔在自己的家乡阿比林首次向全国发表电视政治演说，并取得了巨大的成功。记者们一致认为，与事先准备好的演说相比，艾森豪威尔对即席问题的回答是非常精彩的。美国专栏作家詹姆斯·赖斯顿认为，艾森豪威尔是自罗斯福总统以来举行记者招待会的大师。赖斯顿写道："他说话直截了当，平易近人，不使性子，不挖苦讽刺。同样重要的是，在回答某些问题时，他好像比他实际表现的更为坦率，他说话简洁，不像知识分子那样绕弯子。"

在具体的施政方针上，艾森豪威尔说，他愿意为达成朝鲜战争"体面的停战协定"而努力。虽然他拥护公民权利，但他认为这是各个州的责任，因此他反对公平就业委员会。他要使经济摆脱"人为的直接立法手段的控制"，转而依靠自由市场。

对外政策问题在艾森豪威尔的竞选活动中占据特殊而重要的位置。针对国际局势，他发表了一些清醒的见解。他反对打第三次世界大战。他说："苏联和中国是不可能占领的。即使共产党撤退，让出了地盘，美国也无法去填补这些真空地带。"一旦战争爆发，西欧是否能给美国以有效的军事援助，他对此非常怀疑。因此，他说："在现代战争中，取胜的唯一途径便是制止发生战争。"随着竞选活动接近尾声，考虑到现实的政治局势，艾森豪威尔花费了很大精力去注意亿万选民感到最迫切的难题。他越来越肯定地表示，朝鲜战争的和平解决势在必行。

艾森豪威尔与顾问们一起策划自己的竞选活动。顾问们告诉他，不要浪费时间在南部地区竞选，但他坚持要去。实际上，他通过迪克西早在 9 月份便开始了正式的竞选活动。在玛米、亚当斯、30 多名政治顾问和工作人员及随行记者的陪同下，他乘坐名为"老乡，向前看"的专列开始了旅行。

这是大选投票前，他最后一次通过巡回演讲进行竞选。他的日程排得非常紧，但 62 岁的他似乎远比小他 10 岁的史蒂文森更有活力，更积极，更精力充沛。他到过的地方、发表的演讲和举行的招待会要多于对

1952年，在美国芝加哥召开的共和党全国会议上，加利福尼亚议员理查德·尼克松（左起第三位，旁边是他的妻子帕特）作为艾森豪威尔的竞选伙伴出现

手，而且从未表现出筋疲力尽的样子，而史蒂文森有时就疲态尽显。私下，艾森豪威尔也像战士一样喜欢抱怨。有一次，他得知自己还有一次汽车旅行，愤然说道："全国委员会那些笨蛋，他们是不是准备选一个死人出来？"但他总能迅速恢复体力，准备第二天早上再次全速出击。

艾森豪威尔竞选活动的高潮出现在10月24日的底特律。当时他宣布，当选后将立即"抛弃政治分歧，集中精力结束朝鲜战争……这项工作需要我亲自前往朝鲜。我将安排这次行程。只有这样，我才能学会如何在和平事业方面为美国人民服务。我一定会到朝鲜去"。

时距大选之日不到两个星期，这个振奋人心的声明实际上保证了这次选举的结果（美联社的一位记者听到这篇演讲后，收起他的打字机，称选战已经结束，自己不再随团采访）。

艾森豪威尔想前往朝鲜，并把这件事比作自己在战争期间视察前线。最早想到公开这一想法的是艾森豪威尔的写手埃米特·休斯；助手杰克逊把演讲稿带给艾森豪威尔，并读给他听。这一做法立即得到了艾森豪威尔的支持。

各界均反响热烈。美国的头号英雄、最伟大的军人和最有经验的政治家承诺要亲自过问国家的头号问题，这令人放心，更使人激动，这是美国人民期待的承诺。值得说明的是，艾森豪威尔并没有承诺自己在朝鲜将会做些什么，但这种模棱两可的说法不仅有助于争取到选票，更重要的是有了选择的余地。

11 月 14 日，选举结果显示，艾森豪威尔在全国得到了 55% 的选票，共计 33 936 234 张，史蒂文森得到了 27 314 992 张选票，两者的支持率是 55. 1%： 44. 4% 。尤其使艾森豪威尔高兴的是，他设法使共和党在国会中占了多数，尽管只是微弱多数（众议院多 8 席；参议院势均力敌，但是加上副总统理查德 · 尼克松[①]的一票，共和党就控制了参议院）。

这是一次了不起的胜利。数百万投票支持艾森豪威尔的中年共和党人，以前从未用自己的选票成功选出过总统。曾经获得五连胜的民主党人即使没有被民众抛弃，也肯定遭到了拒绝。其中最重要的原因是艾森豪威尔的个人威望。所有分析家都认为，这不仅是共和党人的胜利，更是他个人的胜利。

选举结果传来时，艾森豪威尔一家正在海军准将旅馆的套间里看电视，米尔顿、其他好友及政治伙伴也和他们在一起。玛米坐在地板上，眼泪湿润了她的脸颊。艾森豪威尔现在成了总统。他凭借自己作为将军、政治家和领袖人物的能力，登上了这个位置。美国人民选择支持艾森豪威尔，并不是因为他的名气（当然，这也发挥了一定作用），而是因为他的个人魅力和伟大成就。他是值得信赖的英雄，能够领导国家走向和平与繁荣。

1953 年 1 月 20 日，艾森豪威尔参加了总统就职典礼。这天上午，

---

① 理查德 · 尼克松（1913—1994）：美国第 34 任副总统及第 37 任总统，也是美国历史上第一位在任期内辞职的总统。他还是首位在任期间访华的美国总统，被称为“中国人民的老朋友”。

艾森豪威尔一家由 36 位亲属和大约 140 名即将加入政府的成员陪同，在全国长老会教堂做礼拜。当艾森豪威尔的汽车到达白宫的门廊时，他拒绝接受邀请进去喝杯咖啡，以表示他与杜鲁门总统的对立。

艾森豪威尔坐在汽车内等杜鲁门出来，他们在冷冰冰的气氛下一起乘车去国会。艾森豪威尔打破沉默说："1948 年，我没有参加您的就职典礼，是出于为您考虑，因为我如果出席的话，别人会忽视了您。"杜鲁门反唇相讥："艾克，要是您在那里的话，我绝不会请您参加！"

艾森豪威尔和杜鲁门来到国会东面，在那里专门为新总统就职仪式建造了一个平台。

12 点 32 分，弗雷德里克·文森①大法官主持宣誓仪式。艾森豪威尔发表就职演说时，他严肃坚定的表情变成了大家所熟悉的微笑。欢呼声停下来后，他念了当天上午所写的祷词，请求全能的上帝"使我们能全心全意为在场的人和全国各地的同胞服务"。他没有忘记民主党人，接着又说："但愿我们能合作，但愿我们在宪法概念指导下合作，成为不同政治信仰的人们的共同目标，从而大家都能为我们亲爱的祖国的利益工作，为上帝的光荣效劳。阿门！"然后，他开始他的就职演说："全世界和我们已经度过一个挑战的世纪的一半。"演说中，他特别强调了战争的危险和所谓的共产主义威胁问题。

就职典礼结束之后，艾森豪威尔开始主持白宫的工作。

玛米也克服自己原来的羞怯心理，成为他的事业中举足轻重的人物。她虽然不参与艾森豪威尔的工作，但是在公开和私下场合都给予他重要帮助。她款待他那些有钱有势的朋友及他们的妻子，出席或主持许多大型的社会活动。她仔细地答复每封来信。她还记住给艾森豪威尔工作班子的助手、顾问、秘书们，以及他们的孩子，在生日和圣诞节时送礼物。在公开场合，她站在艾森豪威尔身旁，穿着得体入时，显得快活。总之，她尽到了一位总统夫人的义务。

---

① 弗雷德里克·文森（1890—1953）：美国律师、政治家，担任过美国财政部部长、美国首席大法官。

艾森豪威尔知道，他虽然能够统领上百万的军队，但是未必能够治理好一个国家。所以，他首先要挑选合适的人来做合适的工作，以分担自己的压力。他想要能力出众、名副其实的管理者，需要那些敢想敢为的人才。他绝不任人唯亲，在挑选内阁及白宫工作人员时没有选择一个老朋友。有些最重要的职位，选的是他从来没有见过面的人；其他的职位选的是他在竞选过程中见过的人。

艾森豪威尔首先考虑的是国务卿这一重要职务。他认为约翰·杜勒斯[①]完全可以胜任这个职务。1952 年 4 月，艾森豪威尔在欧洲盟军最高司令部首次见到杜勒斯，很欣赏杜勒斯对北约、对外援助和国际主义的坚定态度。此外，他还对杜勒斯在世界事务方面的渊博知识有着深刻的印象。他曾对埃米特·休斯说："我知道只有一个人比杜勒斯去过世界上更多的地方，和更多的人谈过话，知道得更多。这个人就是我。"

另外，艾森豪威尔想让洛奇担任总统助理，或是驻联合国大使。洛奇选择了后者。艾森豪威尔把这一职位提高到内阁成员级别，地位仅次于国务卿。

随后，艾森豪威尔请亚当斯担任总统助理，也将其地位升级至内阁成员。小赫伯特·布劳内尔担任司法部部长。国防部部长由世界最大的私人企业、通用汽车公司总裁查尔斯·威尔逊[②]担任，领导世界上最大的雇佣部门和采购部门。作为美国商界薪酬最高的行政人员，威尔逊应该懂得如何管理五角大楼这个巨大的帝国。乔治·汉弗莱担任财政部部长。

正如艾森豪威尔竞选时所说的一样，担任总统后，他即刻飞往朝鲜。随行人员有布莱德雷、威尔逊和布劳内尔。

他亲自上前线视察部队，与高级指挥官和士兵谈话，用野战餐具在野外就餐。最后他得出了结论，局势令人难以忍受。这是此次访问的真

---

① 约翰·杜勒斯（1888—1959）：曾任美国国务卿，"冷战"初期美国外交政策的主要制定者。

② 查尔斯·威尔逊（1886—1972）：美国企业家，两度担任通用电气公司董事长。太平洋战争爆发后，出任战时生产局副局长，一度任代局长。

正结果。他采取了一系列措施来逐步解决朝鲜问题，在分裂的朝鲜的敌对双方军队之间寻求停战，以便尽早结束这场“令人伤脑筋”的战争。

7 月 26 日早上 9 点 30 分，艾森豪威尔得知朝鲜停战协定已经签署。半个小时后，他向美国人民发表了电视讲话。他说，交火已经停止，对此他用“感恩的祈祷，由衷地表示欢迎”，但他觉得仍有必要提醒美国人民，“我们在一个战场上赢得了停战——而不是世界和平。我们不可以放松警惕，也不能停止自己的追求”。在美国，没有庆祝胜利的游行，时代广场上也没有欢呼的人群，没有凯旋的气氛。威廉·詹纳和约瑟夫·麦卡锡①等共和党人，以及众议院议长乔·马丁都批评政府没有全力求胜。

不管怎样，促成朝鲜停战是艾森豪威尔最伟大的成就之一。他曾承诺前往朝鲜，也暗示自己将结束战争，现在他做到了。尽管他受到自己的党派、国务卿杜勒斯和李承晚的强烈反对，但他接任总统 6 个月就结束了战争，为此他深感自豪。面对“一个无法解决的难题”，他发现了他称为“可以接受的解决方案”，并且坚持予以落实。而他的解决方案之所以被人接受，是因为他用自己的巨大威望来加以支持。他知道，如果同意这样一个解决办法的人是杜鲁门，那么愤怒的共和党人可能会弹劾他，这必定会造成国家的动荡。

艾森豪威尔的领袖风范令人难忘。这个曾在 1945 年担任盟军最高统帅的人，只接受无条件投降的胜利者，在 1953 年却成了和平的缔造者。他愿意接受一个妥协的解决方案。他认识到，无限制战争在核时代不可想象，而有限战争又无法取胜。这是他最基本的战略洞察力。

台海危机是艾森豪威尔担任总统期间的另一“杰作”，是他漫长政治生涯中的又一次伟大胜利。

1955 年元旦，蒋介石预言金门和马祖“随时都可能爆发战争”。在台湾海峡的另一边，周恩来说中国收复台湾“迫在眉睫”。不断加剧的台海危机，不久就成了艾森豪威尔总统任期内最严重的事件。

在整个危机中，艾森豪威尔被相互矛盾的意见所包围。他在回忆录

---

① 约瑟夫·麦卡锡（1908—1957）：美国政治家，共和党人，狂热极端的反共产主义者。

中写道："本政府听取了各方面的意见。艾德礼主张除掉蒋介石；艾登主张金门和马祖中立；民主党参议员主张放弃金、马两岛；雷德福要求为大陈岛而战，轰炸大陆；诺兰主张封锁中国沿海。"但是，艾森豪威尔唯一采纳的是他自己的意见。结果，他渡过了危机，并且实现了所有目标。

回想起来，艾森豪威尔处理危机的突出之处，就是他在每个阶段都让自己有选择的余地，随机应变是他作为"二战"期间最高统帅的主要特点之一。如今作为总统，他依然保留了这种灵活性。

1956 年 12 月 6 日，在新一届总统选举中，艾森豪威尔以超过对手 1000 万张选票的绝对优势，再次战胜民主党的史蒂文森，成功连任总统。

"冷战"的两极格局

连任总统的艾森豪威尔，很快又遇到了与苏联的军备竞赛这个棘手的问题，而这也使他饱受非议。

"二战"结束之后，世界出现了两个超级大国——美国与苏联。为了争夺世界霸权，美、苏两国及其盟国展开了数十年的对抗。这段时期，两国在军事和政治方面"相互遏制，却又不诉诸武力"，因此称为"冷战"。1946 年 3 月，英国前首相丘吉尔在美国富尔顿发表反苏、反共演说，又称"铁幕演说"。他在演说中公开攻击苏联"扩张"，宣称"从波罗的海边的什切青到亚得里亚海边的里雅斯特，一幅横贯欧洲大陆的铁幕已经降落下来"，苏联对"铁幕"以东的中欧、东欧国家进行日益增强的高压控制。对于苏联的扩张，不能采取"绥靖政策"。美国正高居于世界权力的顶峰，应担负起未来的责任。他主张英、美结成同盟，英语民族联合起来，制止苏联的"侵略"。这次演说被认为是正式拉开了"冷战"的序幕。1947 年美国杜鲁门主义出台，标志着"冷战"开始。

1955 年，苏联高层进行了更替，格奥尔基・马林科夫[①]下台，尼古拉・布尔加宁[②]成为部长会议主席；尼基塔・赫鲁晓夫[③]成了苏联共产党中央第一书记；朱可夫出任国防部部长。他们一起组成了苏联政府三巨头。

1957 年 10 月 4 日，苏联向地球轨道发射了世界上第一颗人造卫星，名为“斯普特尼克”。这一重大成就对艾森豪威尔及其政府来说“完全出乎意料”。但是，正如艾森豪威尔在回忆录中所承认的那样，“最出乎意料的是公众对此事的极度关注”。

美国报界、政客和公众对苏联人造卫星表现出近乎歇斯底里的反应。艾森豪威尔本人在谈论美国的导弹计划时，曾多次说过，洲际弹道导弹不仅是军事武器，更是心理武器，后者的影响重要得多。自“二战”胜利以来的 12 年中，美国人想当然地以为，他们的国家不仅是世界上最富有、最自由、最强大的国家，还是世界上教育程度最高、技术最先进的国家。不管是在当时还是后来，多数评论家都将这种异乎寻常的自满与艾森豪威尔联系在一起，“信任艾克”成了口号。

然而，苏联将人类第一颗人造卫星送上了天，他们的壮举将载入史册。赫鲁晓夫得意扬扬地宣称：美国的武器，包括 B-52 远程战略轰炸机在内，都该进博物馆了。尽管这句话过于武断，但人造卫星表明，苏联拥有比美国更优良的火箭和导弹却是不争的事实。

在与苏联的军备竞赛中，美国落在了后头，民众开始将责任推给艾森豪威尔。正如艾森豪威尔所说，将一切荣誉或指责归于一人的做法是非常愚蠢的。同样，自满情绪总是很脆弱。重量不到 200 磅、没有携带科学和军事设备的苏联人造卫星，摧毁了美国人的自信。民主

---

① 格奥尔基・马林科夫（1902—1988）：苏联领导人，曾任苏共中央书记及苏联部长会议主席（政府总理）。1956 年被打成“反党集团”，开除党籍。

② 尼古拉・布尔加宁（1895—1975）：苏军上将、社会主义劳动英雄。他是赫鲁晓夫的政治盟友，担任过苏联部长会议主席。

③ 尼基塔・赫鲁晓夫（1894—1971）：苏联党和国家领导人，政治家。“二战”期间参与指挥了斯大林格勒攻防战、基辅保卫战。1953 年当选为苏联共产党中央委员会第一书记。1958 年兼任苏联部长会议主席。

党人利用美国民众感受到的耻辱、震惊和愤怒，指责共和党人要为教育、导弹、卫星、经济增长、轰炸机、科学和国家声望方面存在的“差距”负责。

对于苏联的人造卫星，艾森豪威尔的第一反应是召开会议，评估美国的导弹研制情况。两名陆军军官说，陆军有一种“红石”火箭，在几个月前就能将卫星送入轨道，但是艾森豪威尔政府将卫星研制交给了海军“先锋”计划，而海军没有成功。

10 月 9 日，艾森豪威尔举行了记者招待会，但这成了他一生中最不友好的一次。艾森豪威尔向媒体承诺，美国将在 1958 年年底之前发射一颗人造卫星。他表示，虽然苏联人造卫星已经证明“他们能够将一个对象发射至很远的地方”，但这不能证明洲际弹道导弹能够击中目标。美国的导弹研究正在全速向前发展，并在洲际弹道导弹方面处于领先地位。

但是，不管艾森豪威尔如何频繁地向全国人民保证，美国在核武器运载系统方面是如何遥遥领先，只要第一颗卫星还未送上轨道，美国人民就不会相信他的话。

1957 年 12 月，众多新闻记者带着无数的摄影机、照相机赶到“先锋”号火箭发射基地，准备把这一动人的伟大时刻记录下来。全国人民也欢欣鼓舞，异常兴奋地坐在电视机前，等待着“美国火箭”傲然升空。然而发射仅 2 秒钟，“先锋”号火箭并没有像预期的那样升空，而是颤抖了一下，迅速淹没在浓烟之中。美国民众失望了，他们开始发牢骚，将矛头直接指向艾森豪威尔。

多年的军旅生活造就了艾森豪威尔坚毅的性格，他顶住压力，召集科技部门开会研究。他对卫星的基本态度是，让各个军种发展它们自己的计划，并希望其中之一获得突破性进展，但这种做法的结果是失败的。陆、海、空三军将领往往把国防部长抛在一边，就一些鸡毛蒜皮的小事吵个不停，互相贬低别的军种。

1959 年 7 月，赫鲁晓夫主动提出访问美国。艾森豪威尔很快就做出了回应，欢迎赫鲁晓夫来美国访问。他想利用与赫鲁晓夫对话来缓解

“冷战”的危机。赫鲁晓夫准备对美国进行为期 10 天的访问。他说，有很多东西他想看看。但由于美国夏天天气炎热，他想在 9 月稍后一些时间进行这次访问。艾森豪威尔宣布“赫鲁晓夫即将访美”的消息后，“冷战”捍卫者们四处抗议和叫嚣，甚至连一向“呼吁和平”的记者们对此也抱着敌对态度。

8 月 12 日，在葛底斯堡举行的记者招待会上，有记者问艾森豪威尔：“您想让赫鲁晓夫在美国看些什么?”艾森豪威尔微笑着回答说：“我想让他看到美国人居住的精致、小巧或朴实的房屋。另外，我想让他到我出生的小城去，亲眼看一看我艰苦劳动过的地方。”

赫鲁晓夫终于踏上了美国的土地。他给艾森豪威尔的礼物是一个模型，一个月球卫星Ⅱ的火箭推进器模型。赫鲁晓夫扬扬得意地解释说，月球卫星Ⅱ刚刚完成月球之旅。按照计划，赫鲁晓夫要乘坐直升机在华盛顿上空转转。在乘坐直升机时，赫鲁晓夫双唇紧闭，保持沉默，这使艾森豪威尔有种说不出的失望。艾森豪威尔想让赫鲁晓夫看看所有中产阶级的豪华宅第，以及黄昏时从华盛顿川流不息地开出来赶往家中的汽车。但赫鲁晓夫看到这些能够代表美国物质生活的东西后，一句话也没有说，甚至没有改变一下表情。

赫鲁晓夫的难以琢磨令艾森豪威尔很是头痛，他一直想找机会跟赫鲁晓夫谈一谈改善两国关系的问题，但赫鲁晓夫表现得非常冷漠。

尽管赫鲁晓夫不愿讲出这次美国之行的感受，但他仍不可避免地成为新闻媒介的关注对象。记者们记下了他的一喜一怒、一言一行，包括他的即兴讲话，他的威胁姿态，他的奉承讨好，或是不指名的抨击。在记者们的追问下，赫鲁晓夫谈了自己对美国所见所闻的感想。他说：“我注意到美国人民似乎不喜欢他们居住的地方，总想搬到别的地方去。而且所有这些住宅，比苏联的多数家庭住房，在建筑、供暖、维修和四周的场地方面的费用更高。事实上，我对所有的浪费感到震惊。大量的汽车只说明时间、金钱和精力的浪费。”这次访问并没有取得什么有效的成果，倒像是赫鲁晓夫在炫耀他们在天上的卫星。

为了尽快将卫星送上天，艾森豪威尔成立了总统科学顾问委员会，

1959 年，赫鲁晓夫（右）访问美国，由艾森豪威尔总统陪同

并任命麻省理工学院院长詹姆斯·基利安博士为委员会主席。在椭圆形办公室里的一次会议上，基利安和国防部副部长唐纳德·夸尔斯建议制造核动力飞机，并想在接下来的几年时间花费 15 亿美元，以便将一枚核动力火箭送上月球。艾森豪威尔认为这种说法纯属幻想，根本不符合现实。1958 年 3 月 6 日，他宣布反对任何制造核动力飞机的建议，认为这样追求名声是浪费珍贵的资源和人才。科学家们对他提出了批评，但他置之不理。

经过不懈的努力，美国终于将第一颗人造卫星送入了轨道。但这颗卫星几乎和“先锋”号火箭一样令人难堪，因为这颗名为“探险者一号”的卫星，重量只有 31 磅。1958 年 5 月，苏联将重达 3000 磅的“人造卫星二号”送入太空，更令美国感到难堪。

1958 年 10 月 31 日，禁止核武器试验会议在瑞士日内瓦召开。会议期间，艾森豪威尔表明了希望双方减少核弹的态度，但谈判开局不利，第一天就陷入了僵局。问题在于苏联希望谈判开始时讨论全面核禁试，而美方则坚持要讨论核查制度。双方都坚守自己的立场，没有给谈判留下多大的余地。正如《时代》周刊所说，艾森豪威尔做了他一直以来自称不会做的事，“在没有任何核查条款的情况下，主要凭借诚信停止了（美国的）核试验”。急于打破僵局的艾森豪威尔接受美驻日内瓦代表团成员艾伯特·戈尔参议员在 11 月中旬提出的建议。戈尔认为，由于核查问题的存在，双方不可能达成全面核禁试协议。他恳请艾森豪威尔宣布一个为期 3 年的单边保证，在此期间不在大气层中进行对全世界具有辐射危害的核试验。

美国早就意识到了核弹对于人类的危害。早在 1956 年，参加总统科学顾问委员会的多数科学家便反对进一步开展核试验。1958 年春，基利安及其他人再次断定，核禁试对美国有利；利用较少（180 处）的核查点，就能发现低当量地下爆炸之外的所有核试验。根据这一分析，艾森豪威尔同意美国参加日内瓦谈判，并单方面暂停核试验。但是，当这些科学家成为总统的正式顾问后，部分人士在基利安和乔治·基斯佳科夫斯基的领导下，开始觉得核禁试并非明智之举。1958 年 12 月下旬，总统科学顾问委员会向总统报告，称他们无法探测 2 万吨当量的地下核爆炸，因此，要监视全面核禁试，就需要数千个核查点。可想而知，艾森豪威尔对这些科学家大为不满，因为他知道大幅增加核查点会给苏联提供被美国欺骗的口实。

最后，中央情报局局长约翰·麦科恩①甚至向艾森豪威尔提交了一个申请，要求建造一个新的反应堆，以便按照国防部的需求生产更多的核弹。艾森豪威尔大发雷霆，称根本不存在任何“需求”，并说当时每

① 约翰·麦科恩（1902—1991）：美国商人和政要，一生主要是经商，但在“冷战”高峰期间成为美国中央情报局第 4 任局长。

天生产近 2 枚核弹，提高生产速度毫无意义。他说，国防部的人正在“使自己处于一个难以置信的地位。他们拥有的武器不仅足以摧毁全世界的所有目标，而且储备的武器足以摧毁世界三次”。

在“冷战”中，美国建立起了一个巨大的军事机构，但建立这一机构的代价是美国可能成为一个没有自由的极权国家。艾森豪威尔说：“如今，我们的军事组织与我的先辈所认识的军队已经大有不同……”此外，在“二战”之前，美国“并没有军火工业”。以前，“美国制造犁的人……也能制造刀剑”，但是，由于“冷战”和科技革命，“我们已经被迫创建规模巨大的永久性军火工业”。

艾森豪威尔看到了军事变革所带来的危险。孤军奋战的发明家已经为“实验室中和试验场上的科学家小组”所取代。此外，以前大学是“自由思想与科学发现的源泉”，而今天“由于巨额开支等部分原因，政府合同实际上取代了求知欲”。对此，艾森豪威尔提出了第二个警告，他告诫人们：“我们——你和我，以及我们的政府——必须避免……为了我们的舒适与方便去掠夺未来的资源。如果我们将子孙的物质财富抵押出去，就有可能无法为他们留下政治和精神遗产。我们要使民主世代传承下去……”

一代将星的陨落

在总统任内，艾森豪威尔生过两次大病。1955 年夏天，他在岳母家度假，白天打了一天高尔夫球，晚上心脏病发作，被送进医院做了手术。几个星期后，他康复出院了，但是身体却大不如前，加上多年日夜的操劳，他感到心力交瘁，一直盼望能够退休回家，享受天伦之乐。

1957 年 11 月 25 日午饭过后，艾森豪威尔来到了他的办公室。当他坐下来开始在一些信件上签名时，突然感到一阵头晕，尔后瘫倒在椅子上，急忙按铃要秘书怀特曼进来。当怀特曼进来时，他想告诉她出了什么事，但话语不清、语无伦次。怀特曼惊呆了，赶紧叫隔壁办公室的安迪·古德帕斯特过来，他们抓住艾森豪威尔的手臂，帮助他从椅子上站起来，扶他到寝室躺下。当医生到来时，他已经睡着了。

总统的保健医生斯奈德请来两位神经科专家，随后玛米和他们的儿子约翰也来了。专家的初步诊断是轻微中风。斯奈德医生猜测，艾森豪威尔的脑中有一根小的毛细血管发生了痉挛。之后，总统助理兼办公厅主任亚当斯也来到了会客室，并打电话给尼克松，要求副总统晚上代替总统出席国宴。

那天晚上，艾森豪威尔睡得很安详。约翰和斯奈德在床边轮流陪着他。第二天早上，医生们发现艾森豪威尔的脉搏正常了，但是说话还是有困难。他指着墙上的一幅水彩画，想说出这幅画的名字，但却说不出来。他越想说，就越说不出来，也越感到沮丧。

次日，11 月 27 日，艾森豪威尔在自己的房间里处理各种文件。感恩节那天，他和玛米去教堂做了礼拜，然后驱车前往葛底斯堡过周末。在别人看来，他的说话能力已经恢复，但他自己心中有数。他原来吐字发音一直都非常清楚准确，但从那时起直到去世，说话成了令他苦恼的事情，因为他有时会将一个多音节字的发音颠倒过来。但在私下交谈或公开演说中，很少有人注意到这一点。

1957 年至 1958 年的冬季，艾森豪威尔明显比以往更容易激动，脾气更为暴躁，并且比以往更爱对工作发牢骚。总统的工作开始对他造成伤害。他曾经告诉斯韦德，从苏伊士运河危机①开始，他的生活不断面临危机。但真正使他苦恼的并不是这些事，而是外界对政府越来越频繁的批评。尽管很少有民主党人和他有私怨，但许多专栏作家却不肯放过他，尤其是在中东危机②、匈牙利事件③、小石城事件④和最重要的苏联

---

① 苏伊士运河危机：又称第二次中东战争、西奈战役、卡代什行动，是英、法为夺得苏伊士运河的控制权与以色列联合，于 1956 年 10 月 29 日对埃及发动的军事行动。

② 中东危机：指突尼斯、埃及、也门、约旦、巴林、阿尔及利亚、利比亚、阿曼和伊朗等多个国家的社会政治运动，大有席卷整个中东地区，导致多个国家“批量改朝换代”之势。

③ 匈牙利事件：指 1956 年 10 月 23 日至 11 月 4 日发生在匈牙利的由群众和平游行而引发的武装暴动，造成约 2700 名匈牙利人死亡。在苏联的两次军事干预下，事件被平息。

④ 小石城事件：小石城是美国阿肯色州的首府。20 世纪 40 年代以来，美国联邦最高法院审理了一系列案件，确认和保护了美国黑人起码的公民宪法权利，其中尤以小石城事件最具代表性。

卫星事件上对他大加指责。批评家质疑他的领导能力，将没能成功通过有意义的民权法案和经济衰退视为他失败的例子。对他伤害最大的，是指责他在空间竞赛中失利，忽视国家防务。这些批评的潜在含义，就是他太老、太累，病得太重，不适合管理这个国家。

离卸任还有一年半时间，艾森豪威尔开始更多地考虑退休与死亡。他告诉斯莱特，他不知道怎样安排自己的退休——是领取每年 2.5 万美元的总统退休金，还是回到陆军当一名五星上将，免费享受舒尔茨上校、德雷军士和莫内军士的服务。他说，自己已经习惯身边有这三个人，“没有了他们，事情就很难办”。

艾森豪威尔和玛米还讨论了自己日后的墓地。他们考虑了阿林顿、西点和阿比林。艾森豪威尔选择了阿比林。在那里，已经有私人基金会开始募集资金，筹建一个艾森豪威尔图书馆。

1960 年，根据 1951 年 2 月批准生效的宪法修正案第 23 条关于总统只连任一届的规定，艾森豪威尔宣布不再竞选总统。同年 11 月 8 日，年仅 43 岁的民主党候选人肯尼迪[①]当选为美国第 35 任总统。1961 年 1 月 20 日中午时分，在首席大法官厄尔·沃伦的主持下，当时年龄最大的总统让位给最年轻的总统。仪式结束后，当所有人的注意力集中在肯尼迪一家身上时，艾森豪威尔一家通过侧门悄然退下，驱车前往“F 街俱乐部”。刘易斯·施特劳斯在那里宴请内阁成员和艾森豪威尔的好友们。然后，他们沿着熟悉的道路动身前往葛底斯堡，返回农场。肯尼迪做出了没有先例的特殊安排，艾森豪威尔两周内将继续由特工理查德·弗洛尔担任其贴身保镖。

根据国会的特别法案，艾森豪威尔重新获得了他在 1952 年辞去的五星上将军衔。身为前总统，艾森豪威尔每年能领取 2.5 万美元的退休金，另外还有 5 万美元的办公费。这项特别法案使他重新拥有了军衔，还能够得到总统的全额退休金与补贴。此外，他还能继续得到德雷和莫

---

① 约翰·肯尼迪（1917—1963）：美国第 35 任总统，美国著名的肯尼迪家族成员，其执政时间从 1961 年 1 月 20 日开始到 1963 年 11 月 22 日在达拉斯遇刺身亡为止。

内军士的服务，舒尔茨上校继续担任他的助手。他们的费用将从 5 万美元的办公费中扣除。

艾森豪威尔已经在白宫生活了 8 年，现在要离开这里，心中难免有些不是滋味，但是一想到要回农场去过一种悠闲的田园生活，他也觉得自己应该休息了，也许可以经常写些与国内问题有关的文章，尽情地打高尔夫和桥牌。他认为，在为国效力 50 年之后，他已经心力交瘁，不得不休息一下。他不想见客，不做演讲，不想开会，不参与决策。

艾森豪威尔这 8 年的政绩，自然要由后人来评价。威廉·埃瓦尔德在《艾森豪威尔总统》一书中如此总结道："原本许多可能发生的可怕的事情没有发生。艾森豪威尔总统给美国带来了美好的 8 年——我相信这是记忆中最美好的时光。"没有战争，没有骚乱，没有通货膨胀——只有和平与繁荣。多数白人中产阶级和中年共和党人都会衷心同意埃瓦尔德的观点，但是，美国黑人则会指出，在那些没有发生的事情中，包括民权的进步和废除学校里的种族隔离制度。关注"冷战"与核军备竞赛的人也会说，政府在缓和紧张局势或达成裁军方面没有取得进展。

1961 年 1 月底，艾森豪威尔沿着自己非常熟悉的道路，举家回到葛底斯堡农场安度晚年。他和玛米都很喜欢这座农场。农场占地 246 英亩，此外艾森豪威尔还租了 305 英亩土地。之所以买下部分土地，是因为艾森豪威尔一直想在自己的祖先 18 世纪安家落户的地方居住。他很高兴能有机会使这里的土地恢复昔日的富饶肥沃，为此，他种植牧草，种玉米、燕麦、大麦、大豆和高粱。

他们住在乡间，离华盛顿和纽约都很近，可以不时上那儿去玩，朋友们周末来访也很方便。农场位于古战场的边缘，不仅增强了使人成为美国历史延续的一部分的感觉，还使艾森豪威尔得以对葛底斯堡战役产生无休止的遐想。他的儿子约翰、儿媳芭芭拉及他们的孩子住在离农场不远的一幢独立的小房子里，给晚年的艾森豪威尔夫妇带来了无限的温馨。

1961 年 1 月 20 日之后，艾森豪威尔夫妇到许多地方去游玩。同年 2 月，他们乘火车前往加利福尼亚州的棕榈沙漠，住在弗洛伊德·奥德伦夫妇的牧场里。艾森豪威尔本想打打高尔夫球和桥牌，好好休息一下，但他发现自己还是放不下国家大事。他一边开着电动车在埃尔多拉多高尔夫球场兜风，一边打开收音机收听关于约翰·格伦①上校环球飞行的报道。他多少“对于自己执政期间没有实施这样的飞行感到有些失望”。他还承认自己对肯尼迪政府不满意，因为肯尼迪“胡乱花钱”，“对维护美元地位完全缺乏兴趣，对通货膨胀给储户带来的影响漠不关心”。

随着年龄的增长，艾森豪威尔的身体越来越差了。他出入沃尔特·里德陆军医院已有五六次，不过每次都只是住院数天，因为他得的都是小病。以一个同等年龄，患过严重心脏病，发生过中风，因为回肠炎动过大手术的人来说，他的身体非常好。他定期打高尔夫球，在农场里散步，在自家花园里练习推杆，积极进行锻炼。他 70 岁生日那天，陆军参谋长威廉·威斯特摩兰②前来探望他。艾森豪威尔祝贺威斯特摩兰升职，并敦促他要照顾好陆军。

1963 年 11 月 22 日，艾森豪威尔正在纽约联合国总部出席午餐会，这时他获悉了肯尼迪总统遇刺身亡的消息。

11 月 23 日，艾森豪威尔前往华盛顿向肯尼迪的遗体告别，并向其遗孀表示慰问。随后，他应新总统约翰逊的要求，穿过街道来到行政大楼。

约翰逊表示，他想经常登门请教，希望艾森豪威尔能给予支持。一开始，他请艾森豪威尔给他一份包括具体建议的备忘录。艾森豪威尔当天晚上口授了一封电报作答。他建议约翰逊召开一次参众两院联席会议，发表一篇不超过 10 分钟的演说。艾森豪威尔说：“首先要指出，您出任总统纯属意外，也接受上帝的决定。”还让他承诺：“无意对施政的目的或政策作革命性的改变，也不会出现这种情况。”约翰逊还要承

---

① 约翰·格伦（1921—2016）：美国首次完成轨道飞行的宇航员，创下了两次太空飞行间隔最长、年龄最大的宇航员纪录。

② 威廉·威斯特摩兰（1914—2005）：美国陆军上将，担任过西点军校校长、驻越南美军总司令、美国陆军参谋长。

诺让预算保持平衡。

在担任总统的第一年，约翰逊全力处理国内问题。艾森豪威尔认为，他的内政政策与计划过于自由化。约翰逊对此也心知肚明，所以没有垂询艾森豪威尔的意见，只是每年送上生日和节日礼物、圣诞祝福及措辞谦卑的信件。1964 年 2 月，约翰逊还专程赶到棕榈沙漠问候艾森豪威尔。

每次采取重大行动之前，约翰逊都会给艾森豪威尔写信或打电话，汇报自己的意图，寻求艾森豪威尔的支持，征询他的意见。在整个 20 世纪 60 年代，约翰逊在每次外交政策危机中都听从了艾森豪威尔的意见。

1965 年 11 月，艾森豪威尔和玛米在奥古斯塔住了一个星期。某天晚上，他说 10 年的时间到了。第二天，他在玛米的小房间里再次心脏病发作，被紧急送入附近的陆军医院，两周之后转院至沃尔特·里德医院。他康复得很慢，但是对于一个发生过两次严重心脏病的 75 岁高龄的老人来说，情况相当不错。不久，医生就允许他继续打高尔夫球，只是要求他一定要坐球车，而且只能在三杆洞的球场上玩。

但是，他的心脏已经开始不行了。他自己也清楚这一点。他是一个一生都会正视现实的人。终点正在逼近，他开始为此做准备。他处理了安格斯牛群，并做了其他安排。他已经决定把自己安葬在阿比林。他在那里修建了一座礼拜堂，与他小时候的家隔街相望，位于艾森豪威尔图书馆和博物馆的西面。这是一个简朴而庄严的小教堂，用当地的砂岩修建而成，与大平原上这个宁静的小镇很般配。1967 年，他将艾基从丹佛中的弗尔门特墓地移葬到那里，安葬在他和玛米寿穴的下方。

1968 年 4 月，艾森豪威尔第三次严重的心脏病发作。一个月后，他的身体有所恢复，被转往沃尔特·里德医院的 8 号病房。作为一个病人，他并没有失去发号施令的能力。他命令马奇基地的司令让陪伴他东行的护士在华盛顿休几天假，然后再回去报到。

在沃尔特·里德医院，艾森豪威尔得到了陆军和现代医学能够提供的最好的照顾。玛米住进了与他的套间相邻的小房间。房间里只有一张很高的病床，又挤又不舒服，但她不愿孤单一人住在葛底斯堡。她曾说："每次艾克一出门，家里就冷冷清清的。他一回来，家里就又热闹起来。"

到了7月，艾森豪威尔的身体进一步恢复，开始关注总统选举。他仍然继续支持尼克松。当时他的孙子戴维正在与尼克松的女儿谈恋爱，这更加使他坚定了自己的立场。他决定在共和党全国代表大会召开之前表态支持尼克松。7月15日，尼克松前来拜访时，艾森豪威尔把自己的决定告诉了他。

两天之后，艾森豪威尔发表了声明。他说，他支持提名尼克松，"因为我赞赏他的个人品质：聪明、敏锐、果断、温和，还有最重要的正直"。他给尼克松寄去了一份新闻稿，并在稿纸头上亲笔写道："亲爱的迪克——这是我真正喜欢做的事——DE（德怀特·艾森豪威尔）。"

8月5日，共和党全国代表大会在迈阿密召开。当天晚上，艾森豪威尔穿上了礼服，电台摄像机搬到了沃尔特·里德医院。他向代表们发表了演说。代表们在激动中平静了几分钟，怀着敬意倾听他的鼓励。

第二天上午，艾森豪威尔再次心脏病发作。这次发作与以往不同，它并没有造成心肌损伤，却导致心律不齐，造成心跳周期性失控和纤维性颤动。大家都担心他生命垂危。约翰和芭芭拉也住进了沃尔特·里德医院的客房。孩子们则住在华盛顿附近的朋友家中。约翰开始认真地安排葬礼。但是，一周后，心脏纤维性颤动停止了。不久艾森豪威尔就脱离了危险，他甚至又能接待来访者了。

1969年2月，艾森豪威尔病情恶化。医生告诉他，必须动腹部大手术。并发症是由12年前的那次回肠炎引起的，伤疤把他的肠子给包住了，造成了梗阻。医生担心他的心脏可能承受不住这样的折磨，但他扛住了。

3月24日，艾森豪威尔的心脏面临衰竭，医生为他的鼻孔插管输送氧气。他意识到自己的生命行将结束，嘱咐约翰"要好好照料妈妈"。3月27日晚，监测心跳的心电图仪显示他的病情稍有好转。约翰走进房间和他道晚安，并告诉他，心电图有所改善。

3 月 28 日，艾森豪威尔的病情进一步恶化，约翰、戴维、玛米、医生和一名护士聚集在他的房间里。窗外的光线透过百叶窗照到艾森豪威尔苍白的脸上，他轻声地叫道：“请把百叶窗拉上!”百叶窗拉上了，房间里几乎一片黑暗。

艾森豪威尔一生精力过人，处理公务的时间就连罗斯福、丘吉尔和戴高乐也无法与之相比，他的指挥与决策责任更重，工作时间更长，甚至在过去 20 年中，他每天都要判断情况、作出决策、下达命令。但此时此刻，他真的累了，他看了身边的亲人最后一眼，轻轻地闭上了眼睛，他的心脏也随即停止了跳动。他走得很安详。